教育部人文社会科学研究一般项目（11YJC710083）

创业发展论

邹云龙 著

人民出版社

目　录

序

韩秋红

创业、创造、发展一般是可以作为专门性或单一性概念加以研究和使用的，且在当下使用的频率相当高。将创业与发展放在一起作为专门的理论进行研究及其使用尚不多见。显然，创业发展论是一项崭新的课题。

伴随社会主义市场经济日益深入发展的需要，青年学生选择自身工作岗位的途径实现了由就业单一方向性的发展，转变为就业与创业双向互动的协调发展。这一方面根源于计划经济向市场经济的转型，原有的计划分配式的就业方式被更加多样化的方式所取代；另一方面，市场经济、商品经济、知识经济（概指当今工业经济社会）社会能够提供给青年学生的工作岗位、就业方式越来越多样。在变化着、多样化的现实面前，选不选择是认识问题，如何选择是能力问题，选择的对与错、好与坏是评价标准问题。毫无疑问，青年学生只能选择就业即创业，创业即创造，创造即发展的发展态势，几乎别无他选。为此，转变青年学生的就业观念，提倡自主创业的发展观念，不仅仅是形势发展的需要、时代发展的需要、社会与国家发展的需要，更是青年学生自身发展的需要，是青年学生寻找未来发展的必然选择。所以，创业发展论应运而生；所以，创业发展论是一种创造；所以，创业发展论需要理论探讨和实践运用中的不断完善与发展。

首先，创业发展论的理论需要不断完善。"创业发展"是一个新话题、新提法、新理念。该书作者在理论界较为熟知的就业观、创业观研究的基础上，将创业观与人的全面发展联系起来，将思想政治教育中的创业教育放在"论"的层面——思想理论的层面上研究，力图在原有就业观和创业

1

观基础上，将人的全面发展作为创业的根本目的，强调在创业过程中的前瞻性和未来持续发展的可能性。为此，该书以马克思主义理论为创业发展论的思想理论基础，以马克思人的自由而全面发展和人的解放为创业发展论的理论目标，以创业发展论的经济学、文化学、教育学、行为学、演化论等为理论支撑，提出了创业发展的理念，建构了创业发展的理论模式，探索了创业发展的实践路径，总结了当代青年学生创业发展、全面发展的重要意义，搭建了创业发展理论必需具备的理念、理论、应用等方面的理论框架。同时，创业发展论还需要深入探讨马克思主义基本理论与创业发展理论的内在本质关系，努力研究思想政治教育与青年学生培养、创业发展理论对思想政治教育的深化等理论问题。

其次，创业发展论的理念需要不断凝练。如果说该书作者力图实现理念支撑、理论建构和实践方略等一套完整的思想理论体系的建构，是该书可能的创造或创新，那么，其创新的最大亮点便是创业发展的理念。在原有就业和创业模式的基础上，如何将创业活动与人的发展结合起来，将创业发展作为新时期青年学生就业和创业的新选择和新向度，在新的历史条件下切实把大学生的就业创业的个人发展与国家社会的发展紧密联系在一起，既立足于思想政治教育学科领域，又拓展多学科知识视域——经济学、文化学、教育学、行为学、演化论等，特别是青年学生在校学习所获得的各种知识都能很好地转化为学习能力和行为能力，使青年学生树立知识理性与价值理性相统一的思想，明确现实主义与理想主义相统一的目标，形成革命的理想主义与革命的浪漫主义相统一的情怀，实现"以人为本"与"科学发展"相统一的创业发展，其关键在于"理念"的不断明确与完善。而理念的完善、明确及其确立，即需要在理论层面实现，也需要在实践层面实现。对于当代青年学生而言，其最好的实践莫过于教育实践。

再次，创业发展论的实践需要不断践行。必须说明的是，作为一种理论的提出、开创和践行，作敢为天下先的"第一个吃螃蟹者"总是需要承担一定风险的。风险具有两重性——一重为正，一重为负。"正"体现在，该书作者已将创业发展置于教育实践活动中，既进行理论研究，也进行实践探索——作为高校青年学生学习的一门课程开设，其产生的正能量在不断发酵。对此"风险"的承担是一种理论勇气、一种学术自信、一种责任意识、一种担当精神、一种使命感。思想理念是否能够立得住，理论知识是否能够站得稳，全靠实践来检验，全凭勇气来面对。当现实的可行性、理论的实践性摆在眼前时，其所具有的力量不可否认。"负"体现在，理论一旦被实践检验为无效，特别是创业发展论作为极具实践品位的理论，若无践行的可能和可操作的空间，其只能是"乌托邦"式的空谈，或精神寄托者的自我安慰。加之思想理论的最新提出，不完善、不到位之处的存在所产生的各种批评的声音及其这些问题在教育实践活动中的不断显现，需要勇气面对的同时，更需要在实践上不断完善，在理论上不断求证，在思想上不断升华。在这种意义上，负则转化为正，正、负为正的对立统一的辩证法及其辩证法精神，希望能够引导该书作者及其所代表的青年学生工作者群体敢于探索、勤于思考、乐于求实、勇于创新将"创业发展"创造性地发展下去。

第一章　创业发展的问题域与现实机遇

对人类社会来说，人的发展问题具有根本性和永恒性，表现为"反复要求解答且挥之不去"。它随着社会历史的进步而不断更新自己的具体表现形态，于是要求解答必须是与时俱进的。根据唯物史观，任何生产方式都不是社会生产的永恒形式，而只是暂时的历史形式。当"物"的秩序发生较大变动时，生产力必然对生产关系提出新的要求，从而个人的实践活动在形式、内容和范围上也会发生不以人的意志为转移的变动。反映在生产中，就是分工范畴和劳动形态的不断演进，从而引发人的发展状况的相应变动。因此，在知识社会的第三次浪潮之下，创业活动的大规模涌现不是历史的偶然，而是生产力和生产关系矛盾运动的结果。基于此，创业发展及其观念作为人顺应历史的实践和意识的进化，体现了"现实个人"的当代物质实践、对象性关系和发展形态以及由此决定的发展观念，蕴含着深刻的哲学思想、理论价值和现实意义。

诚然，在今天，源自工业文明的生产方式仍然占主导地位，但这种局面正在改变，物质资本不会永恒地主导下去，因为当物质资本的积极作用需要创业才能的加入才能发挥出来时，生产力就要求变革生产关系，从而推动生产方式必然发生相应的变动。例如，新兴产业需要接受过高等教育的劳动标志增殖者，这就必然要求社会保障和扩展劳动者的教育权利，并通过大量开办高等教育机构来加以落实；当充沛的物质资本需要有着开拓眼光和运作能力的创业者才能增殖时，就必然要给予他们更多的创新自由。生产力的发展要求生产关系与其相适应，这是唯物史观揭示的客观规律的作用所决定的。生产力的发展，既产生了变革的

1

要求，同时也为这种变革准备了必要的物质条件。于是，整个社会的政治、文化、教育、法治、市场、观念等方面也随之发生了巨大的变化，它们是如此激励和要求人创业才能的运用，以至于到处都是创业者和新创企业，从而形成我们今天所认识的在过去的几十年中发生了巨大变化的世界。

创业发展及其对应的观念问题，包含在人类历史向知识社会迈进的整体演变过程之中，而且得到了历史与逻辑的反复确认。不过，我们以往较多地关注了物质秩序的变动，例如新经济、新技术、新制度等，而对知识社会里人创业发展的历史机遇以及伴随而来的新型劳动形态、发展样式、发展观念及其进步性与未来趋势研究较少。但是，历史的逻辑和现象，已然直观地呈现在那里，理论所需要做的，只是对它们的敏感、辨识、综合、抽象并努力将其整全地呈现出来。

第一节　人的发展的内涵

"人生而自由，但却无往不在枷锁之中"。当自由仅仅作为天赋权利而存在时，它是空的、抽象的和无法实现的自由。自由可以实现出来，使得自由的过程和自由本身，构成了人的发展和人发展的目的。人的发展是贯穿思想史的永恒主题，纠缠在每一代思想者的内心深处。马克思从对生产关系的考察中，提出了人类发展的三个历史形态。在这个存在顺序的发展历程中，人先后摆脱了自然和物对人的奴役，最终将会达到"建立在个人全面发展和他们共同的社会生产能力成为他们的社会财富这一基础上的自由个性"[①]的发展状态。人的发展在这里达到了它的最高境界。马克思在《共产党宣言》中这样描述道："代替那存在着阶级和阶级对立的资产阶级旧社会的，将是这样一个联合体，在那里，每个人的自由发展是一切人的

---

① 《马克思恩格斯文集》第 8 卷，人民出版社 2009 年版，第 52 页。

自由发展的条件。"①可见，马克思把人当作社会发展的目的，而且把人的发展归结于自由的增进。

康德和黑格尔也把自由看作是社会和个体压倒一切的发展目的，甚至认为自由是义务的。康德哲学对人的自由本性达到了最充分的自觉，明确提出了人自身即是目的。②在康德看来，自由是人唯一的原初权利，所有其他权利都是后天的。③对自由的体认不必来源于知识，或者以某种特定的社会条件为标准。自由是一种信仰，我们必须推拒知识（理性），以为信仰留出余地。④黑格尔把世界历史描述为"关于自由的自觉意识的进展"⑤，"自由的理念……是历史的绝对目标"⑥。发展是一个永无止境的前进过程，这意味着，自由不仅仅是压倒一切的发展目的，自由只有作为价值才具有终极意义，它在实践中则永远是一个不断实现的过程。所以，根据黑格尔，自由不是静态的；一个自由的人不是被动的而是主动的，是一个沿着他的发展道路不断克服客观和主观困难的社会存在物。

尽管与马克思的考察角度不同，也没有断言未来社会里人发展的具体历史形态，但1998年的诺贝尔经济学奖得主阿马蒂亚·森⑦同样以自由看待发展。阿马蒂亚·森与马克思的区别之一是他更加注重个人在现实条

---

① 1984年1月3日，卡内帕写信给恩格斯，请求他为刊物《新纪元》题词，内容是简短地概括社会主义新社会。恩格斯回信说道：除了《共产党宣言》中的这句话，我再也找不出合适的了。这表明，马克思理论体系的基本思想是围绕着人展开的。

② 参见康德：《道德形而上学基础》，苗力田译，上海人民出版社1986年版，第86页。

③ 参见 George Tapley Whitney, David F.Bowers, eds, *The Heritage of Kant*, New York: Russell & Russell, Inc, 1962, p. 257.

④ 参见康德：《纯粹理性批判》，邓晓芒译，人民出版社2004年版，第18页。

⑤ Georg WilhelmFriedrich Hegel, *The poilosophy of History*, trans by J.Sibree, New York: Dover Publications, Inc, 1956, p.19.

⑥ Georg Wilhelm Friedrich Hegel, *The poilosophy of History*, trans by J.Sibree, New York: Dover Publications, Inc, 1956, p.24.

⑦ 1998年10月14日，瑞典皇家科学院宣布将1998年诺贝尔经济学奖授予英国剑桥大学三一学院院长阿马蒂亚·森（Amartya Sen）教授，以表彰其对福利经济学的突出贡献。森的研究领域包括伦理、个人自由、黑社会选择、福利问题等等，被誉为"经济学良心的担负者"。

件下"实质自由"的获得。阿马蒂亚·森首先提出,"自由是人们的价值标准与发展目标中自身固有的组成部分,它自身就是价值,因而不需要通过与别的有价值的事物的联系来表现其价值,也不需要通过对别的有价值的事物起促进作用而显示其重要性。"[①] 然后,他精致和具体地论证了现实条件下,个体发展与个体自由的关系。阿马蒂亚·森提出,"发展是实质自由的扩展",实质自由是人"过上有理由珍视的那种生活的可行能力"。的确,人并非生而自由。当人被偶然地抛入到这个完全陌生的世界时,他不具有任何"可行能力",因而是不自由的。他的自由在日后每一点滴的扩展,依赖于以下三点。

第一,依赖于他的价值选择。讨论逃避自由的"幸福的奴隶"、或把自由交给权威的人、或满足于"自愿做奴隶的自由"的人的发展是无意义的。极而言之,一个完全没有自由价值的人,无论对其施加多么可怕的限制,他总也不会有什么不自由的感觉,因为他的自我已经缩小到仅仅是一个肉身,一个没有自由意志的人还有什么可能去获得任何发展呢?另一种情况是,未经选择的价值未必是成熟的。根据黑格尔,有其他选择但却甘愿被奴役的生活不是"值得珍视的生活"。自由的前提是价值选择能力的成熟,按照黑格尔的看法,人性的本质是自由的,不过此人必须是成熟的。

第二,依赖于阿马蒂亚·森一再强调的"信息基础"。自由始终是经由选择落实的,而选择的集合明显地受制于主客观两个方面的信息基础。的确,仅仅拥有价值选择能力但没有足够选项的人仍然可能是不自由的,因为人的自由是"客观和主观因素相互依存的结果。一个无知的人是不可能自由的,基于无知的判断和选择不是自由的"[②]。这与苏格拉底论证自由意志和知识之间的关系颇为一致。托马斯·阿奎那在苏格拉底之后提出,

---

① 阿马蒂亚·森:《以自由看待发展》,任赜、于真译,中国人民大学出版社2002年版,第4页。

② 马讷里:《自由的三个概念:康德—黑格尔—马克思》,载刘小枫、陈少明主编:《血气与政治》,徐长福译,华夏出版社2007年版,第168页。

自由意志的前提是对所选择（放弃）的东西的认识，人的自由就是基于知识而存在的那种必然性。意志自由，除了指用关于对象的真实的知识作出决定的能力，不指任何别的东西。①

第三，依赖于他的"可行能力"。"实质自由"不是想做什么就可以去做，而是有能力做成值得做的事情，是同时被意识和能力掌握的自由。洛克也曾把自由看作是一种能力，他说道："一个人如果有一种能力，可以按照自己心理去选择和指导，来思想或不思想，来运动或不运动，则他可以说是自由的。"②但这个定义仍然是不确切的。阿马蒂亚·森更进一步讨论了能力性质的自由。根据阿马蒂亚·森，"可行能力"是"此人有可能实现的、各种可能的功能性活动组合"，这些活动的范围从衣食住行一直到自我实现。只要个体在价值的映照下和足够的信息基础上选择了某种生活方式和发展道路，剩下唯一重要的事情就是他是否具有过上"值得珍视的生活"的"可行能力"。归根结底，实质自由不是仅仅靠价值观、程序和权利来实现的，它只能而且必须通过每个人的"可行能力"在给定条件下来加以落实。诺齐克曾经假设过一种极端的情况：如果有一台"体验机"可以完美地虚拟任何你所欲获得的体验，只要你愿意，它能够使你在主观上认为这些幸福的感受正在真切地发生。诺齐克的问题是，假如给你这个机会，你愿意而且一直愿意去与体验机相连吗？③虽然没有人做过这个假设的实证，但我们可以推测到，多数人应该不会愿意一直与体验机相连。所以，"实质自由"必须是"可行能力"的实际运用，是环境与感受的一致，是主客观的一致，是现实的、经验的那种"脚踏实地的自由"。

在阿马蒂亚·森的基础上，人本主义也为我们理解人的发展尤其是在发展阶段的划分上提供了有益的视角。马斯洛的需求层次理论是对个体发展和个体自由扩展的心理学解释。诸层次从高到低，分别是生理、安全、

① 参见周福成编：《西方逻辑学名著选集》上卷，商务印书馆1964年版，第392—395页。

② 洛克：《人类理解论》，姜文运译，商务印书馆1959年版，第208页。

③ 参见罗伯特·诺齐克：《无政府、国家与乌托邦》，何怀宏等译，中国社会科学出版社1991年版，第52页。

情感和归属、尊重到自我实现的需要。尽管这些层次的划分缺乏严密的论证，但是它大体符合我们的生活经验，因而在一个比较宽容的使用条件下可以对人的发展作出解释。人本主义心理学认为，这些需要不是同时发生的，而是递进的，即便在某时期可能同时存在不止一种需求，但总有一种需求占主导地位。而且，不管是否出现短期逆向发展的扰动，总体发展方向总是不变的，尽管不是人人都能达到自我实现的程度。

如果我们认同人的发展就是"实质自由"的扩展，那么，需求的发展看起来与人的发展就没有什么实质的不同，而且，需求每一步骤的发展都与人的发展相伴随。例如生理需要的满足，无论是通过其个人"可行能力"的提高还是父母的哺育，都使得他的"实质自由"得到了扩展，从而推动他在生理需要的基础上产生安全的需求……直到他产生自我实现的需求。在自我实现阶段，人欲扩展的那部分自由的性质从"消极的"转变到"积极的"[1]，自由扩展实际落实的程度在这里呈现出一种与人的本质自洽的状态。这种状态是发展的最高级阶段，也是"实质自由"扩展的最高阶段。在这里，我们并不能够也无须严谨地表述它的边界，因为我们只是在基本特征的意义上使用它。况且，作为过程，自我实现并不是一种确定和静止的某个状态。马斯洛指出："自我实现不仅是一种终极状态，而且是随时随刻、点点滴滴地实现个人潜能的过程……自我实现不是某一伟大时刻的问题，并不是在某日某时，号角一吹，一个人就永远、完全地步入了万神殿。自我实现是一个程度的问题，它是一点一滴微小进展的积累。"[2]

从生理需要到无尽的自我实现的发展过程中，每一层次需求的满足，都是"实质自由"的扩展，每一次的扩展都是对前一个需求的扬弃，否定前一个需求的主导地位，同时在否定的基础上肯定新的主导需求。在这种辩证过程中，主体随着阻碍自由的力量不断产生和克服的过程而发展着，

---

① 拉明·贾汉贝格鲁：《伯雷谈话录》，杨祯钦译，译林出版社 2002 年版，第 37 页。

② 马斯洛：《人性能达的境界》，林方译，云南出版社 1987 年版，第 57 页。

他的潜能愈加释放，他的"可行能力"就愈加提高，他就愈加自由。自由的扩展在需求的不同阶段呈现出不同的性质。在初级阶段，"实质自由"主要是由匮乏性动机驱动的，只要人们缺少食物、安全和尊重，就会存在相应的需求。因此，它还不是实现人的本质的阶段。在自我实现的高级阶段，"实质自由"主要是由"成长性动机"和"超越性动机"驱动的，此时，个体已经成熟到具有足够坚强的个性和人格来欲求和承担他真正本质化的自由。所以，所有人本主义最为关心的，无疑就是个体在这一阶段的发展及其追求的相应自由。

与初级阶段不同，在自我实现阶段，人们呈现出参差多样的具体发展形态。典型地，每个个体都存在一组价值，作为发展目的的自由是总的价值原则，在自由价值引领下的其他诸种价值，因对各自"值得珍视的生活"的具体判断不同而在发展的强度、限度、范围和方式上因人而异。确实，并非所有人都想要同样的东西，或同等强烈地想要某种东西。

综上，按照阿马蒂亚·森的著作——《以自由看待发展》的命名方式，我们似乎也可以把马斯洛的需求层次理论称作"以需求看待发展"的人的发展理论。这一理论具有独到的贡献，即为理解个人发展史不同阶段的划分和特点提供了有益的思路。在个体发展的问题上，需求理论与其他以人为尺度的理论一样，都是把自由作为发展的价值取向，只不过马斯洛本人和后来者较少地把需求发展扩展到心理学之外而已。因此，本书可以看作是对马斯洛思想的创造性使用。具体是，一方面，把需求层次理论作为"以自由看待发展"的研究基础，同时参照它对人的发展的各个阶段进行大致的界分。其中自我实现的阶段，可以看作是"实质自由"扩展历程中的最后形态或者人的发展的最高阶段。另一方面，我们应当看到，马斯洛的理论虽然隐含但是并没有直截了当地阐发自由的价值，以及自由价值是如何成为深层心理需要的源泉的。所以，本书将把自由价值同各个需求层次尤其是同试图重点考察的自我实现阶段结合起来。

借助马克思和阿马蒂亚·森等人的思想，我们大致界说了本书试图讨论的人的发展的内涵。但是，这种对人的发展内涵的界定以及在此基础上进行的研究可能与它在实际社会生活中的多样性并不完全兼容。虽然我们认为这些多样性的所有方面都应审慎地加以对待，不过，本书特别注意的问题中心乃是基于"实质自由"的发展。为了更恰当地把握这个概念的应用范围，在开展进一步的研究之前，本书有必要扼要地区分这些多样性甚至有些含混和错觉的发展的含义。

第一，除非作出专门的说明或是经上下文可推断出界定范围，一般情况下，它主要是指个体的发展。

第二，它只是指与自由相联系的"建构性"发展，而不是那些无关"实质自由"的"手段性"发展。具体而言，它既不是指人的物质生活的改善或获得某些外在的成就，尽管它们对发展非常重要；也不是仅仅指功利主义如边沁"效用"意义上的幸福或福利的增进。这是因为，首先，人的发展意味着"自由"的扩展，但"手段性"的发展却可能以牺牲自由为代价，因此这种手段与目的不一致的发展不在本书关注的范围之内。其次，有幸福感的人未必自由，自由也未必然带来幸福，故而发展不能用幸福是否增进来表达。哈耶克曾经警告我们：自由绝不只是意味着幸福，有时甚至是相反，自由常常意味着痛苦的承当。邓晓芒也说过类似的看法："一般人觉得，自由总比不自由轻松。然而这种看法之谬误，正如对一个艺术家说独创比模仿轻松，对一个奴隶说反抗比服从轻松一样。"[1]

第三，它所指的自由形式，既不是自由至上主义如诺齐克"自由权优先"意义上的自由，也不是被黑格尔批评过的把自由等同于任意那种缺乏理解、责任和义务的自由，而是始终与他人自由相兼容的、与他真实享有的"实质自由"联系在一起的、不断占有和实现他本质的过程。具体而言，是在黑格尔"理解了的必然"的自由的基础上，他的自由意志决定什么是"有理由珍视的生活"和他落实这种生活的道路选择及其可行能力的不断提高。

---

[1] 邓晓芒：《灵之舞》，东方出版社 1995 年版，第 103 页。

第四，是真实的自由。既不是"体验机"的那种脱离环境只凭思想即可得到的自由，也不是取消了情感和欲望的自由，而是活生生的、脚踏实地的"实质自由"。

第五，在有限的生命进程中，人对发展的认识在各个阶段可能不是连贯的，甚至可能是相互否定的，它随主客观的演进而演进，随主体的成熟而成熟，而且，总是从对生命意义的破碎体验趋于更加整体性的理解。本书所指发展所处的阶段，是主体对自由的追求已经发展到必然性对可变性占据上风的阶段，是个体的心智和"可行能力"已成熟到他希望物质生活与社会生活被精神诉求所主导的阶段（由物返回到自己），是黑格尔认为意识已经发展到"理性"的阶段，是费希特"理性的艺术"和马斯洛意义上的自我实现的预备、进行和他在晚年提出的"超自我实现"的阶段。在一般意义上讲，根据大学生的人力资本水平——如果他真正具备了相应的"含金量"，再考虑到他们在这个年龄和教育层次上的心智发展在经验中所表现出来的平均水平，我们有理由相信，他们中的多数人在现实条件下已经达到或至少是可预期达到追求自我实现的发展阶段。

第二节　创业发展的提出

大多数人会承认，自知识社会的曙光显现之后，人类发展状况已经发生了巨大变动。在这个承上启下的历史性时刻，人的发展这个纵贯时代的深切命题必定凸显出来。用麦金太尔的方式，这一命题可以表述为：谁之发展？何种进步？尽管这个命题关乎每一个个体，但并不是所有的心灵都对这类问题感兴趣，它只是吸引着那些对人类命运比较敏感的人，如"天问"般始终纠缠于他们的内心深处，令他们寝不安席，食不甘味。他们中的一个巨人便是大工业时代的马克思。

马克思主要是从人的劳动实践角度观察和衡量人的发展的，认为人的发展水平取决于他的劳动方式——主要是看劳动是否自由和全面。这和他关于人的本质学说密切相关。在《1844年经济学哲学手稿》中马克思指出:"自由的有意识的活动恰恰就是人的类特性。"①这就是说,人和动物相区别的本质是对象化的实践活动。至于人的其他特性,则是由对象化劳动实践所决定的。这是因为,人只有在实践中才能不断开掘出自己的潜能形成生产力,继而生产和创造出自己的社会关系、社会存在和社会本质。对此,马克思进一步论述道:"人们用以生产自己的生活资料的方式,首先取决于他们已有的和需要再生产的生活资料本身的特性。这种生产方式不应当只从它是个人肉体存在的再生产这方面加以考察。更确切地说,它是这些个人的一定的活动方式,是他们表现自己生命的一定方式、他们的一定的生活方式。个人怎样表现自己的生命,他们自己就是怎样。因此,他们是什么样的,这同他们的生产是一致的——既和他们生产什么一致,又和他们怎样生产一致。因而,个人是什么样的,这取决于他们进行生产的物质条件。"②

马克思是深刻的。新的劳动方式确实造就了新的文明。当越来越多的人从对土地的依赖中解放出来,放下锄头走向车间,才有工业文明的出现,进而反过来大幅度促进人的发展。沿着马克思的思路,我们观察到,在以"按新分配"为特征的知识社会中,创业劳动大规模涌现并且再次孕育出人的发展的辩证演化。马克思所看到的人类为延续自身而必须接受的那些根植于旧式劳动之中的长期特征——强制、剥夺、异化——可能会提早、非暴力、静悄悄和改头换面地发生转变。理论者应当对此保持充分的敏锐,研究创业在人类发展史中的地位,积极丰富和发展创业时代的人学,以适应这个不同以往的新时代。

基于劳动对人的发展的极端重要性,决定着人们必然从作为一种劳动形态的创业劳动开始进行,进而在创业劳动对人的解放逻辑中提出创业发展和创业发展的新观念。

---

① 《马克思恩格斯文集》第1卷,人民出版社2009年版,第162页。
② 《马克思恩格斯文集》第1卷,人民出版社2009年版,第519—520页。

一、创业劳动的普遍出现

知识经济主要是由创业过程组织起来的。因此人们普遍认为，今天我们所置身其中的是一个创业的时代。虽然经济学意义上的"创业"是一个发端于近代西方而后舶来中国的概念，但经商图利的创业行为，却是古已有之。我们知道，在"创业"的常规意义上，凡从商者，都知晓要与众不同和把握机遇的道理，因为若非如此则无法获取高于平均水平的利润。司马迁曾写过一个叫做白圭的周人，说他"乐观时变，故人弃我取，人取我与"①，因而富贾一方。所以，在常规意义上理解，古今创业其实并没有什么分别。

但是，创业时代毕竟来了。它拔地而起，波澜壮阔，浩浩荡荡，横贯中西。在性质和规模上，新时代里的创业者和创业活动完全超越了中国传统商道千年积淀的常规，也完全不同于西方工业时代里的传统创造者和创业活动，它具有以下五个方面的特点：

第一，它所嵌入的乃是德鲁克所言的"知识社会"。知识社会里，人力资本已经取代物质资本成为最重要的生产要素。伴随着高等教育大众化的人力资本积累过程，大量适应于创业型经济的潜在创业者开始出现，"携带"着非他莫属的人力资本，渐趋形成新型的劳动者生产资料个人所有制。②

第二，创业劳动是一种特殊的分工劳动。它不但具备知识劳动的一般性质，而且还具有某些特殊性，是一种有着经济学依据的创造性劳动。具体而言，是对知识互补性、创新机会和市场潜力的敏感与洞察，是对协同创新的组织，是反复推陈出新的生产实践。

第三，创业者是"创造性摧毁"和"自由人联合体"的组织者。一方面，知识社会里，必须要有人把以知识和创新为基础的生产重新组织起来，这

① 韩兆琦：《史记笺证》，江西人民出版社 2004 年版，第 62 页。

② 参见彼得·德鲁克：《后资本主义社会》，张星岩译，上海译文出版社 1998 年版，第 8 页。

些人就是创业者。另一方面，知识劳动者们虽然因拥有较高人力资本含量而享有较高劳动自由，但这并不意味着他们必然能够以最富生产力的形式联合起来，因此需要创业者作为"自由人联合体"的组织者。

第四，当代经济发展是由创业过程驱动的。创业劳动通过创造性地利用知识，实现"科学技术是第一生产力"和"知识就是力量"，使创业活动成为推动历史向前发展的主要动力之一。

第五，创业劳动内在要求劳动的自由和全面，因而必然促进人的自由全面发展。创业者的创业才能越是全面充沛，他就能越大程度地摆脱对物的依赖进而有能力主导物的运用。创业能力越是强势，物质要素便越是臣服，越甘愿受到创业劳动的驾驭，服务于创业者的发展。

上述特征也许并不全面，但已足以使得今日之创业同古典创业完全区别开来并成其为一个时代。这是"千年未有之大变局"，世界正因此变得截然不同：不仅仅是新经济正在"吃掉"老经济，也不仅仅是生产力的迅猛提高，人的存在方式、个人生产资料所有制形态、劳动方式、生产的组织方式、人与人在生产中的关系、交往方式、思维方式……乃至于牵涉到人的发展条件的方方面面，都正在发生着深刻的和前所未有的变化。正是看到了这种变化的革命性，托夫勒才将其看作是继农业文明和工业文明之后的新文明，德鲁克则称之为"下一个社会"。新文明已经出现，这是一个事实，而且将会不可避免地把我们所处的社会卷入其中。为了提醒人们这种变化的即时性，而不是把它仅仅当作未来的一种或然，德鲁克这样说道："一直等到 20 世纪 90 年代，我们才完全明白，原来我们早已进入一种不同的新社会。一直到此时，这本书才成为可能。这本书不是预测，而是描述性的；这本书不空想未来，而是呼吁立即行动。"①

上述讨论是为提出人的创业发展所做的第一项工作，即提出并阐述创业劳动及孕育它的知识社会的母腹，概括性地指出它们包含的对人的发展而言是全新的社会历史条件，本书将在后续章节对此问题展开论述。我们

---

① 彼得·德鲁克：《后资本主义社会》，张星岩译，上海译文出版社 1998 年版，第 7 页。

要做的第二项工作是观察创业是否对每一个人的发展具有普遍意义。我们知道，在任何时代，总有人可以获得当时条件下相对自由全面的发展，例如封建社会里的帝王将相。但是，这种劳动形态及其发展水平在其时代并不具有普遍意义，甚至会对绝大多数人的发展造成损害。究其原因，这种发展只不过是少数人依靠权力或资本垄断了发展的权利，把他们的发展建立在其他社会成员不发展或少发展的基础上，因而不具有普遍性。马克思之所以竭力鞭挞资本主义和资本家的发展，正是因为此。反过来说，现代创业劳动之所以引起我们的重视，也正是源于它对人的发展具有普遍意义。

第一，创业不再是有钱人才能玩的"游戏"。今天，白手起家的创业者同样没有资源的，但是完全没有关系，完善的资本市场、公共创业政策和有利于小微企业的制度安排，使得创业的经济门槛变得很低，风险不断被熨平。

第二，每一个人都是潜在的创业者。创业劳动的个体条件是创业精神和创业才能，它们在所有社会成员身上都普遍蕴存，因而每一个人都是潜在的创业者。只要适于创业的社会条件能够恰当地提供出来——如哈耶克所说的"人类合作的扩展秩序"或韦伯的"支撑系统"，如我们在稳态市场社会里所看到的那样，创业者就可以大范围涌现。

第三，创业劳动已经普遍出现。创业劳动不再是少数人才可以从事的活动。以美国和日本为例，根据 2010 年的统计，美国有 2700 多万个小微企业。即便不考虑到合伙创业的情况，也不把创业参与者计算在内，仅按一企一人计算，创业者也至少要占到美国 1.4 亿劳动人口中的六分之一。日本有 650 万小微企业，根据同样的保守算法，创业者占劳动人口的八分之一强。这还只是截至某一时刻的静态统计。我们推测，美国和日本先后或反复投身创业的劳动者累计至少应占全部劳动人口的四分之一和五分之一左右。即便在中国，根据全球创业观察（GEM）2006 年的报告，创业活动指数为 16.2%，即每百名劳动人口中，就有 16.2 人参与到了创办时间不超过三年半的创业企业中。

第四，创业发展和他人的发展相容。首先，创业者必须为他人服务，而且必须对消费者有价值才能存在，而且，创业者之间的永续竞争会推动这种价值性的长久存在。其次，创业劳动专注于创造价值与财富，从而使每一个创业参与者受益。现在，不是越能剥削的公司盈利能力越强，而是越能创新的公司越有绩效。

第五，能够为每一个人的发展创造条件。知识社会里，创业者不但可以经创业发展获得更大的自由和全面性，更为重要的是，创业劳动通过更高产出地配置资源、创造性地利用知识、组织分散的知识劳动者个体形成自由人联合体，令有着各种才能的人"英雄有用武之地"、更高效率地发展社会生产力推动社会整体进步，等等，最终为每一个人的发展创造出更好的社会条件。

综上所述，首先，本书所考察的创业劳动不是古典和常规意义上的，它孕育于知识社会的母腹。其次，知识社会为这种劳动的普遍化提供了条件。最后，伴随着创业劳动的发生，人的发展出现了一种可以称为创业发展的历史形态。与之前的历史形态相比，创业发展所从事的劳动实践空前地要求并实现着人更高的自由自主、创新创造和全面普遍，这不能不给予理论上的关注。

二、创业劳动促成人的创业发展

在一定意义上，"创业发展"是一个新兴的概念。工业时代，虽然理论本身对创业活动有所关注，但是人的创业发展始终没有被正式提出和阐述过。究其原因，第一是因为"做蛋糕"和"分蛋糕"、创造和"榨取剩余价值"、创新精神和资本的贪婪本性、企业家和资本家等几对关系被混同在一起。此种状况部分源于历史范畴的必然，可能部分出于对资本主义进行猛烈批判的需要，因而主要强调了创业活动中的阴暗面。我们知道，尽管马克思在萨伊提出企业家（创业者）概念的半个世纪之后才写作了《资本论》，而且马克思本人对萨伊的著作也非常关注，但是，马克思在其著作中即便不是没有提到企业家，至少也从未在萨伊的意义上使用过这一概念。马克思只是在《1844年经济学哲学手稿》中，唯一一次谈到了资本家和企业家的关系。为了表明大资本对小资本的压迫，马克思先引用了斯密关于资本之间存在相互竞争的论述，继而说道，面对大资本家的竞争，"小资本家必须做出选择：(1) 由于已经不能靠利息生活而把自己的资本吃光，从而不再做资本家；或者 (2) 亲自经营实业，自己的货品要比更富有的资本家贱卖贵买，并且支付较高的工资"①。由此可见，马克思只是把创业活动看作是小的资本所有者不得不为之的普通管理工作，至于其中包含的机会识别、资源动员、处理不确定性、开展创新和承担风险等工作因为各种原因并没有给予考虑。

第二是因为创业发展在当时并不是一种具有普遍意义的发展方式。在马克思看来，即便创业发展存在巨大的优越性，它也只是少数人才能享有的发展方式，并且以牺牲他人发展为代价。如哈耶克注意到的那样，由于缺乏成熟的资本市场和可靠的资源流动机制，因此只有资本所有者本人才有条件将其创新付诸实施，所以有些创业者被不无误解地称作资本所有者。②尽管马克思将创业者一律视为资本所有者的看法有些过于简单了，但我们应当看到，那时的创业者确实在很大程度上同时行使着创业者和资本所有者的双重职能。无论如何，只要创业者在生产关系中凭借对物的占有而处于强势地位，他们的创业发展对普通劳动者的强制和剥夺就应当是客观存在的。因此，无论我们称其为资本所有者或创业者，他们都应受到它应当承受的批判。

而今，知识社会里出现了不同于古典创业的新型创业劳动，因其进步性和普遍意义，所以提出了创业者的创业发展问题。而且，与同时代那些千差万别的发展道路相比，创业发展因其可以更大程度地促进创业者的全面自由发展，而不能不引起高度的理论关注。下面，我们从马克思人的发

① 《马克思恩格斯文集》第1卷，人民出版社2009年版，第135页。
② 参见 F.A. 哈耶克：《致命的自负》，冯克利、胡晋华等译，中国社会科学出版社2000年版，第1—6页。

展理论出发，概括性地考察创业发展对人发展的促进。

第一，创业劳动是自由意志的选择。马克思把雇佣劳动看作只是形式自由的劳动，因为赤手空拳的劳动者不得不接受资本对劳动的雇佣。相比之下，创业劳动完全是发乎自由意志的，创业者自动放弃分工制度下的一切受雇机会和他人指定的劳动，因而成为一种近似于"实质自由"的劳动，是自由意志在发展道路上更为彻底和充分的体现。

第二，创业劳动摆脱对"物"的依赖。马克思从他当时所考察的生产关系出发认为，只要私人占有资本依然存在，私人资本对劳动的主导就是永续的。在这种格局之下，赤手空拳的劳动者只能依赖资本所有者提供的劳动条件才能生产，因而无法摆脱"物的依赖性"，导致发展的全面和自由性始终受到束缚。今天，马克思当年所看到的"经济上的事实"已经发生了巨大的变化，知识劳动者尤其是他们中的创业者在生产中所处的位置已经被改写了，在新的经济格局中，创业才能对物质资本而言相对稀缺，从而使创业者具备了摆脱对物质资本的依赖，进而可能驾驭其并为人的发展所用。

第三，创业劳动促进发展的全面性。马克思把阻碍人全面发展的原因主要归结为旧式分工，因为"当分工一出现之后，任何人都有自己一定的特殊的活动范围，这个范围是强加于他的，他不能超出这个范围：他是一个猎人、渔夫或牧人，或者是一个批判的批判者，只要他不想失去生活资料，他就始终应该是这样的人"①。在工业时代和旧式分工背景下，马克思说得不错，这种阻碍因素甚至在今天依然存在着。不过事情正在起变化。我们看到，在当代分工体系中，与其他固定分工相比，创业劳动在活动范围上呈现出一种全面的性质，从而使人可以不局限于某个特定的范围，因而获得了不断变换活动内容的可能。

第四，创业劳动促进发展的自由性。创业的实质是有着经济学依据的创新，而创新的前提是自由。创业劳动之所以需要以自由作为前提，是因

---

① 《马克思恩格斯文集》第 1 卷，人民出版社 2009 年版，第 537 页。

为创新的效率主要由创业者的创新精神所决定，而创新精神当然是思想自由的产物。因此，奈特和熊彼特干脆把创业者看作是专门从事创新的人。

因此，创业劳动彻底改观了旧式分工下人发展的图景。创业劳动不再像旧式分工劳动那样阻碍人的发展，相反要求发展思维、个性和自由的创造性。

从上述几个方面看，创业发展对人的发展水平的促进是革命性的，是在"质"的层次上发生的变化，甚至在某种程度上为我们指出了实现人的全面自由发展理想的一种可能性和具体道路。众所周知，马克思主义的传统看法认为，只有到了消灭私有制和联合起来的个人占有生产资料的共产主义阶段，人的全面自由发展才获得了条件。在那之前的一个较长历史时期内，包括社会主义初级阶段在内，由于私有制和资本雇佣劳动的客观存在，人的全面自由发展会受到极大的限制。但是，知识社会到来之后，我们必须正视当前正在发生的革命性的社会经济事实：知识社会里的创业劳动，使得人在当代条件下人获得了一种较为彻底的全面自由发展的可能性，因为人的创业发展要求外部世界对个人才能的实际发展所起的作用最大程度地被个人本身所驾驭。这是真正具有重大历史意义的变化，它是现实的人与来自于"物"的压迫和剥削彻底决裂的开始，进而将人带入真正的历史。

三、创业发展推动发展观念的演进——创业发展观的提出

我们知道，人的发展不仅仅要求恰当的社会条件，还要求恰当的精神条件。精神条件见于人表现为发展的观念。任何欲求发展的个体，迟早都会确立相应的发展观念。具体而言，当人的主观精神发展到一定阶段，人的发展将接受自我实现的指引和驱动。预期自我实现，意味着主体的自由心灵意识到存在一个与众不同的自我，并且，自由意志要求他采取行动将自我实现出来。如此，便提出了不想重复他人发展道路的人生挥之不去的若干基本问题：自由、使命、梦想、信仰、价值观、生命意义、幸福的表

达形式和我们无法穷举的那些非他莫属的生命特质与内在诉求。随着生命历程的展开，人对这些问题的敏感、回答和反思将形成一系列的观念，构成使他的实际发展与劳动实践、存在方式、生命过程"内在一致"地或自洽地凝聚在一起的观念体系，我们称之为"发展观"。

任何一种新观念的形成都有它自身的历史和逻辑。根据黑格尔的说法，观念是"自在自为的真理，是概念和客观性的绝对统一"①，或和康德一致，是"纯粹理性的概念"。在黑格尔和康德看来，发展观就是发展精神自我实现的理性表达形式——将无数碎片式的发展知觉组合为结构稳定和因果关系一致的发展图景。这个图景的确立是一个概念运动和辩证演化过程，有如黑格尔的花蕾、花朵和果实般，还如尼采的骆驼、狮子到婴儿的精神三变。

创业劳动的普遍出现，必然牵动物质到意识、客观到主观的变化，这就涉及人的创业发展的观念。创业发展是有机会引发人的更加全面自由发展的那些新观念中的一个。它在诞生以后就一直迅速成长。一方面，它历经"观察的理性"和"行动的理性"的反复演进，在世界各地实现自己——典型者如美国和欧洲，形成了一种多均衡的观念分布。随着世界各地观念的深入交往，多个局部均衡逐渐趋于一般均衡，如盲人摸象般达到一种"理性"的综合，于是终于有资格上升为一种一般性的发展观。这符合观念创新和演化的一般原理。另一方面，创业发展观念生逢其时，在以人为本和"按新分配"的全新生产方式席卷下，它迅速在全社会成功地获得了"主体间性"，从而驱动了它的合法性和话语权。

创业发展观作为一种特定的发展观，是一种适应新型经济体制和文明浪潮的发展观念，是历史与逻辑的必然结果，是人的发展观念在创业时代的与时俱进。它吸引着那些预期自我实现或全面自由发展的人，时不我待地抓住历史提供的发展机遇，在有意识发展的过程中经反复确认和选择，把创业作为自由扩展的方式和"值得珍视的生活"，最终将他发展的条件、

---

① 黑格尔：《小逻辑》，贺麟译，商务印书馆1980年版，第397页。

过程和目的一致性地对象化为创业实践，从而形成一种新的人的发展观念。

第三节　从"资源驱动"到"创新驱动"

在过去的二十多年里，一方面中国经济持续高速发展，另一方面发生了持续的大学生就业难，这意味着现有的经济发展方式对知识的需求总量远远低于知识劳动者所承载的全部知识存量。一个强烈追求发展的社会怎会让大量知识无用武之地，是知识过剩还是社会对知识的利用不足？我们知道，虽然从单位劳动年龄人口中接受过高等教育者所占比例的指标来看，中国的人力资本密度在高校扩招以来的十年间大幅增加，到 2011 年达到 10% 左右，但仍远远低于发达国家的平均水平。反观美国，虽然这一比例高达 35%，而且其经济增速远低于中国，却没有发生像中国那样严重的大学生就业问题。于是我们不难推知，虽然中国高等教育规模的扩张具有明显的中央计划特征而不是由需求规模的扩张引发的，但主要由于经济发展方式的问题制约了社会对知识的充分利用。根据迈克尔·波特的"钻石理论"，经济发展方式可以是主要依赖便宜劳动力和自然资源的"资源驱动"，也可以是主要依赖人力资本的"创新驱动"。[1] 前者重物质资本而轻人力资本，虽然可以在短期内创造较高的经济增长，但因为资源的"可耗尽性"[2]，很难持续地组织更多资源来保持长久繁荣。相比而言，"创新驱动"可以通过"知识溢出"、"收益递增"或"分工演进"的方式建立内生经济增长模型，其可持续性要远远好于前者。

如此看来，大学生就业难只是中国经济发展方式"资源驱动"特征的现象学，其本质，是经济发展方式的问题。"与就业联系更紧密的不是经济增长率，而是经济结构……如果经济增长方式不变，光靠经济增长率来

---

① 参见迈克尔·波特：《国家竞争优势》，李明轩等译，华夏出版社 2002 年版，第 534 页。

② 包括廉价劳动力资源的耗尽，即目前中国已经处于人口学家所谓"人口红利耗竭"的阶段。

拉动就业，是不可能解决中国的就业问题的。"[1] 而且，经济发展方式的深远影响远不止大学生就业这么简单，它关系到中国现代化转型等诸多深层次问题。这就像托夫勒早就预见到的那样，我们必须接受"第二次浪潮的消退"，去迎接"迈向新文明的一个性质截然不同的潜在秩序"。[2] 进入新世纪以来，经济学家们就这一问题逐渐达成了共识：虽然之前的经济发展方式具有历史合理性，但中国未来持续发展的前提是要把经济从"资源和投资驱动"转变到"人力资本和创新驱动"上来，而且，这种进展缓慢的转变由于人口老龄化等原因正面临着空前的紧迫性，令我们在这个关键和短暂的发展转折期里——要么抓住，要么错过可能是最后的转变机遇。上述共识在过去的十多年里，逐渐推动中央政府制定了"调结构"和"转方式"的国家战略，在《我国国民经济和社会发展"十二五"规划纲要》中明确提出了把"创新驱动"作为"转变经济发展方式"的主线。

从"资源驱动"转变到"创新驱动"阶段，关键问题有两个。首先是人力资本积累，其核心是通过扩张高等教育的规模，"尽可能地将生育率迁移过程导致的'多余的'简单劳动者转换为知识劳动者"[3]，以使他们的人力资本含量和所能激发出的创造力与"人力资本驱动"经济的需要相适应。这一积累过程始自 20 世纪末的高校扩招。尽管它在初期曾备受争议，但鉴于转型的迫在眉睫，仍然是其时必须的战略选择。其次是"知识就是力量"，即知识—资本—创新—增长的现实演化路径。科学知识不必然和自动意味着生产力，我们应当但没有完全搞清的是，是"'知识'能否以及在何种社会条件下成为'生产力'"[4]。其核心是确立与转型相适应的理论共识，以适应和指导这一转型期的经济和教育政策。

---

[1] 转引自苏盈：《2005：8%经济增长率与新增就业岗位 900 万》，《第一财经日报》2005 年 3 月 9 日。

[2] 阿尔温·托夫勒：《第三次浪潮》，朱志炎、潘琪、张炎译，生活·读书·新知三联书店 1983 年版，第 5 页。

[3] 汪丁丁：《劳动与资本》，《21 世纪经济报道》2010 年 1 月 25 日。

[4] 汪丁丁：《知识经济的制度背景——"知识经济批判"》，《战略与管理》2000 年 2 期。

　　两个问题中，前者的目标已经确立并得到相应实施，后者的答案在理论和实践上也逐渐形成了共识。在经济学史上，奥地利学派最早注意到并回答了这个问题。在奥地利学派看来，创新驱动乃是社会对知识的创造性利用，创业者是这一自发秩序的组织者，因而创新驱动与创业者及其他们所从事的创业活动紧密相连。在他们看来，知识经济不应该被简单地认为是高科技经济，而应是一种生产、传播、协调、配置和利用知识的系统性社会机制，是知识作为生产要素的政治经济学、技术经济学和制度经济学实践。对知识经济及其驱动机制的正式和系统研究，我们认为始于哈耶克。在思想史上，是哈耶克，由于受到老师米塞斯的影响首先把知识问题纳入到经济学之中的。哈耶克在 1936 年和 1945 年分别发表了《经济学与知识》和《知识在社会中的利用》两篇论文，首次正式提出了知识分工和知识协调问题。哈耶克指出："显然存在一个知识分工的问题，它与劳动分工问题非常相似，起码具有同等的重要性。但是，自从我们的科学诞生以来，后者就是研究的主要课题之一，而前者则完全被忽略。尽管在我看来这个问题实际上是作为社会科学的经济学的中心问题。"[1] 哈耶克认为，分工导致专业化，从而人类知识的整体被参与分工的不同人分散掌握着。由于知识是分散地掌握在市场里不同人的手中，所以需要通过作为一种发现、配置和利用的机制来协调知识分工。为此，哈耶克说道："经济学的中心问题就在于如何最好地发现和利用不同经济主体头脑中多样而分散的知识。"[2] 这就是著名的"哈耶克问题"。哈耶克认为，这一机制便是市场[3]，奥地利学派的后来者们更进一步回答了这个问题，

---

[1]　Hayek, F. A, *economics and knowledge, Economica*（February），1937, p.50.

[2]　F.A. 冯·哈耶克：《个人主义与经济秩序》，贾湛、文跃然等译，北京经济学院出版社 1989 年版，第 48 页。

[3]　事实上，市场机制——掌控交易的规则和机制——加总了配置商品所需的信息，而不需要任何来自买者或卖者的特别信息。只要这些规则的建立是用来引导和强化市场自由交易的，那么就会产生自发秩序。在这一点上，哈耶克走在了所有人的前面——几十年之后，那些物理学家、生物学家、数学家、电脑学家等才意识到在对复杂系统的运行进行建模时自发秩序的重要性。

把市场过程归结于企业家们无休止的创业活动，把创业者看作是"经济发展的带头人"。

1960 年，德鲁克首次提出"知识工作"与"知识工作者"的概念。是谁将知识工作者们组织起来去开展知识工作的呢？德鲁克认为，他们是创业者或"组织者"。①1969 年，他在《断层时代》中又首次提出"组织社会"②的概念。1984 年和 1993 年，德鲁克分别在《创新与企业家精神》和《后资本主义社会》中，用日常和清晰的语言总体性地描绘了创新驱动的本质：（1）"在新社会真正支配性的资源、绝对决定性的生产要素，既不是资本、土地，也不是劳动力，而是知识。"（2）在后资本主义社会中，社会主导者不是资本家，而是"知识工作者"与"组织者"。将知识工作者组织起来的人是创业者。（3）接受过高等教育的知识劳动者将构成工作人口的多数。知识劳动者将"取代一切阶级和一切工种成为知识社会唯一的劳动主体"。③（4）现在价值由商业创新和技术创新来创造，而这两者都是将知识应用于工作。（5）资本不再靠通过剥削以工资为生的劳动者获得积累，而是通过支持人的创造力而创造财富的增量。

第四节　高等教育普及化造就适应"创新驱动"的潜在创业者

不可抗拒地，人类社会已经进入了德鲁克所言的"知识社会"的发展阶段。如众多学者指出的那样，未来经济持续增长的主要动力必定来自于人力资本而不是物质资本，亦即"创新驱动"而非"资源驱动"。但是，人类并不是以整体的方式跨入创新驱动的知识社会的。由于文化传统和不

---

① 参见彼得·德鲁克：《后资本主义社会》，张星岩译，上海译文出版社 1998 年版，第 66—70 页。

② 意为"将知识组织起来的社会"。

③ 彼得·德鲁克：《后资本主义社会》，张星岩译，上海译文出版社 1998 年版，第 8 页。

同国家在组织"人类合作的扩展秩序"上的策略差异，或者用迈克尔·波特的话，我们也可以称为"国家发展战略"的差异，各国的经济形态、发展方式和进步能力有着很大的不同，以至于有些国家较早地进入了第三次浪潮，有些国家则正处于关键的转折时期。向创新驱动转型的一个决定性因素是知识劳动者的占全部劳动者的比例，以及知识劳动者们的创新创业能力。据德鲁克在1993年的观察，发达国家的高等教育普及化较早[1]，知识劳动者的数量在40年前还不到整个劳动者的三分之一，但是现在已经达到四分之三以上，而且这个比例还在扩大，从而支持这些国家率先进入了新的经济发展阶段。

一、高等教育普及化的后果

以美国为例。美国高等教育普及化进程始于第二次世界大战结束，20世纪60年代完成了大众化阶段，70年代初高等教育入学率即达到50%，成为世界范围内第一个实现高等教育普及化的国家。经过几十年的人力资本积累，美国目前全部劳动人口中接受过高等教育的比例高达63%，为美国从工业化国家顺利转变到知识型国家奠定了必要的知识与人力资源基础。日本、德国、英国等发达国家在20世纪后期，也先后实现了高等教育的普及化。

中国高等教育在20世纪90年代前一直发展缓慢，甚至一度遭到较大挫折。改革开放以后，虽然经济增长速度较快，但是依赖廉价本土资源的经济发展方式逐渐遭到一系列深刻挑战。在"九五"规划中，我国首次提出"经济增长方式转变"。[2] 此后，全社会普遍认识到，经济发展

---

[1]　马丁·特罗把高等教育的发展划分为三个阶段，即精英阶段、大众化阶段和普及化阶段。他认为这三个阶段的标志分别是入学人数占适龄人口的比例低于15%、达到15%—50%和超过50%。

[2]　2007年国家将"经济增长方式转变"的提法调整为"经济发展方式转变"，意在强调经济发展的质量而不是速度。

方式转变的要求已经极为迫切，经济发展要尽可能迅速地从"资源驱动"转变到"人力资本驱动"阶段上。[①] 根据王丰和安德鲁·梅森合作撰写的报告，1982—2000 年间中国享有的"人口红利"对人均产出增长的贡献约为 15%，但是在 2000—2013 年间，贡献率却仅为 4%。报告预测，由于人口红利的消失，中国人均产出增长率在 2014—2050 年间将每年下降0.45%。[②] 根据上述及相关研究，中国的社会经济发展已经处于人口学家所指的"人口红利耗竭"阶段。不仅如此，资源问题和环境污染等问题也成为"资源驱动"经济的瓶颈问题。

在此背景下，我国高等教育从 1999 年开始快速扩张，从人力大国走上人力资源大国的征途，其目的是通过加快人力资本积累"尽可能地将生育率迁移过程导致的'多余的'简单劳动者转换为知识劳动者"[③]，以使更多劳动者的人力资本含量与"人力资本驱动"经济相适应。

根据 2009 年教育年鉴统计，在高等教育大发展的情况下，全国普通高校数量由 1998 年的 1022 所增加到 2008 年的 2263 所，增幅比例超过120%。从招生数量上看，1998 年之前全国普通高校招生规模只是缓慢增加。1999 年的招生规模跳跃性增加 47%，达到 160 万。其后一直以超过 10% 以上的年增幅高速增长，到 2009 年，全国普通高校招生人数达到629 万，比 1998 年增加了 5 倍之多。扩招之下，全国高等教育的毛入学率从 5% 迅速提高到目前的 27%。只用了短短 10 年，中国高等教育就从"精英教育"发展到"大众化教育"阶段。这一扩张过程还将持续进行下去。新出台的《国家中长期人才发展规划纲要（2010—2020 年)》显示，到 2020 年，我国要实现全社会的人才资源总量从现在的 1.14 亿人增加到1.8 亿人这一战略目标。

---

① 参见迈克尔·波特：《国家竞争优势》，李明轩、邱如美译，华夏出版社 2002 年版，第534 页。

② 参见王丰、安德鲁·梅森：《中国经济转型过程中的人口因素》，《中国人口科学》2006年第 3 期。

③ 汪丁丁：《劳动与资本》，《21 世纪经济报道》2010 年 1 月 25 日。

二、知识劳动者是创新驱动经济中的主要创业群体

旧的生产方式并不是自动转换到新的生产方式的，这是一个在"自发秩序"下的"创造性摧毁"过程——破坏和瓦解旧的生产秩序，把以知识和创新为基础的生产重新组织起来。从事这项工作的人不是政府或任何其他组织，而是知识社会里的创业者，是适应知识经济的新型企业家，是"创新驱动"和"第三次浪潮"的组织者。德鲁克一定是意识到了这一点，因此他指出，在知识经济中居权力之巅的，既不是资本家，也不是普通劳动者，而是"组织者"。"组织者"的"权力不是来自对'生产资料'的占有，而是来自于'组织手段'的控制"①。只要社会能够提供最起码的激励，知识劳动者中的一部分人将自愿承担打破常规的后果，主动去联想具有潜在经济价值的商业创意，继而将对应的知识或知识的组合开发成产品或服务。他们是知识劳动者中的那些对自由更加敏感、更具创新和进取精神的个体，他们秉持"独立探索"而不是"模仿成功"策略，使一个社会能够有效率地协调和利用人类知识，参与推动"知识就是力量"和"科学技术是第一生产力"的实现。

创新驱动所需的创业者不是一无所知的劳动者，而是接受过高等教育的人，他们被德鲁克称为"知识劳动者"。与非知识劳动者相比，大学生开展知识型创业具有相当的比较优势：(1) 丰富的知识存量和相对完备的知识结构有利于新观念的产生。叔本华把认知过程分为"理解"和"判断"两个过程。理解和判断能力建立在知识存量和结构的基础上，与新观念的产生概率和速度息息相关。我们经常误以为创新精神本身足以导致新观念，但缺乏必要知识基础的创新经常被发现只是"重新发明了轮子"。(2) 在其知识结构内部的各类知识之间，易产生新产品的联想。确实，深刻的创新绝不是天马行空和头脑风暴可以做到的，难道个体能够超越他的知识视野和认知能力去开创某个具体的知识型创新方案吗？一个头脑中没有存

---

① 彼得·德鲁克：《后资本主义社会》，张星岩译，上海译文出版社 1998 年版，第 9 页。

放互联网和电力知识的人怎么会联想到"智慧型配电网路"呢？（3）已有的知识积累可以提高其进一步获取新知识的能力和速度。（4）以知识创造性利用为主的创业往往有着更高的投资回报率，因此更容易得到资本的青睐。（5）在对大学生创业加大扶持的政策环境下，"协调成本"有所降低。（6）至少在某些大学里，可以得到系统和有针对性的创业教育与训练。[①]

对此，我们在美国的经验中可见一斑。早在 1997 年，美国波士顿银行曾发表过题为《MIT：冲击创新》的报告。报告显示，如果把 MIT（麻省理工学院）毕业生创建的 4000 多家高科技公司组成一个独立的国家，那么这个国家的经济实力将排在世界第 24 位。[②]

第五节　创业劳动内在要求人的自由创造

针对以传统资本为基础的生产方式中人的发展状况，马克思认为："在资本主义制度内部，一切提高社会劳动生产力的方法都是靠牺牲工人个人来实现的；一切发展生产的手段都转变为统治和剥削生产者的手段，都使工人畸形发展，成为局部的人，把工人贬低为机器的附属品，使工人受劳动的折磨，从而使劳动失去内容。"[③]的确，旧式分工只需要劳动者掌握某种特定的技能，无论这项技能多么复杂，一经学会便只是去机械和重复性使用，而较少甚至不需要发挥劳动者的创造性，因而使人不断异化，成为片面化的"局部的人"，变成"畸形物"，极大限制了劳动者原本多样的生产力和个性发展。这种劳动过程不仅不是以劳动者为目的，而且也完全不能和劳动者的发展相兼容。

悠忽百多年，知识经济的新秩序已在较大程度上改变了旧式生产方式

---

① 参见邹云龙：《大学生知识型创业研究》，《社会科学战线》2011 年第 5 期。

② 参见 Bank of Boston, MIT: The Impact of Innovation, http: //web.mit.edu/newsoffice/founders/TofC.html, 1997.8.14。

③ 《马克思恩格斯文集》第 5 卷，人民出版社 2009 年版，第 743 页。

对人的发展的桎梏。知识劳动因其创造创新的性质而内在要求劳动必须是自由的。作为一种特殊的知识劳动，创业劳动在这一点上显得更为突出。首先，创业劳动不再阻碍人的智力发展，相反要求创业者必须发展自己的思维、个性和创造性，从而更多地要求人的思想自由和独立思考，进而为人的全面自由发展创造条件。托夫勒在谈到第二次浪潮和第三次浪潮的区别时说，第三次浪潮反对铁板一块的社会意识，人们之间的"争执是健康的……各种分歧意见得到了重视，同时人们即使明知别人不会同意，也发表自己的意见。这个制度对盲从的职工进行惩罚，对那些有限度地勇于争辩的人给予奖励。凡是探求工作意义，怀疑权威，持有独立见解和认为他的工作负有社会责任的职工，在第二次浪潮工业中，都可能被认为是调皮捣蛋的，但第三次浪潮的工业没有他们却不行"[1]。第三次浪潮鼓励个性和创新，欢迎敢于负责、懂得合作、能够迅速适应变化、在工作中寻求生命意义和自我实现的人，这是知识经济之所以为知识经济的本质要求。尽管这可能不是资本的第一目标，但为了效率却不得不这样做。而且，资本为了自身考虑而给劳动者创造更好的发展条件似乎并无不妥。对于这些重大变化，托夫勒进一步说道："纵观全局，我们看见个人的个性特征，正出现一种微妙而又深刻的变化。这些变化得到经济体制的鼓励。这些变化必然会形成正在出现的社会特征。"[2]

创业劳动要求自由，其他生产要素的所有者也必须给予其自由。一方面，因为创业劳动的劳动效率主要由创业者的创造精神所决定，而创造精神是无法靠异己力量强制出来的。可以想象，自由人的劳动必然比奴隶的劳动更具有创造性，因而在恰当的激励下，自由程度越高的劳动必定具有更高的创新效率。另一方面，相对于简单劳动而言，创业劳动在技术上是很难监督的，除非监督者比被监督者知道的更多，而这在现实中是很

---

① 阿尔温·托夫勒：《第三次浪潮》，朱志焱、潘琪、张焱译，生活·读书·新知三联书店1983年版，第482页。

② 阿尔温·托夫勒：《第三次浪潮》，朱志焱、潘琪、张焱译，生活·读书·新知三联书店1983年版，第483页。

难做到的。"每个劳动者都是某种程度上的'专家',其知识结构与任何监督者(至少是在一定范围内)的知识结构保持着足以形成专业化优势的差异。"[①]这就好像我们和医生之间的关系一样。由于信息在医患之间分布极不对称,使得患者难以监督医生的劳动,甚至同一领域内的专家也难以在不在场的情况下事后评价医生的劳动。

因此,任何物质资本的所有者都必须接受这一点,即便他提供了资源给创业者,也不能为此去妨碍创业者的自由。因为创业劳动的前提是自由,包括人身自由、思想自由、劳动自由、创新自由、获取和支配利润的自由等。一旦提供给创业者足够的自由,哪怕是那些原本对自由没有太多要求的人,也将被极大地激发出发展的自主性和积极性。

---

① 汪丁丁:《知识劳动的工资问题》,《书城》2000年第12期。

第二章　创业发展的马克思主义理论基础与内涵

　　发展是人类的永恒主题。虽然因时代、民族、文化、地域等不同带来对发展的不同理解，但在一般意义上，发展就是指人们在理想的价值引导下，根据其实际社会生活状况，不断超越自身局限、摆脱自身束缚的过程。发展观是引发并为发展行为赋予意义的发展信念，是主观精神关于自我实现的理性表达形式：预期自我实现的人对决定自身、反映自身和返回自身及其相互联系的理解所构成的观念。

　　作为终结传统形而上学思维方式的马克思哲学，"发展"在其中同样占据了重要位置。实质上，马克思主义哲学在对现代社会本身存在问题进行反思、批判和诊治的过程，就是在寻求人类如何实现自身全面自由自觉发展的答案。在《1857—1858 经济学手稿》中，马克思提出人的发展的三阶段理论，即"人的依赖性关系（起初完全是自然发生的），是最初的社会形式，在这种形式下，人的生产能力只是在狭小的范围内和孤立的地点上发展着。以物的依赖性为基础的人的独立性，是第二大形式，在这种形式下，才形成普遍的社会物质交换、全面的关系，多方面的需要以及全面的能力的体系。建立在个人全面发展和他们共同的、社会的生产能力成为从属于他们的社会财富这一基础上的自由个性，是第三个阶段。第二个阶段为第三个阶段创造条件。因此，家长制的、古代的（以及封建的）状态随着商业、奢侈、货币、交换价值的发展而没落下去，现代社会则随着这些东西同步发展起来"①。马克思对人的发展三个阶段的概括，包含着对发展的几层理解：第一，发展是一个社会范畴。早在《关于费尔巴哈的提纲》中，马克思就指出："人的本质不是单个人所固有的抽象物，在其现实性上，它是一切社会关系的总和。"②这说明在现实的本质层面人是社会存在物，这就内在规定了人 及对这种实践的理解中得到合理的解决。"③正是在实践的基础上，人实现了由人的依赖关系向物的依赖关系的发展，进而再实现由物的依赖关系向人的全面自由自觉存在的发展。第三，发展是一个历史范畴。结合马克思在《〈政治经济学批判〉序言》中对历史唯物主义基本原理的阐述，可以发现，在马克思哲学中发展本身就是一个历史范畴。马克思指出："人们在自己生活的社会生产中发生一定的、必然的、不以他们的意志为转移的关系，即同他们的物质生产力的一定发展阶段相适合的生产关系。这些生产关系的总和构成社会的经济结构，即有法律的和政治的上层建筑竖立其上并有一定的社会意识形式与之相适应的现实基础。物质生活的生产方式制约着整个社会生活、政治生活和精神生活的过程。不是人们的意识决定人们的存在，相反，是人们的社会存在决定人们的意识。社会的物质生产力发展到一定阶段，便同它们一直在其中运动的现存生产关系或财产关系（这只是生产关系的法律用语）发生矛盾。于是这些关系便由生产力的发展形式变成生产力的桎梏。那时社会革命的时代就到来了。随着经济基础的变更，全部庞大的上层建筑也或慢或快地发生变革。……无论哪一个社会形态，在它所能容纳的全部生产力发挥出来以前，是决不会灭亡的；而新的更高的生产关系，在它的物质存在条件在旧社会的胎胞里成熟以前，是决不会出现的。所以人类始终只提出自己能够解决的任务，因为只要仔细考察就可以发现，任务本身，只有在解决它的物质条件已经存在或者至少是在生成过程中的时候，才会产生。"④

---

① 《马克思恩格斯文集》第8卷，人民出版社2009年版，第52页。
② 《马克思恩格斯文集》第1卷，人民出版社2009年版，第505页。
③ 《马克思恩格斯文集》第1卷，人民出版社2009年版，第505—506页。
④ 《马克思恩格斯文集》第2卷，人民出版社2009年版，第591—592页。

　　由此，人类社会的发展不是一个简单、抽象的逻辑过程，而是与社会历史事实交织在一起的一个复杂的、充满矛盾的、现实的、历史的过程。发展是与生产力、生产关系、经济基础、上层建筑、阶级对立、革命等人类社会历史的内在基本构成紧密相连的，是人类社会历史事实的呈现。因此，发展首先是一个历史范畴，脱离历史事实空谈发展，只能带来对发展的抽象、干枯的形式论证，这样的发展概念，面对现实将毫无意义。其次，发展是一个价值范畴。马克思认为人发展的最高阶段是人的自由自觉的阶段，这是人的发展的价值诉求。他将人全面自由自觉的存在视为人的最高目的，在价值层面为人的发展提供了方向性指引。在马克思哲学中，发展不是一个漫无目的、抽象、线性的形式发展，而是与人的现实生命活动内在一体的、以实现人的全面自由自觉的存在为价值旨向的辩证发展，这充分显示出发展是一个饱含价值意义的概念。由此看出，马克思对人的发展的理解，不是在一个抽象、空洞的层面把握发展概念，而是在现实、辩证的层面去理解饱含现实生命意蕴的发展概念，赋予发展以社会、实践、历史以及价值的内涵。

　　每一代人都必须在自己所处的历史范畴内，在尊重历史客观性和必然性基础上，主动探索、创新、实践、丰富人的发展样式，允许不同的发展样式和发展观念齐头并进、充分竞争，最终使更加符合人的本质、激发人的更多潜能、更富活力、更具全面性和自由性的发展形态脱颖而出。正是预见到了这一点，所以马克思才说："共产主义对我们来说不是应当确立的状况，不是现实应当与之相适应的理想，我们所称为共产主义的是那种消灭现存状况的现实的运动。"[1]

　　创业发展及创业发展观念是在新的历史条件下出现的一种新型的实践样式和观点，因其在诸多方面表现出来的创新性和进步性，我们认为其在理论上、方法上、行动上不仅既符合马克思主义的实践观，也符合马克思主义当代性，是马克思主义富有活力、与时俱进的体现。要真正在马克思

---

[1]　《马克思恩格斯文集》第 1 卷，人民出版社 2009 年版，第 539 页。

哲学精神的指引下理解和把握创业发展,自觉运用马克思哲学分析和反思社会现实问题,就必须牢牢把握马克思哲学内在包含的思想和思维方式,对创业发展加以分析。这不仅是一种当代化的探寻人全面自由自觉存在和发展的实践活动,同时也是对马克思哲学本身的当代践行。进而言之,对创业发展观的研究,不仅符合马克思主义的主要观点立场与思维方式,也符合马克思历史唯物主义原理的基本要求,同时亦是马克思哲学与当前时代、当下现实内在一体化的呈现。

沿着马克思的思路,我们观察到,新型的劳动实践确实造就了新型文明。在被称作"后工业社会"、"信息社会"、"知识社会"或"第三次浪潮"的现时代,大规模出现的创业劳动已再次孕育出人的发展的辩证演化,表现为:(1)创业是一种更加激发、成长和彰显人的本质力量的对象化实践活动;(2)创业劳动是一种更加趋近"实质自由"的劳动;(3)创业发展是历史唯物主义的逻辑与现象,是生产力与生产关系矛盾运动的必然结果;(4)创业活动在自然生命的基础上创造出超生命的本质和特征;(5)人在创业中能动和目的性运用创造性,是人和社会发展的唯物的科学主义;(6)人在创业发展的实践活动中,不但可以创生世界,还可创生自我,通过自我创生和自我生成活动,不断地实现人的"自我超越"、"自我扬弃"、"自我否定",使人具有独特的不断超越固有限制、追求幸福、创造自身价值的"自由精神",在复杂多变的现实生活世界创造出一个丰富而全面的意义世界、价值世界、伦理世界。因此,我们拟从马克思主义的实践论、劳动哲学、历史观、自然主义、科学主义和人道主义,观察知识社会里人创业发展的马克思主义思想意蕴,努力在马克思主义理论中找寻答案。

第一节 创业发展的实践论

实践的观点是马克思主义最为首要的和基本的观点,实践的原则与方法是整个马克思主义理论及其思想体系的建构原则和思想方法。马克思从实践出发去观察、透视和理解现存的现实世界，把与人有关的一切感性对象当作人的主体实践去看待，将其所观照的对象规定为作为现实世界基础的人的实践活动，把自身的任务规定为解答实践活动中的人与世界、主体与客体、主观与客观的关系，为探究人的一切社会性实践活动与人的发展提供了基本的思想方法。马克思在人类历史上第一次以实践为核心，搭建了主观与客观相统一的桥梁，克服了主客二分的传统旧哲学的思维方式存在的问题，提出了人的社会性本质是人的真正本性，彰显了实践活动是社会性的人的存在方式。马克思主义的实践观是辩证唯物主义和历史唯物主义的思想基础，它不仅仅是批判旧哲学的有力思想武器，而且在此同旧唯物主义分野，终结了传统哲学，开创了新哲学的新路标——人的实践性活动。

人的创业与人的创业发展，是人的当代实践和人的发展的当代形态。随着劳动实践的发展，人的发展得到不断的重新阐释。阐释的理论基础之一，便是马克思主义的实践论。毫无疑问，马克思主义实践论是科学的实践论，是唯物史观和认识论的统一。由于它以人的发展为价值取向，强调人的实践自为地存在，自然能够克服那种把人抽象化和片面化的理解，从而达到了对人与时俱进地发展的真正自觉。因此，深入挖掘马克思实践论的思想意蕴，能够帮助我们认识新的实践形式和内容以及它对当代人发展的影响，为创新和深化人合理的实践方式，促进和指导人的发展提供重要方法、现实途径和正确方向。

一、创业实践是认识人的创业发展的出发点

（一）创业是一种劳动实践

"人类的创造性、未完成性和无限的开放性，就是人类存在的实践性。"[①] 创业是一种相当重要和特殊的实践，是"经济生活的实践"、"创造

---

① 孙正聿：《孙正聿哲学文集》第七卷（下），吉林人民出版社2007年版，第139页。

性实践"和"实体实践",在实践对象、领域、方法、途径等方面具有自己的特点。这种实践形式,是历史性地形成的、当下的、现实的和更加能够表现人本质的感性活动。具体依据如下:

第一,创业是一种生产性和对象性活动。创业是一种生产性的活动,"一切人类生存的第一个前提,也就是一切历史的第一个前提,这个前提是:人们为了能够'创造历史',必须能够生活。但是为了生活,首先就需要吃喝住穿以及其他一些东西。因此第一个历史活动就是生产满足这些需要的资料,即生产物质生活本身"①。知识社会有着不同于以往的经济发展方式,这意味着必须要有人把以知识利用为核心的生产重新组织起来,这些人就是创业者,因而他们的活动是生产性的。同时,创业还是一种对象性活动,"人作为对象性的、感性的存在物,是一个受动的存在物;因为它感到自己是受动的,所以是一个有激情的存在物。激情、热情是人强烈追求自己的对象的本质力量"②。知识经济里的创业,是受本质力量触发的一种以知识互补性、创新机会、敏锐洞察市场潜力和组织协同为对象的实践活动。

第二,创业是推动历史向前发展的基础性活动。创业是人类改造世界和自我实现的双向互动,创业活动通过敏感社会需求和创造性地组织资源,不断增加人类财富,提升生产力,使之成为推动人和历史向前发展的重要动力。

第三,创业是对人类知识的利用。在传统的理解中,人们总是习惯于关注知识的创新而非知识的利用,甚至认为知识被充分利用是自然而然的事情。然而事实上,新技术是一回事,新产业是另外一回事。有很多公司曾经拥有过世界领先的技术,却没能发展起相应成就的产业。德鲁克举过这样一个例子:英国细菌学家亚历山大·弗莱明研制出了青霉素并发现了它的正确用途,甚至获得了 1945 年的诺贝尔医学奖,但是却无人将青霉

---

① 《马克思恩格斯文集》第 1 卷,人民出版社 2009 年版,第 531 页。
② 《马克思恩格斯文集》第 1 卷,人民出版社 2009 年版,第 211 页。

素的生产视为另一种关键的技术。于是，虽然英国科研人员具备全部的技术性知识，但却忽略了如何利用知识的知识，最终美国一家当时名不见经传的小公司——辉瑞（Pfizer），继续研究发酵技术，最终成为世界一流的青霉素商和全球最大的以研发为基础的生物制药公司。[①]

第四，创业是制度创新。制度的变动可以带来利润，因而成为创业活动的内容之一。用萨伊的说法，创业是在利润信号的指引下，将经济资源从生产力和产出较低的领域转移到较高领域的活动，也就是在经济学依据下创新性配置资源的过程。[②] 这个说法是比较经典的，包括后来科斯提出的交易成本和企业制度问题，也可以看作是资源的创造性配置。现有资源是被现有制度所界定的，有些制度是陈旧和过时的，改变它们就会促进生产和消费，进而为全社会带来好处。德鲁克把制度创新看作是"有目的创新和创新机遇"的重要来源。他举过这样几个制度创新的例子。例如分期付款制度的创新，极大地促进了生产和消费，因为突然之间农民就有了购买农业机械的能力。再如集装箱和现代医院制度的创造。[③]

（二）实践是认识人的发展的出发点

创业和发展之所以联系在一起，是从创业作为一种劳动实践开始的。从《1844 年经济学哲学手稿》到《德意志意识形态》，马克思逐渐形成并阐发了唯物主义的科学实践论，创立了关于现实的人的发展理论，强调实践的人才是真实存在着的人，至于真实存在的社会，则是由所有个人的实践汇聚而成。在《1844 年经济学哲学手稿》中，马克思提出："理论的对立本身的解决，只有通过实践方式，只有借助于人的实践力量，才是可能的；因此，这种对立的解决绝对不只是认识的任务，而是现实生活的任

---

① 参见德鲁克：《创新与企业家精神》，蔡文燕译，机械工业出版社 2009 年版，第 104 页。

② 参见余来文：《企业家品牌理论分析之研究》，（台湾）《中华管理评论国际学报》2012 年第 15 卷 2 期。

③ 参见德鲁克：《创新与企业家精神》，蔡文燕译，机械工业出版社 2009 年版，第 27—28 页。

务，而哲学未能解决这个任务，正因为哲学把这仅仅看做理论的任务。"①
在《关于费尔巴哈的提纲》中，马克思认为："人的思维是否具有客观的真
理性，这不是一个理论的问题，而是一个实践的问题。人应该在实践中证
明自己思维的真理性，即自己思维的现实性和力量，自己思维的此岸性。
关于离开实践的思维的现实性或非现实性的争论，是一个纯粹经院哲学的
问题。"②上述思想决定了马克思必然要从人的劳动实践角度来观察和衡量
人的发展。我们知道，在人类社会漫长的历史过程中，劳动作为生存和
发展的手段，是人最基本的实践形态，因此马克思说："整个所谓世界历
史不外是人通过人的劳动而诞生的过程。"③恩格斯也指出，马克思主义是
"在劳动发展史中找到了理解全部社会史的钥匙的新派别"④。

在马克思主义看来，实践是把握世界的基本方式，是检验真理的标
准，是理解人发展状况的"钥匙"。同时更为重要的是，人的发展水平取
决于他的劳动实践——主要是看实践是否自由和全面。这和马克思主义关
于人的本质学说密切相关。马克思指出："自由的有意识的活动恰恰就是
人的类特性。"⑤这就是说，人和动物相区别的本质就是对象化实践活动。
至于人的其他特性，也是对象化劳动实践所决定的。

（三）认识人的创业实践和创业发展需要实践论的指导

马克思认为，生产方式与人的发展息息相关。生产方式的任何变化都
将引发人的发展新的可能性。在不同的历史阶段，有着不同的实践形态。
例如，在农业文明中，代表性的实践是耕种；在工业文明里则是操作机
器。今天，人的实践形态相对以往来说无疑大大扩展了，在其中，出现了
一种新兴和典型的社会分工与实践形态——创业。此种实践，在全面性和

---

① 《马克思恩格斯文集》第 1 卷，人民出版社 2009 年版，第 192 页。
② 《马克思恩格斯文集》第 1 卷，人民出版社 2009 年版，第 503—504 页。
③ 《马克思恩格斯文集》第 1 卷，人民出版社 2009 年版，第 196 页。
④ 《马克思恩格斯文集》第 4 卷，人民出版社 2009 年版，第 313 页。
⑤ 《马克思恩格斯文集》第 1 卷，人民出版社 2009 年版，第 162 页。

自由性两个维度上有了很大的提高。虽然在新的历史阶段里，人类实践出现了包括创业在内的很多新的形态和新的特征，但马克思所揭示的通过实践来认识人和世界的本质并没有改变，因为"实践仍然是人类现实的对象性活动，是人类有目的的、创造世界的、实现自身尺度与对象尺度相统一的活动"①，是人的存在方式和社会生活的本质。所以，今天我们仍然需要在马克思主义实践观指导下分析人的生存与发展方式，探究新实践的新特点及其所引发的人的新发展。

二、创业发展是与时俱进的实践形态

创业发展是历史演进的产物，它对人发展的促进是革命性的，但其本身不是出于任何的人为设计，也无须靠强制来维持，更不以损害一部分人的发展为代价。知识经济"作为与人的发展阶段相适应的经济形态之一，它主要是为了适应个人主体性、个体能动性及个人创造性的发挥与展开，是人的存在形式的经济表现，它存在的意义与价值就在于在人的发展现阶段，更有利于人摆脱原初存在状态，打破束缚人的独立主体性、主体创造性与个体生命潜能发挥的枷锁，从而使人充分摆脱物化及人的自我异化，向更自由、更全面即'建立在个人全面发展和他们共同的社会生产能力成为他们的社会财富这一基础上的自由个性'阶段发展，实现个人充分自由的人的发展"②。因此，我们可以说，创业实践是历史对生产关系的自动扬弃，是人在新的历史条件下对发展形态的自发选择，具有时代性和先进性。

（一）创业实践是生产方式变革的必然产物

今天的我们处在知识社会当中，这场革命从 1962 年当佛里茨·马赫

---

① 任暟：《马克思实践观的人文意蕴》，《哲学动态》2005 年第 8 期。

② 韩秋红、赵志军：《文明主体：市场经济的呼唤》，《吉林大学社会科学学报》1995 年第 5 期。

卢普发表《美国的知识生产和分布》开始就被逐渐认识到。知识社会中物质生活的生产方式已经发生了巨大的变化，而且这种变化在它的生命周期内可以说才刚刚萌芽。旧的生产方式正在瓦解，"一个性质上截然不同的秩序"[①] 正在出现。它在过去生产力发展的基础上，从旧的资本主义制度下人与社会的对抗形式中创造性地演化出来。对于新的生产方式，很多学者从多个角度进行了研究，如熊彼特的"创造性摧毁"、奥地利学派的"企业家精神"、哈耶克的"知识论的经济学"和"人类合作的扩展秩序"、贝尔的"后工业时代"、德鲁克的"知识社会"或"后资本主义社会"、贝克尔的"人力资本时代"和托夫勒的"第三次浪潮"、罗默和杨小凯的新增长理论，等等。学者普遍认为，新经济是由创业过程组织起来的，创业者的社会功能开始变得极端重要。现在，这已经是一个事实了，在以"按新分配"为特征的知识社会里出现了新型的创业实践，它是一种有着经济学依据的创造性劳动。具体而言，它是对知识互补性、创新机会、市场潜力的敏感与洞察，组织协同"知识品"生产的实践。这种实践，因其具有革命性和普遍意义，提出了创业者的创业发展问题。在我们看来，这是一种与时俱进、适应同时创造历史的实践。

（二）创业作为一种当代实践形态具有普遍意义

这一方面是根据对创业规模的观察。根据《全球创业观察 2010 报告》，美国每百名劳动人口中有创业者 10.5 人，我国则有 12.3 人。[②] 全球创业观察团队经过十多年的连续研究，指出目前世界创业活动是历史上最活跃的时期，中国也是一样。另一方面每一个人都是潜在的创业者。创业劳动的个体条件是创业精神和创业才能，它们在所有社会成员身上都普遍蕴

---

① 阿尔温·托夫勒：《第三次浪潮》，朱志焱、潘琪、张焱译，生活·读书·新知三联书店 1983 年版，第 5 页。

② 参见 Niels Bosma , Zoltan J, Acs, Erkko Autio, Alicia Coduras, Jonathan Levie, Global Entrepreneurship Monitor（GEM）2008 Executive Report, MA: Babson College, Santiago: Universidad del Desarrollo, London: London Business School, 2008。

存，因而每一个人都是潜在的创业者。只要适于创业的社会条件能够恰当地提供出来——如"人类合作的扩展秩序"或"支撑系统"，创业活动就可以大范围涌现。

（三）创业实践推动人达到新的发展高度

创业是一种有目的和价值追求的实践活动。马克思指出："最蹩脚的建筑师从一开始就比最灵巧的蜜蜂高明的地方，是他在用蜂蜡建筑蜂房以前，已经在自己的头脑中把它建成了。劳动过程结束时得到的结果，在这个过程开始时就已经在劳动者的表象中存在着，即已经观念地存在着。他不仅使自然物发生形式变化，同时他还在自然物中实现自己的目的，这个目的是他所知道的，是作为规律决定着他的活动的方式和方法的，他必须使他的意志服从这个目的。"[①] 人的这个目的和价值追求，可以从马克思关于人的发展的三形态理论中得到答案。马克思认为，第一个形态是人对人的依赖关系，是最初的社会形态；以物的依赖性为基础的人的独立性，是第二大形态；只有建立在个人全面发展和他们共同的社会生产能力成为他们的社会财富这一基础上的自由个性，才是第三个阶段。[②] 今天的历史阶段大致处于后两个形态之间。马克思并没有向我们描述人的实践及其发展的过渡形态，这就需要理论工作者对历史变化的敏感和洞见。在千差万别的发展道路中，与其他发展道路相比，可以说，创业发展因其可以更大程度地促进创业者在当代条件下的全面自由发展，符合马克思对人的发展趋势的预见。

三、创业发展观是对创业实践的反复认识

当人的主观精神发展到一定阶段，便会提出"此在"人生挥之不去的

---

① 《马克思恩格斯文集》第 5 卷，人民出版社 2009 年版，第 208 页。

② 参见《马克思恩格斯文集》第 8 卷，人民出版社 2009 年版，第 52 页。

若干基本问题：自由、使命、梦想、信仰、价值观、生命意义、幸福的表达形式和我们无法穷举的那些非他莫属的生命特质与内在诉求。随着历史的展开，人在实践中对这些问题的敏感、回答和反思将形成一系列的观念，构成使他的实际发展与劳动实践、存在方式、生命过程"内在一致"地或自洽地凝聚在一起的观念体系，我们称为发展观。创业发展观，就是预期自我实现或全面自由发展的人在他生命演化运动中逐渐构造起来的，将他发展的条件、过程和目的一致性地对象化为创业实践的一种发展观念。这就是说，创业作为一种实践活动，它具有实践的一般性质，即它是一个主体客体化和客体主体化的双重化过程。在这个过程中，"一方面，实践主体以'人的尺度'去要求实践客体，把自己的'目的性要求'变成现实的存在，这就是所谓的主体客体化（客体变成主体所要求的客体）；另一方面，实践主体又以'物的尺度'去规范自己的思想与行为，按照'客观规律'去进行实践活动，这就是所谓的客体主体化（主体成为掌握客体规律的主体）"[1]。

（一）包括创业在内的任何实践都是与主观世界相联系的实践

实践包括主体、客体和中介三个要素。实践的主体是"从事实际活动的人"、"历史中行动的人"。"实践的主体是实践活动中具有自主性和能动性的因素，他担负着提出实践目的、操纵实践工具、改造实践客体，从而驾驭和控制实践活动的多重任务。"[2]但是主观和客观、认识和实践、知与行是不能相互割裂的，否则就将陷入唯心论和机械唯物论。在马克思看来，人在实践中始终应处于中心位置。但是，如果简单地把人的实践看作是一个外在的物质过程，或者把主体和客体之间看成是改造和被改造的关系，是不符合马克思原意的。马克思通过比较人和动物活动后，认为是"有意识的生命活动把人同动物的生命活动直接区别开来"。由此，马克思

---

[1] 孙正聿：《孙正聿哲学文集》第七卷（下），吉林人民出版社 2007 年版，第 141 页。

[2] 李秀林：《辩证唯物主义和历史唯物主义原理》，中国人民大学出版社 1995 年版，第 78 页。

明确指出人是"有意识的存在物",是"自由的存在物"①。在《1884年经济学哲学手稿》中,马克思这样说道:"工业的历史和工业的已经生成的对象性的存在,是一本打开了的关于人的本质力量的书,是感性地摆在我们面前的人的心理学,对这种心理学人们至今还没有从它同人本质的联系,而总是仅仅从外在的有用性这种关系来理解"②

创业实践,是有着经济学依据的创新,因而同常规实践相比,更多地内在要求探索性、开拓性、艺术性和创造性。如同奈特在《风险、不确定性与利润》中描述的那样,在充满不确定性的市场中,创业活动是一个不断发现新的市场机会,并通过动员资源组织生产将其转化为利润的市场过程,这就要求创业者具有"随机应变的制度创新能力和对潜在市场的洞察力"③。因此,创业实践是创业主体不断探索市场的规律性并将主体的自由性、全面性、能动性、创造性、超越性和市场规律性结合起来的现实过程。在这个过程里,精神和物质是交互的,精神创造着物质的同时物质也塑造着人;既蕴含着创业主体自身的价值理想,同时创业成果也对人主观世界给予体验和肯定,这是"人自身的生产和再生产"。

(二)创业实践塑造着人的创业发展观念

我们知道,人的观念不是与生俱来或从天上掉下来的,而是后天和社会地形成的,具体而言是在实践中形成的,这就是马克思所说的"认识论的实践标准"。"人类的实践活动既要实现思维与存在、主观与客观的具体统一,即'构成思想',使这种思想获得具体的现实性;人类的实践活动又要求反省思维与存在、主观与客观的统一,即'反思思想',使思想跃迁到新的逻辑层次,并在新的逻辑层次上进行新的实践活动。"④列宁也指出:"马克思在1845年,恩格斯在1888年和1892年,都把实践标准作为

---

① 参见《马克思恩格斯文集》第1卷,人民出版社2009年版,第161页。
② 参见《马克思恩格斯文集》第1卷,人民出版社2009年版,第192页。
③ 汪丁丁:《怎样防止旧制度在新经济中复制自身》,《财经》2000年第6期。
④ 孙正聿:《孙正聿哲学文集》第七卷(下),吉林人民出版社2007年版,第144页。

唯物主义认识论的基础。"①

对于人的发展和发展观念，马克思也有过具体论述。马克思指出："对人类生活形式的思索，从而对这些形式的科学分析，总是采取同实际发展相反的道路。这种思索是从事后开始的，就是说，是从发展过程的完成的结果开始的。"②的确如此，个人的发展史总是通过实践得以展开和塑造的，自身得到不断变革和重塑，甚至"整个历史也无非是人类本性的不断改变而已"③。这意味着两件事情：第一，人的观念和他的实践密切相关；第二，有什么样的实践就会产生与实践相一致的观念。人的"知识传统"源自他的实践，人无法在他的实践之外思想。因此，人在创业实践中完全可以找到引导自身解放的道路，在人的心灵中唤醒的"纯粹理性"本身，在潜能的释放和创造力的发挥过程中确立他的自我生成和规定性，最终形成关于发展道路和目的的理念，达到"总体性的回归"。对人的发展观念生成规律的认识，必须以马克思主义认识论作为指导。

当然，创业发展观念在实践中的发展不是一蹴而就的，像毛泽东在《实践论》中所论述的那样，它是一个"由浅入深的辩证唯物论的关于认识的发展过程"。毛泽东也把这个过程叫作两个"飞跃"，即"实践、认识，再实践、再认识，这种形式，循环往复以至无穷，而实践和认识之每一循环的内容，都比较地进到了高一级的程度。这就是辩证唯物主义的全部认识论，这就是辩证唯物论的知行统一观"。④

第二节　创业发展的劳动哲学

在社会历史发展的任何阶段，人的发展的方式、所能达到程度和具体

---

① 《列宁专题文集　论辩证唯物主义和历史唯物主义》，人民出版社 2009 年版，第 44 页。
② 《马克思恩格斯文集》第 5 卷，人民出版社 2009 年版，第 93 页。
③ 《马克思恩格斯文集》第 1 卷，人民出版社 2009 年版，第 632 页。
④ 《毛泽东选集》第 1 卷，人民出版社 1991 年版，第 296—297 页。

形态都取决于主客观的总体，取决于"物"的秩序和人们对发展的理解及信念的总体，最终根源于人们在此基础上所确立的不同的发展观。由于内在禀赋和个人历史（教育和社会生活等）的差异，个人的发展观是高度个性化的。不过，在可预见的范围内，劳动本身作为实践活动，仍然是个人发展的过程和逻辑，于是不能不成为人的发展中最为重要的问题之一。

黑格尔把劳动看作是人的本质，或者说把人的本质看作是在劳动中的确证。黑格尔这样说道："劳动陶冶事物。对于对象的否定关系成为对象的形式并且成为一种有持久性的东西……这个否定的中介过程或陶冶的行动同时就是意识的纯粹自为存在，这种意识现在在劳动中外在化自己，进入到持久的状态。"①马克思批判地继承了黑格尔的思想，并进一步把劳动看作是一种使人成为人的力量。尽管马克思曾经预言旧式分工的消失，但他仍然把未来社会看作是劳动者的社会，只不过那时他们是以"自由联合体"的方式占有全部生产资料并从事着丰富多样的劳动实践。马克思就人的发展和劳动的关系指出："劳动尺度本身在这里是由外面提供的，是由必须达到的目的和为达到这个目的而必须由劳动来克服的那些障碍所提供的。但是克服这种障碍本身就是自由的实现，而且进一步说，外在目的失掉了单纯外在自然必然性的外观，被看做个人自己提出的目的，因而被看作自我实现、主体的对象化，也就是实在的自由——而这种自由见之于活动恰恰就是劳动。"②这样，马克思视劳动为人类自我生成、自我创造、自我发展的推动原则。在这个意义上，马克思把劳动规定为"人的本质力量的对象化活动"。既然人的发展是趋向他本质的自我实现，那么发展就是要通过人本质力量的对象化活动来求得，于是劳动就成为了人的发展的条件和载体。

虽然人的发展离不开劳动，但是人在劳动中并不必然得到自由扩展意义上的发展，典型者如奴隶的劳动。这意味着劳动只能是人发展的必要非

---

① 黑格尔：《精神现象学》上卷，贺麟、王玖兴译，商务印书馆 1981 年版，第 130 页。
② 《马克思恩格斯文集》第 8 卷，人民出版社 2009 年版，第 174 页。

充分条件。所以，我们必须辨识不同的劳动形态和人的发展之间的关系并由此深入到发展观念的内部，以确定人在不同的劳动形态下能否得到发展、何种发展、限度及相应的代价。在马克思看来，劳动之于人的发展，存在三个不同层次。

一、强制劳动下人的发展

这里的强制形式包括自然、经济和超经济的①。强制劳动可以发生在已知社会历史的任意阶段上，包括：（1）"原始公有制"下的强制。马克思对劳动的考察一直是围绕劳动和劳动条件的关系展开的，他在《资本主义生产以前的各种形式》中把生产资料的多种所有制形式统称为"原始公有制"或"公社所有制"。马克思认为，这些原始的公有制形式里存在着"劳动者和劳动条件之间原有的统一"。在这个阶段，残酷的自然环境导致了强大的生存压力，虽然此时的劳动条件和劳动是结合的，但人的丰富性只是"原始的丰富性"，因为他必须忙于生存而无暇发展。尽管这时人受到的强制不是社会性的，但人的劳动仍然是受到异己力量强制而不得不为之的谋生劳动。所以，我们很难说此时的劳动是自由的。即便劳动者存在选择狩猎或捕鱼的自由，但他也只能在自然条件所框定的范围内开展"原始的"自由劳动。在这种情况下，劳动只是维持了人，并不能实现发展人的作用，甚至在一定意义上，我们也可以把它看作是某种异化了的劳动。（2）奴隶、农奴制下的强制。此时的劳动者只是生活资料的使用者，生产资料的所有者是奴隶主，甚至奴隶自身也成为奴隶主的生产条件。马克思指出："生活资料表现为劳动主体的自然条件，而无论是土地，还是工具，甚至劳动本身，都不归自己所有。这种形式实质上是奴隶制和农奴制的公式。"②在这个阶段，虽然社会生产力水平有了较大提高，但是人的劳动从

---

① 如通过政治、暴力等非经济手段而来的。
② 《马克思恩格斯文集》第8卷，人民出版社2009年版，第152页。

受自然强制以来第一次受到了社会的强制。"主人"把他人蓄养为奴，以"锁链"为中介强制占有了"奴隶"一生的劳动。与自由劳动相比，奴隶的劳动没有自主性可言，劳动的能动性和创造性近似为零，是极端异化的劳动。处于这种"主奴关系"之中，人不可能预期自我实现，发展就更无从谈起。

综上所述，人在自然或他人的强制下，不可能拥有自由选择劳动和在劳动中实现本质的可能性，此时的劳动只关乎生存，无关发展。正如马克思指出的那样，人的自我实现只是在"自由自觉的劳动"的条件下，才能自由地运用本质力量在对象性实践活动中把自我实现出来。

二、形式自由劳动下人的发展

在马克思看来，自由劳动分为两种：一种是雇佣劳动，即指资本主义社会中普遍存在的人与劳动条件相分离和对立的劳动。另一种是共同占有生产资料的自由人联合体的劳动，即指取代资本主义社会的未来社会中普遍存在的劳动者与劳动条件重新结合的劳动。前者被马克思看作是形式自由的劳动，后者则是实质自由的劳动。

关于雇佣劳动，一方面我们应当看到，劳动者仍然不是生产条件的所有者，这种劳动仍然处于劳动和劳动条件的相互分离和对立之中，所以人不得不依附于生产关系，受到资本的奴役。在这种情况下，雇佣劳动仍然受到一定程度的强制。另一方面如韦伯所说，资本主义的组织方式要求建立在自由劳动的基础上，[①]马克思也说："只有在工人有人身自由的地方，国家范围内的雇佣劳动，从而还有资本主义生产方式，才是可能的。它是建立在工人的人身自由之上的。"[②] 相对于资本主义之前的生产方式而言，这种没有直接人身依附的形式自由的劳动与人身依附关系下的强迫劳动相

---

① 参见马克斯·韦伯：《新教伦理与资本主义精神》，于晓、陈维刚等译，生活·读书·新知三联书店 1987 年版，第 12 页。

② 《马克思恩格斯全集》第 26 卷第 3 册，人民出版社 1974 年版，第 476 页。

比，当然是一种进步。因为看到劳动者具有了人身和在一定范围内选择劳动的自由，所以马克思把雇佣劳动看成是自由劳动，但同时马克思只是把这种自由劳动看作是形式上自由的劳动，并重点对这种劳动的异化及其根源展开了批判。虽然马克思和韦伯同时使用了自由劳动这个字眼来形容雇佣劳动，但马克思无疑更加注重在生产关系中去考察雇佣劳动。因此，马克思意义上的自由劳动与韦伯意义上的自由劳动是截然不同的。

马克思在《1844 年经济学手稿》中对雇佣劳动导致人的异化现象批判道："劳动对工人来说是外在的东西，也就是说，不属于他的本质；因此，他在自己的劳动中不是肯定自己，而是否定自己，不是感到幸福，而是感到不幸，不是自由地发挥自己的体力和智力，而是使自己的肉体受折磨、精神遭摧残。因此，工人只有在劳动之外才感到自在，而在劳动中则感到不自在，他在不劳动时觉得舒畅，而在劳动时就觉得不舒畅。因此，他的劳动不是自愿的劳动，而是被迫的强制劳动。因此，这种劳动不是满足一种需要，而只是满足劳动以外的那些需要的一种手段。……对工人来说，劳动的外在性表现在：这种劳动不是他自己的，而是别人的；劳动不属于他；他在劳动中也不属于他自己，而是属于别人。"[1] 在此基础上，马克思进一步指出雇佣劳动的四种异化表现：（1）劳动者同他的劳动产品相异化；（2）劳动者同他的劳动过程相异化；（3）劳动者同自己的类本质相异化；（4）人与人的关系相异化。[2]

因此，雇佣劳动这种形式上的自由劳动在本质上仍然是一种强制劳动。退一步说，雇佣劳动至少也是自由劳动与强制劳动的矛盾混合体。在这种无形的"主奴关系"中，人仍然是他人或物的手段。即便人的物质生活水平可以随社会生产力总体水平的提高而有所改善，但是，我们怎么能够指望人在一种破碎的生活中获得真正的发展——"戴着枷锁跳舞"，白天忍受异化的痛苦、夜晚作诗以求自我实现？当然，我们在这里也要注意

---

[1] 《马克思恩格斯文集》第 1 卷，人民出版社 2009 年版，第 159 页。

[2] 参见《马克思恩格斯文集》第 1 卷，人民出版社 2009 年版，第 157—166 页。

到三种特殊的情况。

第一，一种偶然性的发展。在雇佣劳动中可以偶然性地获得自我实现，例如对于职业经理人和企业高管。我们承认，在丰富的社会现实中，必定会有某些人恰好把自我和雇主的目标相容在一起，从而拥有了自我实现的幸运。但是，即便这种情形是一个事实，却很难是普遍性的。

第二，迂回的发展方式。从发展现实可能性的长远考虑，人暂时接受雇佣劳动——在短期内放弃一部分虽然价值排序更高但在眼前不可实现的自由来获取另外一部分虽然价值排序更低却可即得的自由，为未来超越异化劳动奠定基础。很多时候，我们不得不暂时接受雇佣劳动，忍受异化劳动的痛苦，以便我们取得竞争中的优势地位以后，再来安排自我实现式的发展。例如，我们可以观察到，相当多的大学生选择"骑驴找马"，即"先择业，后就业"或"先就业，再创业"的策略。这非常像老庞巴维克在1888 年提出的"迂回生产方式"①。在《资本实证论》中，庞巴维克举了这样一个例子：基于未来更高产量的预期，人们不是赤手空拳地去抓鱼，而是先耗时一月编织渔网，因为用网捕鱼的效率是用手抓鱼的 100 倍。这便是迂回的生产方式。与此相比，人的发展何尝不是迂回的呢？我们可以想象出无数个超越所有现实可能性的发展道路，但是"实质自由"的扩展永远是基于现实和"传统"的点滴改进，是妥协与策略的结果。

第三，在雇佣劳动中超越或"锁入"。异化劳动对人发展的影响是双重的，既有否定作用也有肯定作用。在这个否定之否定的辩证过程中，异化劳动在客观上为人提供了一个社会舞台，帮助人产生诸如发展、自我这一类社会性的见解，甚至在发展的社会性意义上，我们可以声称：若不经历异化的痛苦，就无法认识和超越那些羁绊自我实现的各种精神的局限

---

① "迂回生产"是奥地利学派生产理论的核心。庞巴维克在《资本实证论》中，把人类的生产活动分为两种：一种是直接的生产。庞巴维克把这种生产形象地比喻为"赤手空拳的生产"或"不用资本的生产"；另一种是间接的生产，即人们的劳动不是为了直接生产消费品，而是先生产为制造消费品所必需的生产资料。这就是他所说的"资本主义的生产"或"迂回生产"。

性。马克思也认为，个性的比较高度的发展，只有以牺牲个人的历史过程为代价。① 所以，我们经常可以观察到，很多人会激烈地改变人生路向，例如抛弃稳定的职业而投身创业。不过，异化劳动并不必然导致人对异化劳动的超越，它还有可能迫使人强化这种异化倾向。像亚当·斯密指出的那样，分工与专业化导致劳动生产率的提高——导致市场规模的扩大——进而导致分工深化和更加深入的专业化。② 人越加专业化的结果，意味着他退出分工的成本越高。当这个成本大到难以承受时，人的发展就会发生"路径依赖"和"锁定效应"，亦即人被锁定在先前的路径上。例如，大多数程序员只能努力成为更加专业的程序员，别无他途。因此，表现为分工和专业化的异化劳动是一条越往前走就越难返回的道路。如果人没有及时地认识到这种危险，就很难去避免它。韦伯认识到了这一点，并在他的著作中对这种"无解"表示出深沉和无处救赎的绝望之情。他说道："巴克斯特（一位清教街徒布道者）认为，对圣徒来说，身外之物只应是'披在他们肩上的一件随时可甩掉的轻飘飘的斗篷。'然而命运却注定这斗篷将变成一只铁的牢笼。"③ 王元化在写给林毓生的信中也表达了这种看法，他写道："韦伯所形成之资本主义的异化观，其所以比黑格尔、马克思的异化观更为深刻，恰恰是因为他认为它本身没有自我超脱的能力。异化了以后只能继续异化下去。这样的异化最终切断与'超越'的联系，而人的精神和呈现道德与美的品质的境界与格调，必需与'超越'相联系才能有源头活水。"④

除了上述三种情况外，我们尤其还应当注意到另一个特别的情况，即雇佣劳动不仅出现在资本主义生产方式中，它也出现在某些计划经济的生产方式中，区别只是在于劳动被资本还是权力、私人还是国家所雇佣。以

---

① 参见《马克思恩格斯文集》第 8 卷，人民出版社 2009 年版，第 519 页。

② 参见亚当·斯密：《国富论》，唐日松等译，华夏出版社 2004 年版，第 16—18 页。

③ 马克斯·韦伯：《新教伦理与资本主义精神》，于晓、陈维刚等译，生活·读书·新知三联书店 1987 年版，第 142 页。

④ 林毓生：《王元化和林毓生的往还通信》，《财经》2005 年第 20 期。

至于诺齐克为此说道："异化劳动看来并不是专属于资本主义的生产方式，而看来是工业（分工）社会的问题。"[①] 对此状况，哈耶克曾有深刻洞见。虽然哈耶克认为由于信息不可能完备必然导致政府不可能实现彻底有效的计划生产，进而导致"效率损失"，但是，效率损失却并非哈耶克抨击计划经济制度的主要重点。哈耶克所关心的主要是计划经济制度对人自由发展权利造成的损害。人的发展，像伯格森的"生命之流"一样，如同大海里的一滴水，包含着在各个方向上发展的可能性。社会应当允许每个个人的心智自由和创造性地建构、寻找生命的意义，去追求和享受他"值得珍视的生活"。除非计划当局具备像上帝那样的全知全能，否则每个人的发展怎么可能是被计划出来的呢？如果每个人的最优发展道路是不可计划的，社会就应当无条件地允许并提供全体社会成员扩展自由所需的条件。

三、实质自由劳动下人的发展

在马克思那里，让每一个人都能够充分发展的社会，它的前提是生产力高度发展和存在与生产力高度发展相适应的所有制形式，以使劳动者和劳动条件之间达到"原有的统一的恢复"。随着劳动失去了谋生的实用性，人的发展第一次成为了生产劳动的目的。当劳动活动从"人的依赖"和"物的依赖"中解放出来，劳动于是成为自我实现的行动——就像美学实践一样，或者说，劳动成了游戏——如席勒所言，只有当我们在游戏的时候，我们才是真正自由的。[②] 于是，人的自由扩展在这里达到了最高层次，人的发展也达到了最高阶段——不但人人可求实现，而且人人可得以实现。人的发展是"建立在个人全面发展和他们共同的社会生产能力成为他们的社会财富这一基础之上的自由个性"，而且，"每一个人的自由发展是一切

---

① 罗伯特·诺齐克：《无政府、国家与乌托邦》，何怀宏等译，中国社会科学出版社 1991年版，第 249 页。

② 参见弗里德里希·席勒：《审美教育书简》，冯至、范大灿译，上海人民出版社 2003 年版，第 225 页。

人自由发展的条件"。①

这真是一切理想中的最高理想。人人没有异化的痛苦和发展的代价，任何发展的取得都是发展的净效果。所有人都认为进一步通过改善生产关系因素来促进人的发展是不可能的，换句话说，在所有人看来，人的发展的环境是"最终的和谐状态"，已经是最优的了。基于这种终极性，马克思在《1844 年经济学哲学手稿》中写下这样一段话："共产主义是对私有财产即人的自我异化的积极的扬弃，……它是人和自然界之间，人和人之间的矛盾的真正解决，是存在和本质、对象化和自我确证、自由和必然、个体和类之间的斗争的真正解决。它是历史之谜的解答，而且知道自己就是这种解答。"②

实质自由劳动是人全面自由发展的条件和过程。从形式自由到实质自由劳动的道路是多元并存、竞争演化还是唯一确定的？实质自由劳动出现的条件是不是一成不变的，它会不会以一种新的面目出现？或者我们可以转而从现实中寻找答案。

四、志愿劳动与人的发展的当代演进

人的发展的对立物会随着社会历史条件的变化而变化，因而发展观念必定是不断演进的和演进认识的。我们看到，在近几十年来的社会发展演变过程中，出现了两种大规模的不用于以往的劳动形态——志愿劳动和创业劳动。这两种劳动形态是人类有史以来最近似于实质自由条件下的劳动。它们不是由任何个人或组织所设计的秩序而引发，而是人类社会自发演进的最新进展；它不是通过暴力手段所实现，也无须依靠强制而维持，更无须以损害人的自由发展为代价，因而值得引起足够的重视。

首先，这两种劳动并不是孤立存在的。在我们看来，当代创业劳动是

① 《马克思恩格斯文集》第 2 卷，人民出版社 2009 年版，第 53 页。
② 《马克思恩格斯文集》第 1 卷，人民出版社 2009 年版，第 185—186 页。

一种特殊的知识劳动，而且在创业劳动的高级阶段，呈现出志愿劳动的性质，表现为天职和义务倾向、超越精神、反享乐主义、大规模回报社会等，因而有必要将两者联系在一起进行考察。其次，这两种劳动形态在特征上具有近似性，它们对传统发展样式和观念具有相同的否定性。它们在劳动的自由程度、劳动和人自身发展的一致性、劳动条件和劳动者结合程度等关键问题上，所表现出来的巨大跨越和最新特征或许能在人的现实发展问题上给予我们某些有益的启示。

我们知道，志愿劳动在欧美发达国家中非常普遍。以美国为例，它可以说是一个志愿者的国度，志愿者们无时和无处不在，包括公园、医院、博物馆、消防中心、老人服务中心、妇女儿童保护服务机构和庇护所等。据统计，全美消防人员中志愿者多达80%。美国的志愿劳动是由各级各类志愿者协会组织起来的，志愿者协会是非营利和基于信仰的组织。美国志愿劳动的规模可能超过一般中国人的想象。根据2005年的一项调查，约25%的美国人当过志愿者，有劳动能力的成年人中提供过志愿者服务的大约占50%。美国各类志愿者组织达100万个。可以说，没有志愿者，美国社会就无法正常运转。①

德鲁克对这一现象进行过特别的关注。他谈到"雇员社会"时说道："在美国，最大的'雇员'群体是工作没有报酬的人。……实际上，许多当'雇员'的人，从法律意义上来说，不是受人雇佣。他们是'自我雇佣'。"②

志愿者和志愿者协会是典型的非雇佣关系。协会接受社会捐款并用其来提供志愿劳动所需的劳动条件，这相当于社会占有生产资料的一种形式。志愿者自愿加入、自由退出，不以劳动报酬为目的③，不需要非第一方监督，是完全彻底的自律行为。这真是一种相当特殊的劳动形态，它是

---

① 《没志愿者，美国社会难正常运转》，《新华每日电讯》2008年8月2日。

② 彼得·德鲁克：《后资本主义社会》，张星岩译，上海译文出版社1998年版，第65—66页。

③ 不排除获得低于市场工资水平的资助，尤其是用于保障职业志愿者基本生活的收入。

浪漫的道德自觉和理想主义实践。它既没有对物的依赖，也没有对人的依赖，因而是彻底自由的。志愿劳动不是普通的高尚举动，例如那种随机和偶然地在路上帮助迷路人回家的一般性利他行为。志愿劳动要求特定的专业技能，要求志愿者从事能够发挥其技能的岗位，有着明确的服务对象、劳动时间和工作职责。

长期以来，理论工作者忽视了志愿劳动，主要是因为志愿者并不以志愿劳动为职业，他们另有其他的谋生手段。但是，现在出现了很多以志愿劳动为职业的职业志愿者，他们的生活热情不是来自于物质生活条件的提高，而是源于道德生活的奖励。他们接受社会保障或很少的生活资助用于维持起码的生活水平，长期和全职地从事志愿劳动。如果有人把做一名志愿者看作是他"值得珍视的生活"，并为之开发和运用自己的潜能，我们还有什么理由不认为这是一条人在当代便可以获得的更加全面自由发展的道路呢？

志愿劳动虽然是未来劳动的可能演化方向之一，但是不应该被认为是唯一性的。即便志愿劳动成为自由劳动主要形式，也绝不能是通过人为设计和强制的，否则只能沦为虚伪和罪恶，进而导致效率降低和对人发展权利的剥夺。我们不能忘记 20 世纪苏联集体农庄曾经造成的后果。

诚然，志愿劳动在范围上具有一定的限度，因为至少在一个长期的历史阶段里它还不能代替资本对需求的敏感、市场对资源的有效配置和竞争对知识的发现。但是，发达国家中创业者和企业家的劳动已经出现了志愿的倾向。一方面，企业家会预期到高额的遗产税，因而他是在完全了解他一生赚得的大部分利润将要返还社会的情况下进行劳动的，这使得企业家的创业劳动在某种意义上可以看作是一种近似的志愿劳动。另一方面，企业家们回报社会的力度和普遍性进一步强化了企业家劳动的志愿性质。例如，美国第二大富豪沃伦·巴菲特在 2006 年向媒体表示，他要把他一生中通过经营股票积累起来的大部分财富捐献给慈善事业，总额达 310 亿美元。同一天，巴菲特在相关文件上签字，将向盖茨夫妇慈善基金会逐步捐出 310 亿美元。由于这是有史以来最大的一次捐献，这一天将永远铭刻在美国慈善捐款的历史上。美国成功企业家进行大手笔的慈善捐献并非个别现象。英特尔、零售业巨头沃尔玛公司的华顿家族、石油大亨洛克菲勒等，每年都有数亿美元的捐款。对此，世界日报曾评论说："慷慨捐献，是美国亿万富翁的一种不成文传统，一种成功企业家必备的素质，一种有钱人得到社会认同的标准，一种具有终极诱惑力的精神风范。"①

如我们所见，美国文化传统中崇尚个人奋斗，相信金钱不但不会给不劳而获的人带来幸福，反而有可能带来伤害。比尔·盖茨等企业家们宁愿将财产捐献给社会也不愿自己或孩子用于挥霍。比尔·盖茨曾经这样说过：当你有了1亿美元的时候，你就明白钱不过是一种符号，简直毫无意义。既然个人的消费能力如此有限，而且又不为留给子女，那么企业家的这种志愿劳动又是为什么呢？

我们可以得出结论，志愿劳动在发达国家的普遍出现不是生产关系变化所导致的，因为资本主义的生产关系依然存在。就现在我们考察的志愿劳动而言，它主要是受宗教伦理和文化传统这样的精神因素所驱动。在黄仁宇和李约瑟看来，在研究资本主义的学者中，马克思主要是注重生产关系的转变，而把精神统归为经济基础所决定。韦伯则主要注重资本主义精神，认为它在经济基础之外具有独立性。② 对于人们为什么会愿意从事自由自觉的志愿和创业劳动，韦伯在《新教伦理与资本主义精神》中指出，人们赚钱并非只是出于占有和享乐，而是在很大程度上和新教伦理的"天职"精神密切相关，像甘愿于为上帝打工一样。反过来，人们面对一种"天职"般的宗教召唤时，不一定需要赚得、占有和享用才去从事它。③

这也许是没有宗教传统的我们所不能理解的。18世纪中叶著名清教徒约翰·卫斯里将清教徒的这种精神概括为：拼命地挣钱、拼命地省钱、拼命地捐钱。为何他们"拼命地赚钱"？韦伯说他们如此敬业，是因为他

① 贾玥：《舆论漩涡中的万科"捐款门"风波》，《新华月报》2008年第7期。

② 参见汪丁丁：《永远的徘徊》，四川文艺出版社1996年版，第81页。

③ 参见马克斯·韦伯：《新教伦理与资本主义精神》，于晓、陈维刚等译，生活·读书·新知三联书店1987年版，第38页。

们感到一种"神召"。韦伯接着这样说道："如果我们问为什么'要在人身上赚钱'，他在其自传中所做的回答用上了这条古训：'你看见办事殷勤的人么，他必站在君王面前'（圣经·箴言·二十二章二十九节）。在现代经济制度下能挣钱，只要挣得合法，就是长于、精于某种天职的结果和表现。"韦伯接着说："事实上，这种我们今日如此熟悉，但在实际上却又远非理所当然的独特观念———一个人对天职负有责任———乃是资产阶级文化的社会伦理中最具代表性的东西，而且在某种意义上说，它是资产阶级文化的根本基础。它是一种对职业活动内容的义务，每个人都应感到、而且确实也感到了这种义务。至于职业活动到底是什么，或许看上去只是利用个人的能力，也可能仅仅是利用（作为资本的）物质财产，这些都无关宏旨。"[1]

经过对志愿劳动的深入考察，我们看到，人的发展在趋向全面自由的过程中，至少就某一历史阶段而言，可能并非只是经由某条唯一的道路并呈现出唯一的形态。这种看法是对人全面自由发展的条件、道路和可能性的丰富，与创业发展的历史性地位息息相关。虽然我们没有穷尽知识社会条件下创业劳动为人自由全面发展提供出来的全部历史机遇，但对本书试图立论的创业发展来说，已经足够了。现在，接受过高等教育的知识劳动者们可以不必长久地等待历史进程的下一步，因为孕育着全面自由发展可能性的新型劳动形态和社会实践已经出现。鉴于这一问题与创业发展观的重要联系，本书将在下一章中进行重点论述。

第三节　创业发展的历史观

历史观是以实践思维方式去认识和把握社会历史运动本质及其发展规

---

[1]　马克斯·韦伯：《新教伦理与资本主义精神》，于晓、陈维纲等译，生活·读书·新知三联书店 1987 年版，第 38 页。

律的理论。"整个所谓世界历史不外是人通过人的劳动而诞生的过程，是自然界对人来说的生成过程。"① 所以，发展始终是马克思主义历史观的主题之一。历史是丰富和现象的，发展也总是与时俱进的，因此总是需要运用马克思主义历史观创造性地指导与实践。本节拟从三个方面探讨历史观与当代人发展问题的关系，由此尝试性地对创业发展观进行解读，从而升华出创业发展观的马克思主义的理论意蕴和精神实质，为促进当代人的发展提供理论和实践指导。

一、马克思主义历史观以人的发展为价值取向

历史与人的关系、历史的创造者和看待历史的出发点，这是各种历史观要解决的首要问题。作为唯物论的马克思主义历史观，无疑始终是把人的解放看作价值旨归，把现实的人看作是逻辑起点，把人的发展看作是创造历史的动力源泉。

（一）马克思主义历史观以人的发展为价值目标

在典型和简约的意义上，人们认为马克思主义社会历史观是以生产力、生产关系和上层建筑的矛盾运动为基础，揭示社会历史运动的动力和规律，重点强调的是历史发展的客观性和规律性。这是仅就宏观历史运动规律而言的。这样去认识当然不错。但是我们需要立足于马克思主义哲学这个更加广阔的体系中，才能使我们的认识更加深入和准确，否则就可能成为离开现实的抽象规律。马克思认为，"人是本质，是人的全部活动和全部状况的基础……历史什么事情也没有做，它'不拥有任何无穷无尽的丰富性'，它'并没有进行任何战斗'！其实，正是人，现实的、活生生的人在创造这一切，拥有这一切并且进行战斗。并不是'历史'当人当作手段来达到自己——放佛历史是一个独具魅力的人——的目的。历史不过是

---

① 《马克思恩格斯文集》第 1 卷，人民出版社 2009 年版，第 196 页。

追求着自己目的的人的活动而已"①。由此看出，马克思哲学的主旨乃是人的解放，人的实践活动乃是历史观的逻辑起点和理论基础，更重要的，建设和实现人能够全面自由发展的理想国是最高的价值目标。其典型的依据是"三形态论"和《共产党宣言》。马克思从对生产关系的考察中，提出了人类发展的三个历史形态。在这个存在顺序的发展历程中，人先后摆脱了自然和物对人的奴役，最终将会达到"建立在个人全面发展和他们共同的社会生产能力成为他们的社会财富这一基础上的自由个性"的发展状态，人的发展在这里达到了它的最高境界。马克思在《共产党宣言》中这样描述道："代替那存在着阶级和阶级对立的资产阶级旧社会的，将是这样一个联合体，在那里，每个人的自由发展是一切人的自由发展的条件。"②可见，在马克思看来，对历史规律的把握是为了给人的发展提供更好的条件，人始终都是社会历史发展的目的，而且人的发展是全面性和自由性的增进。

（二）马克思主义历史观的逻辑起点是当下和现实的人的发展

马克思主义历史观是"关于现实的人及其历史发展的科学"。人不能仅仅被作为一种有待实现的价值目标而将其推到遥远的未来，使马克思主义历史观对当代和现实的人的深沉关怀被掩盖起来，从而丧失其"革命的"和"实践批判的"的意义。以"每个人的全面自由的发展为基本原则的社会形式"固然美好，但是共产主义并不是自动到来的，它是一个社会历史运动的累积过程。这个过程的每一步都是现实的人对于限制人发展的桎梏的打破，对自由本性和创造力量的对立物的克服，对物的依赖的摆脱，经每一点滴的有限发展逐渐积累起来。因此，我们越是要追求"自由王国"，就越是要关心"必然王国"里人的发展。对于现实和当下的重要性，马克思恩格斯在《德意志意识形态》中这样说道："……一切人类生存的第一

---

① 《马克思恩格斯文集》第 1 卷，人民出版社 2009 年版，第 295 页。
② 《马克思恩格斯文集》第 2 卷，人民出版社 2009 年版，第 53 页。

个前提，也就是一切历史的第一个前提，这个前提是：人们为了能够'创造历史'，必须能够生活。但是为了生活，首先就需要吃喝住穿以及其他一些东西。因此第一个历史活动就是生产满足这些需要的资料，即生产物质生活本身，而且，这是人们从几千年前直到今天单是为了维持生活就必须每日每时从事的历史活动，是一切历史的基本条件。"① 这说明，"我们的出发点是从事实际活动的人"；"这种考察方法不是没有前提的。它从现实的前提出发，它一刻也不离开这种前提。它的前提是人，但不是处在某种虚幻的离群索居和固定不变状态中的人，而是处在现实的、可以通过经验观察到的、在一定条件下进行的发展过程中的人"。②

就中国而言，在全球化和第三次浪潮的背景下，我们正在努力进行社会主义现代化建设，以便为人的更好发展创造条件。在这一历史阶段，虽然我们不指望能够完全消除人对物的依赖，但是完全有可能取得比资本主义制度更大的进展，只要我们能够更好地发展和创新马克思主义历史观的现实可用性，并运用其来指导物质文明和精神文明的建设。理论的任务，就是要基于实践和现实，把人的发展过程理解为一种当下的运动，敏锐地观察和理解历史条件的变化以更好地指导当代人的发展，因为"唯一实际可能的解放是以宣布人是人的最高本质这个理论为立足点的解放"③。

（三）人的发展创造了历史

一方面，唯物史观第一次真正科学地认定了人是社会历史发展的主体。物质生活的生产方式固然是社会历史前进的决定性力量，但是物质生活的生产方式及其变革是由人民创造和推动的。"并不是'历史'把人当做手段来达到自己——仿佛历史是一个独具魅力的人——的目的。历史不过是追求着自己目的的人的活动而已。"④ 因此，离开了人，历史将变成一

---

① 《马克思恩格斯文集》第 1 卷，人民出版社 2009 年版，第 531 页。
② 《马克思恩格斯文集》第 1 卷，人民出版社 2009 年版，第 525 页。
③ 《马克思恩格斯文集》第 1 卷，人民出版社 2009 年版，第 18 页。
④ 《马克思恩格斯文集》第 1 卷，人民出版社 2009 年版，第 295 页。

个无主体的空壳。离开了人的发展，历史将变成一种毫无生气和进展的原地踏步。另一方面，人的发展是创造性和规律性的统一。社会历史运动过程既是一个是主体认识和遵循客观规律的进程，也是一个合规律的和人的创造性实践的过程。在既定的物质条件下，人的意识并不是静止和铁板一块的，总是有一部分主体先人一步，想要摆脱必然性的制约，试图克服事物及自身的现存状态，创造性地开展实践活动和演化出新的发展观念，从而打通现在与未来，带动整个秩序的变动。如果不是这样，我们就不能区分历史发展与自然进化的区别。

二、创业活动是生产力发展对生产关系的扬弃

知识社会表现为一整套的政治经济制度和文化传统。例如，只要社会拥有支撑大规模公共教育和科学研究体系的制度，加之理性传统和求真务实的精神，所谓科技的发达只不过就是前者的自然结果。后工业社会以来，技术进步的脚步无疑大大加快了，生产力自然要求借助这一力量加速自身，这就要求更多的人自愿从事敏感市场需求并把知识应用于现实的工作。这是历史的要求，而且人在顺应历史要求的同时，也必将迎来自身发展的新阶段。

（一）人的生产活动既受制于历史，也受历史的推动

任何生产活动都离不开人，历史通过人创造出来，历史规律也是在人的推动下呈现出来的。"人们自己创造自己的历史，但是他们并不是随心所欲地创造，并不是在他们自己选定的条件下创造，而是在直接碰到的、既定的、从过去承继下来的条件下创造。"[1] 根据唯物史观，当物的秩序发生变动时，生产力就会对生产关系提出新的要求，个人的活动范围与形式也会不以人的意志为转移地发生变动，反映在生产中，就是分工范畴的不

---

[1] 《马克思恩格斯文集》第 2 卷，人民出版社 2009 年版，第 470 页。

断发展。在分工被全面消灭之前，始终是演进的。如果我们假定历史的前进方向是进步的，那么分工不断发展的结果，必定是不断产生更加有利于人发展的分工，包括更高的全面性和自由性，以及更高的生产效率。

　　唯物史观在这里具备两层含义。一方面，人的发展受历史制约。如马克思所说："个人是什么样的，这取决于他们进行生产的物质条件。"[①]"……这些个人是从事活动的、进行物质生产的，因而是在一定的物质的、不受他们任意支配的界限、前提和条件下活动着的。"[②]另一方面，人的发展受历史的推动。马克思的上述观念完全可以直接作出这样的理解。难道人可以不跟随历史的脚步吗？要知道，"历史的每一阶段都遇到有一定的物质结果、一定数量的生产力总和，人和自然以及人与人之间在历史上形成的关系，都遇到有前一代传给后一代的大量生产力、资金和环境，尽管一方面这些生产力、资金和环境为新的一代所改变，但另一方面，它们也预先规定新的一代的生活条件，使它得到一定的发展和具有特殊的性质"[③]。因此，在我们看来，人的活动范围与生产力的关系是一体两面的。当生产力水平低下或发展较慢时，主要表现为对人生产活动的制约；当生产力快速发展时，则表现为对人生产活动的促进。这都是不以人的意志为转移的。

（二）创业活动是适应生产力发展要求的分工范畴

　　马克思认为，"人的本质不是单个人所固有的抽象物，在其现实性上，它是一切社会关系的总和"[④]。然而，"社会力量是由'许多个人的合作'而引发的类力量，而'合作'本身则意味着合作者在其合作的必要的'分工'"[⑤]。由此看出，在马克思的社会历史观中，"分工"占据着重要位置，

①　《马克思恩格斯文集》第1卷，人民出版社2009年版，第520页。

②　《马克思恩格斯文集》第1卷，人民出版社2009年版，第520页。

③　《马克思恩格斯文集》第1卷，人民出版社2009年版，第524页。

④　《马克思恩格斯文集》第1卷，人民出版社2009年版，第505页。

⑤　黄克剑：《人韵———一种对马克思的读解》，东方出版社1996年版，第47页。

它不仅是深入把握和理解马克思历史唯物主义的重要范畴，也可以运用历史唯物主义原理，通过对"分工"的历史性、现实性分析，进一步理解实现人的自由个性具有重要的意义。

在马克思看来，"一切生产阶段所共有的、被思维当做一般规定而确定下来的规定，是存在的，但是所谓一切生产的一般条件，不过是这些抽象要素，用这些要素不可能理解任何一个现实的历史的生产阶段"①。今天，与大工业文明相比，经济生活已经发生了巨大的变化。这就要求我们必须根据新型生产方式的现象和本质，针对风起云涌的创业大潮，具体地分析创业活动存在和发展的趋势。马克思主义是"关于现实的人及其历史发展的科学"，因而要求把对人的本质的理解与现实历史相结合，才能帮助我们科学把握人类历史的进程。历史唯物主义坚信，在知识经济的秩序下，创业活动的大规模涌现不是历史的偶然，而是生产力和生产关系矛盾运动的结果。因此，创业活动作为人的实践活动，其内在地包含着深刻的唯物史观思想，在符合生产力发展的范围内，创业活动本身具有"分工"在历史发展中所占据的重要意义。这就要求我们对生产组织、要素参与、活动内容和分工性质进行分析，以真正揭示创业活动发生发展的内在规律性。

第一，创业活动所嵌入的是德鲁克所言的"知识社会"和"知识经济"。"知识社会"或"知识经济"的特征是，人类知识爆炸式增加；知识劳动者成为劳动者的主要群体；创业者从资本所有者和管理者中凸显出来；生产力高速增长，且经济发展主要靠社会对知识的利用；生产者剩余是"按新分配"的；传统分工转化为知识分工；简单劳动转化为知识劳动；人力资本已经取代物质资本成为最重要的生产要素。

第二，知识经济要求新型的生产方式。首先，必须有人把以知识和创新为基础的生产重新组织起来，这些人就是创业者。创业活动通过创造性地利用知识，实现"科学技术是第一生产力"和"知识就是力量"，使创

---

① 《马克思恩格斯文集》第8卷，人民出版社2009年版，第12页。

业成为推动历史向前发展的主要动力。其次，创业劳动是一种特殊的知识劳动。它不但具备知识劳动的一般性质，而且还具有某些特殊性，是一种有着经济学依据的创造性劳动。具体而言，是对知识在经济上的潜在有用性、创新机会、市场需求的敏感与洞察、组织协同"知识品"生产的实践。

第三，人在创业活动中建立起全新的生产关系。首先是创业者和物质资本的关系。我们看到，创业者的创业才能越是充沛，他就能越大程度地摆脱对"物"的依赖进而有能力主导"物"的运用。创业能力越是强势，资本便越是臣服，越甘愿受到创业劳动的驾驭，服务于创业者的发展。其次是创业者之间的关系。创业团队可以看作是历史上最为接近于自由人联合体的组织，周其仁指出：创业企业是各个人力资本所有者之间的一种特别合约，每一个创业参与者都因携有人力资本而享有高度的劳动自由，他们不依赖任何他人的生产资料才能劳动，因此创业参与者之间建立的是普遍和平等的交往伦理。①创业发起者的特殊之处只不过是将自由人以最富生产力的形式联合起来。这就好比现代大学中院长和教授们之间的关系——每个教授都不依赖院长提供的条件才能工作，院长和教授们之间完全是平等互助的。德鲁克曾经描述过知识社会里各类组织内各个成员的权利分布状况，他说："现代组织是知识专家的组织，它必须是同等人、'同事'、'伙伴'的组织。没有一种知识比另一种更高。每种知识的地位由它对共同任务的贡献而不是由任何固有的优势或劣势来决定。'哲学是科学之冠'是一条旧语录。但是，为了除去肾结石，你需要泌尿科专家而不是逻辑学家。现代组织不能是'老板'和'下属'的组织。它必须组成一支'伙伴'队伍。"②如果不这样做，"组织将很快发现自己已经过时，将很快发现自己丧失运作能力，以及吸引和稳定住它所依赖的知识专家的能力"③。

我们看到，人的能动性只有而且必须迎合历史所框定的生产方式，让

---

① 参见周其仁：《市场里的企业：一个人力资本与非人力资本的特别合约》，《经济研究》1996 年第 6 期。

② 彼得·德鲁克：《后资本主义社会》，张星岩译，上海译文出版社 1998 年版，第 59 页。

③ 彼得·德鲁克：《后资本主义社会》，张星岩译，上海译文出版社 1998 年版，第 63 页。

自身从事的活动与他所处的物质条件相一致，才能更好地自我实现地生成，同时推动历史。不容否认，世界各国投身创业的劳动者越来越多，市场经济体制也为创业活动提供了足够的激励，进而形成了以创新、敬业、合作精神为主要内容的创业文化，它的不断扩展深远地影响到了社会意识，形成了现今历史阶段上新的分工范畴、活动内容和发展观念。

三、新的历史条件孕育人的发展的辩证演化

无论未来人的发展状况如何，长期来看，社会终归要向着能够给人提供更好发展条件的时代前行。随着物质文明和精神文明的发展，社会终将达到允许每个人自由全面发展的阶段上。马克思认为，在相当长的历史时期内，以资本为基础的生产方式还是发展社会生产力所必须的，因而是最恰当的形式。[①] 但当生产力的发展达到一定阶段以后，以旧的生产方式为基础的生产关系就会对生产力的发展产生限制，无法进一步为人的发展提供物质和社会条件，从而达到了促进人的发展的限度。此时，"雇佣劳动和资本本身已经是以往的各种不自由的社会生产形式的否定，而否定雇佣劳动和资本的那些物质条件和精神条件本身则是资本的生产过程的结果"[②]。

从雇佣劳动到自由劳动，并不是跳跃性的，历史进程不会像抽象规律那样简约。从经验和理论看，随着历史条件的演进，二者之间应存在某些过渡的形式。正如马克思在《〈政治经济学批判〉序言》中所言："无论哪一个社会形态，在它所能容纳的全部生产力发挥出来以前，是决不会灭亡的；而新的更高的生产关系，在它的物质存在条件在旧社会的胎胞里成熟以前，是决不会出现的。……大体说来，亚细亚的、古希腊罗马的、封建的和现代资产阶级的生产方式可以看做是经济的社会形态演进的几个时

---

① 参见《马克思恩格斯文集》第 8 卷，人民出版社 2009 年版，第 179 页。

② 《马克思恩格斯全集》第 31 卷，人民出版社 1998 年版，第 149 页。

代。资产阶级的生产关系是社会生产过程的最后一个对抗形式，这里所说的对抗，不是指个人的对抗，而是指从个人的社会生活条件中生长出来的对抗；但是，在资产阶级社会的胎胞里发展的生产力，同时又创造着解决这种对抗的物质条件。因此，人类社会的史前时期就以这种社会形态而告终。"①

事实上，我们在第二节考察了志愿劳动的性质以及它给我们的启示，即人的自由全面发展的前提和条件是随时代发展变化而变化的，对其认识也应当是与时俱进的。这符合马克思主义的历史观。在《雇佣劳动与资本》中，马克思提出："社会生产关系，是随着物质生产资料、生产力的变化和发展而变化和改变的。生产关系总合起来就构成所谓社会关系，构成所谓社会，并且是构成一个处于一定历史发展阶段上的社会，具有独特的特征的社会。古典古代社会、封建社会和资产阶级社会都是这样的生产关系的总和，而其中每一个生产关系的总和同时又标志着人类历史发展中的一个特殊阶段。"② 今天，我们处在一个新的历史发展阶段，人的发展也必须出现新的形态。对此，在第一章中，我们已经简要地指出创业发展的历史机遇，包括知识社会为创业实践提供母体、高等教育普及化将多数普通劳动者转换为知识劳动者和适应知识经济的潜在创业者、创业实践内在要求人的自由与创造性等，此处不再赘述。

第四节　创业发展的自然主义

旧唯物主义有两种表现形态，一是自然唯物主义，二是人本唯物主义。自然唯物主义没有看到人与自然的实践关系，只确认了世界的物质统一性，从而抹煞了人的主观能动性和生命创造性。人本唯物主义承认人是

---

① 《马克思恩格斯文集》第 2 卷，人民出版社 2009 年版，第 591 页。
② 《马克思恩格斯文集》第 1 卷，人民出版社 2009 年版，第 724 页。

感性存在物，也把人看作思维与存在的统一体。然而，人本唯物主义未从实践的根本处理解人和人的感性活动，最终得出的人只是抽象的人，仍旧抹煞人的主观能动性和创造性。总的来说，旧唯物主义只从客体形式上去理解人、人的感性和人的现实，并没有在主体的意义上去理解人。所以，他们所理解的感性存在的现实的人是脱离人的具体实践活动的抽象的东西。马克思指出："从前的一切唯物主义（包括费尔巴哈的唯物主义）的主要缺点是：对对象、现实、感性，只是从客体的或者直观的形式去理解，而不是把它们当做感性的人的活动，当做实践去理解，不是从主体方面去理解。"① 也就是说，旧唯物主义不懂得实践，看不到感性世界是人的实践活动的产物，看不到自然、现实在实践活动中所具有的属人性。因此，他们看不到自然与人的关系的双重性，即人尊重对象的客观性，同时又尊重自己的客观需要和主观能动性。在《1844 年经济学哲学手稿》中，马克思指出，人直接地是自然存在物，而且是有生命的自然存在物。② 人作为自然存在物，当然具有自然存在物的一切属性，表现为需要、天赋、自然力、生命搏动和自主呼吸。其次，人所以为人，因为人还是能动的自然存在物。人的能动性也包含在自然存在物的属性之中，表现为欲望、激情、使命、价值和创造性才能。再次，人作为自然的、肉体的、感性的、对象的存在物，同其他自然存在物一样，要受到主客观两方面的约束和限制。但与动物又有不同，动物只是按照它所属的那个种的尺度和需要来建造，而感性（自然）存在的人却懂得按照任何一种尺度来进行生产，并且懂得怎样处处都按照内在尺度运用到对象上去。马克思克服了旧唯物主义的片面性，指出"真正现实的、感性的活动"是实践活动。1845 年，马克思在《关于费尔巴哈的提纲》中，就把实践作为唯一的出发点，扬弃了"从前的一切唯物主义"与唯心主义，建立了新唯物主义。因此，实践活动是作为感性存在物的人的存在方式。

---

① 《马克思恩格斯文集》第 1 卷，人民出版社 2009 年版，第 499 页。
② 参见《马克思恩格斯文集》第 1 卷，人民出版社 2009 年版，第 209 页。

作为自然存在物的人，作为自然生命的有机体，人首先具有自然属性，它是人的超越性思维的物质载体，它是人类得以生存和发展的基础，因此，作为感性存在物的人必须进行实践。如果把人类出现以前的世界理解为是一个"单一"的"自在"世界，那么人类的出现才使得这个世界发生质的转变而变得不再"单一"。马克思认为，人通过实践认识客观世界并改造客观世界，才使得自然世界迸发出前所未有的张力和活力，才使得人从"自在世界"中转化为"自为的人"，才使得"自在世界"转化为"人化世界"，在千姿百态的创造物中充分体现人的能动性和创造性。在这个过程中，人的体力、脑力在不断的改造世界和改造自身中获得增长，使人不再消极地适应自然，而是在把握自然规律后积极地寻求与自然的统一。马克思指出："他周围的感性世界决不是某种开天辟地以来就直接存在的、始终如一的东西，而是工业和社会状况的产物，是历史的产物，是世世代代活动的结果。"① 自然界造就了人，人就具有自然的属性，而人又通过实践活动把自然界转化为人的"无机身体"，从而把自然关系转化成"属人关系"，这样就使得整个世界具有了人的气息。人通过现实的感性活动使"人属于自然世界"和"自然世界归属于人"这两个方面得到了统一。马克思说："这种活动、这种连续不断的感性劳动和创造、这种生产，正是整个现存的感性世界的基础。"② 人所生活的世界，是通过人的感性活动在实践中构造出来的，实践活动体现着人与现实生活世界的本源性联系，如果离开实践谈人的世界，无疑是把人与单一自然相等同，必然会导致人的本质特征的淹没，如果离开人谈实践，无疑是把人与动物相等同，同样也会导致人的本质特征的淹没。由此可见，人只有通过实践活动才能使自然的感性的属性被赋予创造性的意义，这个世界只有通过人的实践活动才更具有生机与活力。

实践是人特有的存在方式，作为自然属性的人，劳动是人最现实的感

---

① 《马克思恩格斯文集》第 1 卷，人民出版社 2009 年版，第 528 页。
② 《马克思恩格斯文集》第 1 卷，人民出版社 2009 年版，第 529 页。

性活动，也是人重要的生存方式之一。创业作为新型的实践方式，是新时代人的新生存场，人在新的感性活动中，通过富有创造性的实践活动，可以创造出更富有生机和活力的新世界。因此，创业发展是马克思关于人的自然主义思想在新时代的新运用、新发展，具有时代意义和现实意义。

一、创造性的创业发展是人的实践活动的要求

马克思认为创造性的实践活动体现出人与动物的差别，实践的创造性和属人性形成了人与自然的特有的关系，这是人区别于动物与环境关系的重要因素，"诚然，动物也生产。动物为自己营造巢穴或住所，如蜜蜂、海狸、蚂蚁等。但是，动物只生产它自己或它的幼仔所直接需要的东西；动物的生产是片面的，而人的生产是全面的；动物只是在直接的肉体需要的支配下生产，而人甚至不受肉体需要的影响也进行生产，并且只有不受这种需要的影响才进行真正的生产；动物只生产自身，而人再生产整个自然界；动物的产品直接属于它的肉体，而人则自由地面对自己的产品。动物只是按照它所属的那个种的尺度和需要来构造，而人却懂得按照任何一个种的尺度来进行生产，并且懂得处处都把固有的尺度运用于对象；因此，人也按照美的规律来构造。"①在这里马克思提出了动物生产和人的劳动实践的不同，这个不同体现在以下方面：其一，动物生产只能遵从"物种的尺度"，而人的生产遵从"内在的尺度"。动物只能按照其本能为它创设的生命的藩篱生存，永远无法越雷池一步，所进行的生产也不过是为了"物种"生存和繁衍的需要；而人的尺度始终是内在的、主体的，是主体按照自身的需求——不仅是直接的生存需求，更有更高的发展需求；不仅是满足自身的需求，更满足他人和社会的需求；不仅作用于与自身相关的物质，更再生产整个自然界，这一生产打破了物种的藩篱，真正做到了自由自觉。其二，动物生产只能是本能和被动进行的，是自然将其自身和

---

① 《马克思恩格斯文集》第 1 卷，人民出版社 2009 年版，第 162 页。

其所属的环境一起降生的过程，其与自身环境间的作用只能是在有限范围内。而人的劳动实践真正使自然表现为他的作品，"通过这种生产，自然界才表现为他的作品和他的现实。因此，劳动的对象是人的类生活的对象化：人不仅像在意识中那样在精神上使自己二重化，而且能动地、现实地使自己二重化，从而在他所创造的世界中直观自身"①。其三，动物生产达到的效果是肉体的持存，而人的生产达到对自然界和生活的改造。在与自然的关系当中，人的劳动实践达到对自然的物的形态的变化，使其转化为对人有用的自然，"因此，感觉在自己的实践中直接成为理论家。感觉为了物而同物发生关系，但物本身是对自身和对人的一种对象性的、人的关系，反过来也是这样。当物按人的方式同人发生关系时，我才能在实践上按人的方式同物发生关系。因此，需要和享受失去了自己的利己主义性质，而自然界失去了自己的纯粹的有用性，因为效用成了人的效用"②。在劳动实践过程中，人以实践的方式将自身的需要和享受的利己主义变成了利他主义，将纯粹的自然变成了人化自然，实现了人向自然和社会、自然向人和社会的双向生成，最终既实现了对自然的改变，更实现了对人的生活的改变。

因此，实践不但生成了人与动物的差别，更生成了人所生存的属人的独特自然。在马克思看来，"凡是有某种关系存在的地方，这种关系都是为我而存在的；动物不对什么东西发生'关系'，而且根本没有'关系'；对于动物来说，它对他物的关系不是作为关系存在的"③。也就是说，人与其环境的特殊关系是为人而存在的。就人与自然的环境来说，人虽然和动物一样都依赖无机的自然界生活，但人会在人与自然之间自觉地生成一种"关系"：不仅仅将自然作为自身物质需要的提供者，更将自然作为自己意识、精神需要的提供者，更为重要的是不仅将自然看作是外在于自身的，而是始终通过劳动实践将自然同化于自身，成为人的生命及其活动的一部

---

① 《马克思恩格斯文集》第 1 卷，人民出版社 2009 年版，第 163 页。
② 《马克思恩格斯文集》第 1 卷，人民出版社 2009 年版，第 190 页。
③ 《马克思恩格斯文集》第 1 卷，人民出版社 2009 年版，第 533 页。

分。"自然界，就它自身不是人的身体而言，是人的无机的身体。人靠自然界生活。这就是说，自然界是人为了不致死亡而必须与之处于持续不断的交互作用过程的、人的身体。"[①] 就人与社会的关系来说，一方面社会本身生产作为人的人，另一方面社会本身也是由人生产出来的。这不仅体现在人的本质上，因为"自然界的人的本质只有对社会的人来说才是存在的；因为只有在社会中，自然界对人来说才是人与人联系的纽带，才是他为别人的存在和别人为他的存在，只有在社会中，自然界才是人自己的合乎人性的存在的基础，才是人的现实的生活要素"[②]。可见，社会也是人的劳动实践过程当中生成的。就人与人的关系来说，正是在劳动实践过程当中，人才能结成最初的生产关系，进而形成交往等其他系列关系，最终才形成丰富的社会关系，而正是在这一系列关系当中人才能真正生成自身的本质。由此可见，人的生存环境——自然与社会——都是劳动实践的结果和产物。

实践对人及其环境的创造和改变作用，使劳动对于人的生成具有决定性作用。由此审视创业，首先，我们可以看到创业强调"创造"是强调其本身对于人及其人自身环境的创生作用。以实践观点理解创业，创业首先是人自身创造性的体现。恰如马克思所说，人具有的能动性和创造性的实践活动将人从动物世界当中提升出来，那么创业可以理解为人以其创造性的实践活动将自身所具有的创造性和能力性发挥出来的过程。与非创造性的劳动不同，创业始终强调在与他人、与社会关系中不一味地遵从既有的关系，而是在这一过程当中发挥人自身所具有的能动性和创造性，自己生成自己的事业和生活，这是对马克思所说的实践创造性作用的发挥。其次，创业也创造了人的环境。如果说就业是顺应整个社会提供的物质条件和物质环境的话，创业就是在既有的环境的基础上发挥人的主动性和创造性，不是简单地去适应环境，而是力图通过自己的创造能力来实现对于自

---

① 《马克思恩格斯文集》第 1 卷，人民出版社 2009 年版，第 161 页。
② 《马克思恩格斯文集》第 1 卷，人民出版社 2009 年版，第 187 页。

己来说更满意的环境，实现对自身本质力量的确证。所达到的结果，一方面改变了自身的环境，为自己创造了实现自我的机会；另一方面在一定程度上为社会提供了更多资源，在更大范围里为环境的改变提供了物质基础。最后，创业也是人在劳动实践过程中自我生成的重要方式。如果说劳动创造了人，那么劳动对人的创造一方面体现为劳动过程当中生成了人化自然，另一方面也体现为劳动创造了人类社会，更重要的是体现为劳动对于人的自我生成的作用。创业相对于就业来说所体现的创造性，无论对于自然还是社会都具有更鲜明的意义，特别是创业对人的自我生成所起的作用更为凸显——创业过程实际上就是一种自我肯定和自我证明的方式，这一方式不是重复他人，而是通过自我本质力量的发挥和社会的检验更好地实现自我生成。

二、自由联合的创业发展是主客体间的和谐统一

马克思认为实践是人与自然联系的中介，自然是人化的自然，人是自然的存在物。他指出："自然界，就它自身不是人的身体而言，是人的无机的身体。人靠自然界生活。这就是说，自然界是人为了不致死亡而必须与之处于持续不断的交互作用过程的、人的身体。所谓人的肉体生活和精神生活同自然界相联系，不外是说自然界同自身相联系，因为人是自然界的一部分。"① 而真正意义上的自由联合的实践活动，是对简单索取自然方式的克服，是真正达到的人道主义与自然主义的统一。"人对自然的关系这一重要问题，就是一个例子，这是一个产生了关于'实体'和'自我意识'的一切'神秘莫测的崇高功业'的问题。然而，如果懂得在工业中向来就有那个很著名的'人和自然的统一'，而且这种统一在每一个时代都随着工业或慢或快的发展而不断改变，就像人与自然的'斗争'促进其生产力在相应基础上的发展一样，那么上述问题也就自行

---

① 《马克思恩格斯文集》第 1 卷，人民出版社 2009 年版，第 161 页。

消失了。"①因此自由联合的劳动实践方式是与生产力发展到一定阶段、对异化劳动的克服相互关联的，自然也更能实现人与自然的和谐一致。正是在这个意义上，马克思指出："共产主义是对私有财产即人的自我异化的积极的扬弃，因而是通过人并且为了人而对人的本质的真正占有；因此，它是人向自身、也就是向社会的即合乎人性的人的复归，这种复归是完全的复归，是自觉实现并在以往发展的全部财富的范围内实现的复归。这种共产主义，作为完成了的自然主义，等于人道主义，而作为完成了的人道主义，等于自然主义。"②马克思对于自由联合的劳动方式的设想就是对人与自然关系的彻底的解决，而在我们看来创业发展观念能够有助于建立马克思自然主义立场，也有助于实现人与自然关系的合理解决。

（一）创业发展是人与物的和谐统一

纯粹的创业者是没有物质资源的。但是完全没有关系，在资源充沛和资本市场化的条件下，人只要拥有最起码的创业才能和一个靠谱的商业方案，便可以说服资源占有者出借他们的资源。随着知识社会的来临和创业环境的不断改善，现在凭借一个哪怕只是普通的商业方案去获得银行贷款和各类专项扶持已经是一件比较容易的事情了。当创业发展大行其道的时候，我们终于有望看到一种全新的人与物的和谐关系。创业者和资源所有者之间没有强制，他们是自愿走到一起的，这真是一种"大自然的隐秘计划"，它自发地重建了劳动实践中的主客体关系，自动扬弃了资本并选择了更具效率的生产关系。

知识经济内在地要求人物和谐，因为非如此不能激发人的主体性和创造性，资本也难以找到有回报的场所。现在，全球的人、物关系已经演化出了多种形式，这些形式不断创新的动力，便是让人在更加和谐的环境中生产创造。没有哪一种人物结合的形式会永不过时，为了合作着的人群更

---

① 《马克思恩格斯文集》第 1 卷，人民出版社 2009 年版，第 528—529 页。

② 《马克思恩格斯文集》第 1 卷，人民出版社 2009 年版，第 185 页。

富创新的效率，它还会自发演进下去，为人的发展自动寻优。

（二）创业发展是人与劳动的和谐统一

当代主要劳动形态无外乎有两种，一种是受雇于人的就业劳动，另一种是自我雇佣的创业劳动。虽然受雇不意味着丧失了全部自由发展的条件，但在这种情况下自由发展的条件毕竟受到了较大限制，从而自由发展只能是少数人可以达到的境界，不能被多数劳动者所达到。

相比之下，创业发展应当可以达到人与劳动更加和谐的境界。这是因为，既然创业劳动不用不得不接受来自"物"的强制，创业者便可以自主决定资源如何配置，自行承担创新的全部后果——即便是亏损的。这不是为了生活而必须每天每日要进行的一种"生存劳动"，而是为了自我实现的积极行动；他既是生产资料的主人，也是自己意志的主人；他既沉浸在劳动的过程，也享受劳动的成果；他必须运用他的自由个性，同时也实现着他的自由个性。这难道不是一种当代条件下十分和谐的劳动关系吗？

三、互惠利他的创业发展是人的能动性的合理释放

马克思主义理论始终强调人在人与自然关系中的能动性，像恩格斯指出的那样，人之所以在理性方面优于其他生物，是因为人"能够认识和正确运用自然规律"[1]。"我们一天天地学会更正确地理解自然规律，学会认识我们对自然界习常过程的干预所造成的较近或较远的后果。"[2] 但与此同时，也反对人的能动性的滥用，这一滥用典型地体现在人与自然的关系当中——在一些社会形态中，人与自然的关系单纯地表现为征服与被征服、统治与被统治、支配与被支配的关系。人如果总是试图凌驾和主宰自然，过度地向自然索取，其结果往往是伤及自身，太多的历史经验给了我们这

---

① 《马克思恩格斯文集》第9卷，人民出版社2009年版，第560页。
② 《马克思恩格斯文集》第9卷，人民出版社2009年版，第560页。

样的启示。对此恩格斯曾说过:"但是我们不要过分陶醉于我们人类对自然界的胜利。对于每一次这样的胜利,自然界都对我们进行报复。每一次胜利,起初确实取得了我们预期的结果,但是往后和再往后却发生完全不同的、出乎预料的影响,常常把最初的结果又消除了。"[1]

人的能动性的不正确的运用不仅仅反映在人与自然的关系中,还反映在人与人和人与社会的关系中。例如,人对人的强制、奴役、压迫、统治、剥削,等等。这种能动性的滥用,是马克思尤其批判的。在这个问题上,创业发展所表现出来的自我发展与他人发展、社会发展的统一,为我们呈现出一种具有建设性的探索。

通常我们认为能动性的发挥是一件积极的事情。的确,能动性不必然造成人与人或人与自然之间的矛盾。但是,当主体性和客体性对立起来并在不受制约的情况下,能动性就可能造成不正确的和过度的运用。例如,私有制之下资本所有者为追求利润最大化而对劳动者进行千方百计的剥削。这种情形是马克思极力批判过的,至今虽有改观,但仍客观存在着。我们知道,没有哪个个体的"个人资本"会唯一和必然地适应于某一特定的发展观念。任何发展观念的最终确立都是主体比较选择的结果。即便是创业才能比较充沛的人,也可能不去创办企业,而是将他的才能配置到政治活动、社区服务、社会团体甚至是组织黑帮——如纽约大学经济学教授威廉·鲍莫尔观察到的,当创业才能不能被疏导到更具建设性的领域时,当地的有组织黑帮犯罪率就会上升。[2] 这符合我们的经验。其一,计划经济时代,大多数人的能动性受到普遍的压抑。但是能动性并不会消失,它的本性要求自身的释放。其二,由于寻租领域的高报酬,使得原本可以在竞争性领域发挥创造性的人才可能被吸引到寻租领域。因此,能动性的正确运用需要社会提供出恰当的条件,否则便会被滥用或过度使用,打破自然主义的人与人、人与社会和人与环境的和谐共存和共同发展

---

[1] 《马克思恩格斯文集》第 9 卷,人民出版社 2009 年版,第 559 页。

[2] 威廉·J. 鲍默尔、艾伦·S. 布兰德:《经济学:原理与政策》,机械工业出版社 1998 年版,第 103 页。

的状态。

创业发展中蕴涵着深厚的自然主义思想，它是一种人与人合作的自发秩序，包含着深刻的"主体间性"，使人的能动性的发挥对整个社会有益。创业者必须为别人提供更好的服务，必须对别人有价值才能生存下来。他的这种有价值的存在，既实现了自我，也服务了社会；既不是靠对生产资料的占有，也不是靠剥夺他人，而是靠对资源的创造性利用，帮助整个社会实现自发的帕累托改进。

第五节　创业发展的科学主义

人不仅是感性的自然存在物，而且还是能动的、创造性的存在物。旧唯物主义者贬低人的实践活动，认为实践只是人的简单的生存活动，而唯心主义者，如黑格尔看到人的主体能动性，看到了客体属人性以及实践对人的本质生成的重要意义。但是，唯心主义却把实践理解为抽象的精神劳动和思维活动，片面夸大人的主观能动性。因此马克思指出："和唯物主义相反，唯心主义却把能动的方面抽象地发展了，当然，唯心主义是不知道现实的、感性的活动本身的。"[①]离开客体的客观性，主体的主观能动性只能是一种纯精神的活动。马克思主义克服了旧唯物主义和唯心主义的片面性，认为实践是种能动性和创造性的活动，人的生命活动是能动和自由的。"动物和自己的生命活动是直接同一的。动物不把自己同自己的生命活动区别开来。它就是自己的生命活动。人则使自己的生命活动本身变成自己意志的和自己意识的对象。他具有有意识的生命活动。这不是人与之直接融为一体的那种规定性。有意识的生命活动把人同动物的生命活动直接区别开来。正是由于这一点，人才是类存在物。或者说，正因为人是类存在物，他才是有意识的存在物，就是说，他自己的生活对他来说是对

---

① 《马克思恩格斯文集》第 1 卷，人民出版社 2009 年版，第 499 页。

象。仅仅由于这一点，他的活动才是自由的活动。"① 动物的生命活动是狭隘、片面、单一的，而人的生命活动则是全面的、丰富的。"动物只生产它自己或它的幼仔所直接需要的东西"②，或是只是直接在肉体需要的支配下生产③，而人则不受肉体需要的支配进行生产，并且只有不受这种需要支配时进行的生产才是真正的生产。动物的活动也具有能动的方面，但终究不是实践。人的实践活动的伟大之处就在于人的活动不是盲目的活动，而是有目的性的活动，人通过认识世界，把握世界运行的规律，才能运用头脑中有关世界的知识去改造世界。人改造世界的过程中不仅使世界按着自己的需求得到改造，人本身也获得相应的改造，人的本质得以生成。所以，人的活动不仅是感性的自然的活动，更是能动的、创造性的活动。马克思在强调人的实践活动的能动性与创造性时，不但区别于动物的物质性活动，更重要的是强调实践活动只有作为一种客观现实的力量才能使人的目的性得以实现，才能把实践主体的精神力量、观念变为一种客观现实而存在。

人的实践的能动性与创造性表明，人不但是感性存在物，也是理性存在物。"从前的一切唯物主义——包括费尔巴哈的唯物主义——的主要缺点是：对对象、现实、感性，只是从客体的或者直观的形式去理解，而不是把它们当做人的感性活动，当做实践去理解。"④ 他们的哲学观点只能具有解释世界的功能，而对于人在实践活动中改造世界和改造自身的功能弃之不顾，因而马克思认为旧唯物主义所认识到的人并不是现实的人而是抽象的人，现实的人应当是理性与感性统一的人。

在西方传统哲学看来，理论理性高于实践理性，以一种纯粹的、静观的方法将世界一分为二，追求对世界的终极解释，并且认为这种解释相对于实践理性具有一定的优越性，它代表着"绝对真理"。马克思则认

---

① 《马克思恩格斯文集》第 1 卷，人民出版社 2009 年版，第 162 页。

② 《马克思恩格斯文集》第 1 卷，人民出版社 2009 年版，第 162 页。

③ 参见《马克思恩格斯文集》第 1 卷，人民出版社 2009 年版，第 162 页。

④ 《马克思恩格斯文集》第 1 卷，人民出版社 2009 年版，第 503 页。

为，在理论与实践这二者关系中，实践具有着本体论意义上的优先地位。"哲学家们只是用不同的方式解释世界，问题在于改变世界"①，"理论的对立本身的解决，只有通过实践方式，只有借助于人的实践力量，才是可能的；因此，这种对立的解决绝对不只是认识的任务，而是现实生活的任务，而哲学未能解决这个任务，正是因为哲学把这仅仅看做理论的任务"②。在马克思看来，理论必须植根于实践，才能确证自己的现实性，理论只有奠基于具体的生活实践和生存境遇，才能确证其价值。只有随着现实生活的发展，创造性地更新其内容，理论才具有鲜活性。马克思将人的现实生存、人的生命价值和现实生活置于理论的优先地位，其旨趣在于确证理论的现实性和创造性，绝不走从理论到理论的死路。

马克思将自己的哲学主题和使命由"解释世界"转向"改造世界"，实际上是提出一种全新——实践思维方式，即按照人的实践活动去思考、认识和解决问题。以现实为切口，确立科学的实践观和理论观，自觉地从"实践"出发，科学地解释人的感性活动和人的生活世界的关系。"我们不是从人们所说的、所设想的、所想象的东西出发，也不是从口头说的、思考出来的、设想出来的、想象出来的人出发，去理解有血有肉的人。我们的出发点是从事实际活动的人。"③

马克思哲学的实践思维方式，找到了理论通向现实的道路，即理论与实践，解释世界与改造世界相统一的科学真理观。其核心是唯物辩证法、认识论和历史观。作为"现实的个人"、"社会的人"，类和个体均具有主体意义。在任意历史阶段上，人类和每一个个体的发展行为都受到必然性、规定性、客观性和规律性的框定，也就是说，人应该顺应历史的前进方向，但同时，"现实的个人"还要在给定的物的秩序下去发挥能动性，创造人的对象性关系和发展形态。

创业发展是基于历史条件而出现的，但是它符合马克思科学真理观对

---

① 《马克思恩格斯文集》第 1 卷，人民出版社 2009 年版，第 502 页。
② 《马克思恩格斯文集》第 1 卷，人民出版社 2009 年版，第 192 页。
③ 《马克思恩格斯文集》第 1 卷，人民出版社 2009 年版，第 525 页。

人的发展的预见，符合历史运动前进的大方向，符合马克思提出的人的发展的科学规律，符合马克思的历史与逻辑相统一的科学方法论。

一、从人的发展规律看待创业发展

毫无疑问，人类历史就是人类发展的历史，人的发展和社会的发展是同一个历史过程，如马克思所说："全部人类历史的第一个前提无疑是有生命的个人的存在。"① 因而，人类历史规律可以被理解为人类发展的规律。马克思主义认为，人类发展具有必然性、客观性和规律性，而且，人类发展规律是关于人的科学中最重要的规律。马克思在谈到关于自然科学和人的科学时这样指出，我们仅仅知道一门唯一的科学，即历史科学。历史可以从两方面来考察，可以把它划分为自然史和人类史。自然史，即所谓自然科学，我们在这里不谈；我们所需要研究的是人类史。这里，马克思明确指出，人和自然一样是科学研究的对象，而且二者并不是截然两分而是密切联系的。

(一) 从马克思的"三形态"理论出发

马克思把人的发展规律总结为"三形态"理论，三个形态分别对应人发展的三个历史阶段。其中所包含的科学思想，能够帮助我们拨开覆盖在人类发展史上的层层迷雾，更加深刻地认识人发展的现状与趋势。通过对三个形态的认识，我们可以看出，马克思是通过人的对象性实践活动来考察人的发展水平的，因为人是实践基础上的生成，而社会历史则是"通过人的劳动而诞生的过程"，所以人是社会的主体，历史只不过是人对象性实践活动的结果。"在'人的依赖关系'的历史形态中，个人依附于群体，个人不具有独立性，只不过是'一定的狭隘人群的附属物'。"② 在这个阶

---

① 《马克思恩格斯文集》第 1 卷，人民出版社 2009 年版，第 519 页。
② 韩秋红、赵志军：《社会教育与人的全面发展》，《现代教育科学》2005 年第 1 期。

段，由于人掌握的知识技能极其有限，单个人的生产力是很低下的，因此不得不依赖群体才能生存，个人的创造精神很难得到体现。在"以物的依赖性为基础的人的独立性"的发展形态中，个人摆脱了人身依附关系而获得了一定的独立性，但这种"独立性"只能是"以物的依赖性为基础"。人的发展还是要受到很大的限制，因为人只要依赖物，就要受到物的统治，人的创造性、潜能、发展的全面性都要受制于物与物的关系。要从根本上解决这个问题，只有超越"以物的依赖性为基础的人的独立性"，才能实现真正的"个人全面发展"和"自由个性"。

从依赖于物的独立性到超越对物的依赖，只是马克思为我们指明的方向，其随历史演进而呈现出来的具体道路，还需要后人去辨识和建设。这条道路，无论其具体呈现出何种形态，都应该符合马克思断言的历史运动大方向，即（1）在人与物的关系上，帮助人更多地克服了人对物的依赖性；（2）在实践范围上，体现出了更大的全面性；（3）在发展的结果上，体现出了更多的自由个性。根据这个科学原则，我们再去观察现实中大量出现的创业活动时，就可以看到，创业劳动同普通劳动者供给的简单劳动相比，相对物质资本更加强势，因而获得更高的独立性；创业劳动在劳动内容上呈现出全面的性质，而且也需要建立比简单劳动宽阔得多得多的对象性关系，因此成为当今社会分工体系中全面性最高的一种分工；创业劳动所内在要求的自主性和创造性，为创业者自由个性的发展提供了更多空间。

（二）从马克思关于人的本质的三重属性出发

人的发展，必定要经由一定的发展道路将人的本质实现出来。因此人的本质问题，关乎到发展形态的合法性和合目的性，非常重要。马克思在对人类特性的论述中，多次说到"类本质"、"类存在物"、"类特性"、"类活动"、"类生活"。他虽然没有刻意地区分人的类本质和人的本质，但是从他的思想中仍然可以清晰地找到对人的本质的认识。马克思认为，"人的类本质，无论是自然界，还是人的精神的类能力，都变成了对人来说是异己的本质，变成了维持他的个人生存的手段"①。在这里，马克思相当于提出了人的本质的三重属性，即自然、类（社会）、精神。

人是自然的存在物，当然具有自然的属性。马克思指出："就它自身不是人的身体而言，是人的无机的身体。人靠自然界生活。这就是说，自然界是人为了不致死亡而必须与之处于持续不断的交互作用过程的、人的身体。所谓人的肉体生活和精神生活同自然界相联系，不外是说自然界同自身相联系，因为人是自然界的一部分。"②自然的生理意义上的人，他只是拥有生来如此的自然人应有的一切，要服从自然界的一切必然性。然而，人之所以与动物相区别，是因为人还具有社会和精神的属性，人为了生存，自发地组织在一起并形成社会，通过有目的的实践，去追求自由的王国。因此马克思说："社会化的人，联合起来的生产者，将合理地调节他们和自然之间的物质变换，把它置于他们的共同控制之下，而不让它作为一种盲目的力量来统治自己；靠消耗最小的力量，在最无愧于和最适合于他们的人类本性的条件下来进行这种物质变换。"③

因此，人是社会的人，或者反过来说，社会是人的社会。人的社会属性如此重要，以至于马克思把人看作是一切社会关系的总和。在《致安年柯夫的信》中，马克思又指出："社会——不管其形式如何——是什么呢？是人们交互活动的产物。"④从人的社会属性开始，人的发展起步了，而且是人的发展的决定因素，因为社会关系实际上决定着一个人能够发展到什么程度。

人除了是自然的人、社会的人，还是理性的人，这就涉及人的精神属性。即使人掌握了生产力，但是缺乏了精神的指引，发展就可能陷入功利和盲目，从而无法实现自由自觉的发展。马克思和恩格斯在《德意志意识形态》中论述了人类存在发展的四个基本条件，并且指出："在我们已经

---

① 《马克思恩格斯文集》第 1 卷，人民出版社 2009 年版，第 163 页。
② 《马克思恩格斯文集》第 1 卷，人民出版社 2009 年版，第 161 页。
③ 《马克思恩格斯文集》第 7 卷，人民出版社 2009 年版，第 928 页。
④ 《马克思恩格斯文集》第 10 卷，人民出版社 2009 年版，第 42 页。

考察了原初的历史的关系的四个因素、四个方面之后，我们才发现：人还具有'意识'。但是这种意识并非一开始就是'纯粹的'意识。'精神'从一开始就很倒霉，受到物质的'纠缠'，物质在这里表现为振动着的空气层、声音，简言之，即语言。语言和意识具有同样长久的历史；语言是一种实践的、既为别人存在因而也为我自身而存在的、现实的意识。语言也和意识一样，只是由于需要，由于和他人交往的迫切需要才产生的。凡是有某种关系存在的地方，这种关系都是为我而存在的；动物不对什么东西发生'关系'，而且根本没有'关系'；对于动物来说，它对他物的关系不是作为关系存在的。因而，意识一开始就是社会的产物，而且只要人们存在着，它就仍然是这种产物。"[1] 这说明人的理性、意识、伦理、精神根源于社会实践和对象性关系之中，甚至人自身成为自己认识的对象。思维认识、反思自身的能力对发展而言至关重要。归根结底，人的发展是受观念指引的。马克思曾用蜘蛛和蜜蜂的行为来说明这一点："蜘蛛的活动与织工的活动相似，蜜蜂建筑蜂房的本领使人间的许多建筑师感到惭愧。但是，最蹩脚的建筑师从一开始就比最灵巧的蜜蜂高明的地方，是他在用蜂蜡建筑蜂房以前，已经在自己的头脑中把它建成了。"[2]

诚然，人人都具备一定的创新创业能力，但是创新创业行为往往伴随着一定的风险。因此，在给定的社会条件下，人们的发展观念总是不尽相同的，人们所选择的发展道路也是因人而异的。但是无论如何，人们在创业发展中总能够不断提升思维自我和发展行为的能力，同时反过来，在自我反思、自我体验、自我调控中不断修正和优化他的发展行为。

二、从科学发展的观念看待创业发展

中国共产党在唯物史观思想指导下，立足于我国的具体国情，在十六

---

[1]　《马克思恩格斯文集》第 1 卷，人民出版社 2009 年版，第 533 页。
[2]　《马克思恩格斯文集》第 5 卷，人民出版社 2009 年版，第 208 页。

届三中全会上提出了科学发展观，即"坚持以人为本，树立全面、协调、可持续的发展观，促进经济社会和人的全面发展"。科学发展观是以马克思主义的全面生产、经济社会形态和人的全面发展等理论为依据的，是马克思主义世界观、价值旨归和方法论的集中体现，内在地蕴含着对人的创业发展的要求。

（一）科学发展观是马克思主义关于发展的世界观和方法论的集中体现

什么是发展？根据历史唯物主义，就方向来说，发展是事物由低级到高级、由简单到复杂、由无序到有序的上升和前进。就内容来看，发展凝结着事物运动、变化的成果，反映着事物的新陈代谢的规律，发展的实质是新事物的产生和旧事物的灭亡。[①] 就人的发展而言，发展是人的本质力量的对象化，是自由的增进。

发展问题在各个时代所呈现出的具体形态是不同的。例如，在工业时代，资本是最积极的生产要素，甚至人都要受到资本的强制。在知识经济时代，创业才能逐渐取代资本成为生产要素中最积极的一方。它是新经济的主要特征，而且将不可避免地把我们所处的社会卷入其中。发展总是动态和演进的，因而必须更新对发展的既有理解和观念。这是流变中的"演进理性"，一种深切的辩证法精神。

科学发展观体现了马克思主义关于发展问题的世界观和方法论。第一，发展生产力是根本。根据马克思主义历史观，由于社会存在决定社会意识，所以社会历史的运动发展，说到底是由生产力的发展所决定的，任何社会想要发展都要先解决好生产力的发展。第二，尊重客观规律是关键。科学发展观提出经济又好又快发展，这比以往只注重发展速度而轻发展质量有了更高的站位。不注重发展的质量，就会抵消发展的速度，使发展的成果受到削弱甚至得而复失。因此，尊重客观规律，从客观实际出发

---

① 参见袁贵仁主编：《马克思主义哲学原理》，北京出版社 2003 年版，第 80—81 页。

而提出的科学发展观，体现了马克思主义的世界观方法论。第三，全面协调可持续。全面是辩证法的全面性，协调是辩证法的普遍联系，可持续是辩证法的发展过程。从这个角度上说，科学发展观在本质上就是运用马克思主义矛盾说，去认识和解决社会发展过程中的一系列矛盾的科学发展观念，同时也进一步丰富和深化了马克思主义对发展问题的认识。

（二）科学发展观是以人为本的发展观

人是科学发展观的价值所在，因此科学发展观提出要坚持以人为本。所谓"以人为本"，就是把促进人的发展作为经济社会发展的根本出发点、过程和落脚点。只有促进人的发展，创造条件满足人的需要，人的发展获得长足进步，才会反过来带动社会的整体进步。在这个意义上说，人的发展是经济又快又好和全面协调可持续的保障，具有功能性作用；反过来看，前者才是后者的目的。只要有了以人为本的观念，无论历史如何发展，物的秩序如何变动，人都可以得到当时历史条件下最大程度的发展，人的发展样式、道路都可以得到最大程度的创新和探索。今天，国家大力鼓励大学生参与创业，它绝不仅仅是从经济发展方式转变和提高经济绩效这个层面出发的，更重要的，它是以人为本的最新体现，它保护、鼓励和促进着适应于知识经济的一种人的新的发展样式，理应在科学发展观的意义上得到全社会的共识。无论如何，以人为本是符合唯物史观的价值取向的，因为它是要尽可能多地让每个人的潜能得到开掘、需要得到满足、价值都得到实现的一种社会性精神秩序。

（三）创业发展是一种科学的发展

科学发展是可持续的发展，是与生态文明相容的发展。"持续发展作为人类的共同选择，其哲学理念亦根植于当代人类对人与世界关系的深切关注，是对历史上，尤其是近代以来人与自然的紧张对立、人与人的冲突失调所引发的诸多全球性问题深刻反思的结果。所以，可持续发展的哲学理念的核心，便是人与自然、人与人的和谐和统一。在这个意义上，可持续发展的哲学理念亦可称之为人与自然、人与人的和谐发展理念。"①同以资源为基础的发展相比,以知识为基础的发展当然是更高级的发展,是科学发展观所追求的发展方式,它具有可持续性和生态性。

创业发展密切相关于科学发展,已经被经济理论所证实。对知识型创业与新经济增长关系的研究,在过去二十年中取得了非常瞩目的成就,形成了将人力资本植入内生经济增长模型的新增长理论,产生了卢卡斯和罗默两位诺贝尔经济学奖得主。在新增长理论看来,在资源可耗尽性的情况下,只能增加投入到经济过程中的人力资本,而且这种经济增长是真正可持续和生态的。于是,新经济中科学发展的生产力为每一个人的发展创造了物质条件。这其实是历史中不断发生的事情。如农业文明的"第一次浪潮"和工业文明的"第二次浪潮"都曾为人的发展的巨大进步提供了物质条件,马克思尤其赞扬了工业文明对人发展的"革命性作用"。"第三次浪潮"能够为人的发展提供条件同样是很自然的事情。

三、从"历史与逻辑相统一"的方法看待创业发展

唯物辩证法是一种研究自然、社会、科学、历史和思维的认识论与解释学方法。"历史与逻辑相统一"是辩证思维的根本原则,也是马克思主义非常强调的方法,被运用于研究社会科学中各类历史与现实问题。恩格斯对历史和逻辑的统一的方法有过专门的论述,主要集中在《卡尔·马克思〈政治经济学批判〉》第二部分。在那里,恩格斯对马克思如何运用唯物辩证法做了系统介绍,尤其着重阐发了历史的方法与逻辑的方法的统一。

恩格斯这样说道:"历史从哪里开始,思想进程也应当从哪里开始,而思想进程的进一步发展不过是历史过程在抽象的、理论上前后一贯的形式上的反映;这种反映是经过修正的,然而是按照现实的历史过程本身的

---

① 韩秋红、张海鸥:《论可持续发展的哲学理念》,《唯实》2002 年第 5 期。

规律修正的，这时，每一个要素可以在它完全成熟而具有典型性的发展点上加以考察。"① 可见，"作为认识对象的历史发展过程是逻辑思维过程的基础，是第一性的；人们逻辑思维的发展则是现实历史发展的客观逻辑的反映，因而是第二性的。以现实的历史发展过程为基础的逻辑与历史的辩证统一是马克思主义研究方法的唯物主义性质的表现，是对逻辑与历史关系的唯一科学的理解"②。这就告诉我们，同时把握历史和逻辑是科学的方法论，也是我们认识、研究、捕捉历史新气象、发现新事物、总结新成果、提出新认识、建设新理论的有效方法。运用这种方法，能够帮助我们既抓住新事物的历史形成过程，同时又能够帮助我们审视历史运动的逻辑，不至于由于偏重历史现象而被可能产生的偶然性和相对性所误导，得出错误的抽象结论。在创业发展活动大规模出现的今天，我们必须同样坚持这种马克思主义的历史与逻辑相统一的方法。

（一）创业发展的历史与创业发展的逻辑相统一

如前所述，历史的发展不是现象的堆砌与累积，而是符合内在必然性的逻辑的发展。历史也不需要像黑格尔所说的那样要单纯地去服从逻辑，而是在总体上必然地相一致。

从历史来看，新的生产方式正在出现。第一，知识成为生产要素，并且相对物质资本而言，知识的重要性正在增加；第二，经济不断转型，出现了"创造性摧毁"和"按新分配"的特征，逐渐凸显出创新创业才能的重要性；第三，完善的资本市场极大地降低了创业的经济门槛；第四，大规模的高等教育将多数普通劳动者转换为适应知识经济的知识工作者。从逻辑来看，20 世纪 50 年代以后，在以原子能工业、半导体和微电子工业、高分子合成工业、基因生物技术、空间技术和计算机技术等为标志的第三次科技革命的直接推动下，社会生产力水平迅速提高。马克思虽然没有具

---

① 《马克思恩格斯文集》第 2 卷，人民出版社 2009 年版，第 603 页。

② 马健行：《对〈资本论〉中逻辑与历史统一问题的几点看法》，《经济研究》1982 年第 19 期。

体描绘，但是早就提出"把科学首先看成是一个伟大的历史杠杆，看成是按最明显的字面意义而言的革命力量"①。在科技革命大潮席卷之下，经济结构、劳动方式、管理模式等随之变化，原有的生产关系已经不能完全适应高度发展的社会生产力了。例如，新兴科技产业需要大量接受过高等教育的劳动者，这就必然要求社会保障和扩展劳动者的教育权利，并通过大量开办高等教育机构来加以落实。当充沛的物质资本需要大量有着开拓眼光和运作能力的创业者时，就必然要求社会给予他们更多的创新自由。生产力的发展要求生产关系与其相适应，这是马克思主义揭示的客观规律的作用所决定的。生产力的发展，既产生了变革的要求，同时也为这种变革准备了必要的物质条件。

这就是历史发展的进程与逻辑。历史毋需多言，它自然和直观地呈现在那里。逻辑，那些可以从理论中推知的必然性、规律性，亦即用以概念、范畴、原理、原则、理论等逻辑形式演绎出来的东西，同样再现了历史的进程。在这个意义上，创业发展的历史和创业发展的逻辑是相统一的。

（二）创业发展观念的历史和创业发展观念的逻辑相统一

物质秩序的变动必然引发精神秩序的相应变动，会在不同程度上影响到每一个人的思维与存在，从而造就一个时代的发展和一个时代的观念，这便是现实历史的逻辑进程。因此，看待创业发展及其观念，仍然是一个"具体—抽象—具体"的认识过程，抽象从具体的历史中来，还要回到具体的历史当中。只有作为思维的"具体"，才是人加以认识的对象、思维和理解的产物，"具体""决不是处于直观和表象之外或驾于其上而思维着的、自我产生着的概念的产物，而是把直观和表象加工成概念这一过程的产物。整体，当它在头脑中作为思想整体而出现时，是思维着的头脑的产物，这个头脑用它所专有的方式掌握世界，而这种方式是不同于对于世界

_____

① 《马克思恩格斯全集》第25卷，人民出版社2001年版，第592页。

的艺术精神的，宗教精神的，实践精神的掌握的。实在主体仍然是在头脑之外保持着它的独立性"①。

任何一种新观念的形成都有它自身的历史和逻辑。创业发展观念是顺应历史发展从而有机会扩展出去的那些新观念中的一个。随着创业发展观念成功地获得了物质生产的肯定，人的发展也得到了相应的促进，于是创业观念在全世界成功地获得了"主体间性"，从而推动了它获得合法性和话语权，逐渐形成为一种与时代相适应的社会意识。

第六节　创业发展的人道主义

创业发展符合马克思人道主义的精神追求。首先，创业活动为每一个人的全面发展创造条件，促进人类解放；其次，创业是自由个性的人基于理想信念对发展道路的选择，是人的自由的扩展，使人更加合目的和本质地存在，使人在现实性上成其为人；最后，创业是自由人的自由联合，孕育着自由平等的伦理关系。

一、创业发展是人对本质的更大占有

马克思始终相信实践和劳动生成人的本质，在《1844 年经济学哲学手稿》中，马克思清算黑格尔唯心主义哲学的同时也公允地肯定了黑格尔的历史功绩："黑格尔把人的自我产生看做一个过程，把对象化看做非对象化，看做外化和这种外化的扬弃；可见，他抓住了劳动的本质，把对象性的人、现实的因而是真正的人理解为人自己的劳动的结果。"②马克思看到了劳动这一范畴在黑格尔哲学中起到的作用，认为黑格尔将劳动看作是

---

① 《马克思恩格斯文集》第 8 卷，人民出版社 2009 年版，第 25 页。

② 《马克思恩格斯文集》第 1 卷，人民出版社 2009 年版，第 205 页。

人的本质，把人的生成看作是通过劳动实践而不断外化和生成的过程。问题只是在于，黑格尔将真实和生成着的劳动实践理解为纯思想的结果，这一理解方式抹煞了现实的实践活动与现实的人的关系，不仅将人的生成看作是精神外化的结果，也将人的实践活动和人的社会历史看作精神的产物。"黑格尔把一般说来构成哲学的本质的那个东西，即知道自身的人的外化或者思考自身的、外化的科学，看成劳动的本质。"①马克思实现了对这一关系的翻转，抓住了人与劳动实践的关系：人并非是天生的既成性生物，而是体现生命的不断生成和创造性过程。劳动实践恰恰能够实现人的自我生成——通过劳动实践人将自身的本质力量对象化于自然，使得自然不断实现向人的生成，成为人的"无机身体"，成为"人化自然"；与此同时，人在与他人共同实践的过程当中结成人与人之间的关系，构成社会共同体，进而形成整个人类社会历史发展的进程，也在社会和历史汇聚成的时间和空间序列当中不断生成着人的本质——社会关系的总和，从而创造自然的历史、社会的历史和人自身的历史。因而，劳动实践是理解一切人类社会历史发展的"钥匙"，"人同作为类存在物的自身发生现实的、能动的关系，或者说，人作为现实的类存在物即作为人的存在物的实现，只有通过下述途径才有可能：人确实显示出自己的全部类力量——这又只有通过人的全部活动、只有作为历史的结果才有可能——并且把这些力量当做对象来对待"②。

因此，马克思认为人是通过自己现实的实践活动创造自身的本质的。针对以传统资本为基础的生产方式中人的发展状况，马克思认为，人在这种活动中被严重异化了，活动本身成为一种异己的力量与人相对立，人无法得到自我实现、发挥潜能和占有自身的本质。马克思这样说道："在资本主义制度内部，一切提高社会劳动生产力的方法都是靠牺牲工人个人来实现的；一切发展生产的手段都转变为统治和剥削生产者的手段，都使工

---

① 《马克思恩格斯文集》第 1 卷，人民出版社 2009 年版，第 205 页。
② 《马克思恩格斯文集》第 1 卷，人民出版社 2009 年版，第 205 页。

人畸形发展，成为局部的人，把工人贬低为机器的附属品，使工人受劳动的折磨，从而使劳动失去内容。"[1]

综上所述，劳动是人的本质力量，其产品应是人的本质力量的体现，但这些都是以劳动自由和自由劳动为前提的。越是在自由自觉的劳动中，人就越有机会去占有自己的本质。今天，创业劳动大规模涌现出来并成为一种人的发展方式。这种劳动使人获得一种空前自由的劳动条件，从而有机会在更大程度上开发、运用、实现和占有自己的本质。

二、创业是人基于理想信念的发展道路选择

理想是人奋斗目标的集中体现，信念是对某种价值的信仰及采取行动的准则。马克思主义不但肯定理想信念，而且还提供给我们科学的理念，使我们能够去避免不正确或盲目的理想信念。理想信念问题是马克思主义哲学中的重要部分，其中包括建立在唯物史观基础上的社会主义与共产主义的理想信念，以及建立在科学的世界观基础上的人生理想信念。

（一）人的理想信念建立在对社会发展规律科学认识的基础之上

追求发展的人总是在一定的理想信念基础上展开行动的。理想信念产生的首要来源之一，就是对社会发展的科学认识。马克思早已天才地向我们指出了社会发展的前进方向，他所阐明的共产主义理想，是迄今为止人类最科学、最美好的社会理想。虽然共产主义还不会马上实现，但是它是社会历史运动的趋向，对人的发展永远具有价值理想指引和自我超越的意义，所以马克思说，共产主义对我们来说是那种消灭现有状况的现实运动。[2] 恩格斯也指出："即认为世界不是既成事物的集合体，而是过程的集合体，其中各个似乎稳定的事物同它们在我们头脑中的思想映象即概念一

---

[1]　《马克思恩格斯文集》第 5 卷，人民出版社 2009 年版，第 743 页。

[2]　参见《马克思恩格斯文集》第 1 卷，人民出版社 2009 年版，第 539 页。

样都处在生成和灭亡的不断变化中，在这种变化中，尽管有种种表面的偶然性，尽管有种种暂时的倒退，前进的发展终究会实现——这个伟大的基本思想。"①

对于现实生活的我们来说，只有把马克思主义的普遍真理与社会历史发展的具体实际相结合，把自己的理想信念融入到具有中国特色的社会主义建设伟大事业中，才能使个人获得长足的发展，为推动社会进步作出贡献。

（二）创业发展是个人理想信念与祖国发展需要的结合

经验和理论都已经雄辩地表明：（1）创新驱动就是创业型经济，具体而言是社会通过对知识加以利用驱动经济发展；（2）创业活动是创业型经济的组织机制；（3）知识群体——主要是指接受过高等教育的大学生——是创业型经济的组织者。创业驱动以知识的创新利用为基础，以创办企业为主要发展途径，既体现了个人的理想信念，完善了自我，又推动了创新型国家建设和经济发展方式转变。

1835 年，马克思在中学毕业论文《青年在选择职业时的考虑》中这样写道："在选择职业时，我们应该遵循的主要指针是人类的幸福和我们自身的完善。"②在高远的共产主义理想指引下，根据我国的具体国情预期自我实现的人，将自我实现的定位与社会历史发展趋向相一致，与国家发展战略相一致，在"成长性动机"或"超越性动机"驱动下，选择以创业作为理想信念和发展方式并以此构造起"值得珍视的生活"，高度体现了马克思人道主义意义上的理性、意志、爱、价值的运用与满足。这是最高的人道主义，而且社会主义为实现这种人道主义提供了最好的条件。

---

① 《马克思恩格斯文集》第 4 卷，人民出版社 2009 年版，第 298 页。
② 《马克思恩格斯全集》第 1 卷，人民出版社 1995 年版，第 459 页。

第三章 创业发展的解放逻辑

随着知识社会中创业经济的发展，创业才能、创业分工和创业劳动大行其道，历史运动已经演化出新型的生产关系和劳动形态。创业作为一种能够更加解放人和发展人的劳动形态，推动创业发展和创业发展的观念逐渐显现。在渐趋丰富的发展样式中，同其他发展样式相比，创业发展因其可以为人提供全面自由发展的更大可能性而更加引人注目。这些可能性源于：首先，创业发展帮助人从对"物"依赖中摆脱出来，使人和生产条件（人力资本）更加统一，获得更大的劳动自主性、更大的劳动全面性、更加普遍和平等的交往、更大程度的潜能激发与运用等。其次，创业发展作为一种发展形态，是所有社会成员都可以自由选择的一种普遍性发展道路。最后，创业发展在物质和精神两个方面都具有强烈的外部性或溢出效应，它不仅能够帮助创业者本人实现更好的全面自由发展，而且还能通过提高社会生产力水平，组织"自由人联合体"，促进社会朝向平等、法治、自由、敬业、专业、创新、合作精神等适应知识经济的方向实现创造性转化，从而为全体社会成员的发展创造必要的物质与精神前提。

从上述几个方面看，创业发展对人的发展水平的促进是革命性的，是在"质"的层次上发生的变化，它为当代人实现自由全面的发展指出了一种现实可能性和具体道路。任何马克思主义者，都必须正视当前发生的革命性的社会经济事实。我们看到，知识社会中正在发生的创业劳动，使得人在当代条件下人追求自由全面发展成为可能，因为这种创业发展要求外部世界对个人才能的实际发展引起的作用，最大程度地被个人所驾御，进而使人"以一种全面的方式，也就是说，作为一个完整的人占有自己的全面本质"①。马克思所批判过的资本和人发展的种种对立，正在以一种全新、互惠、自发和静悄悄的方式得到和解。而且，创业发展不仅仅解放自身，它还能为每一个人的解放创造条件。这是真正具有重大历史意义的变化，它是现实的人与来自于"物"的压迫彻底决裂的开始，进而将人带入真正的历史。

第一节　帮助人摆脱对"物"的依赖

在马克思看来，人的发展将会是一个历史过程。这一过程在生产力与生产关系的矛盾运动中展开为三大阶段：第一阶段表现为对人的依赖性；第二阶段表现为对物的依赖的基础上人的独立；第三阶段表现为在个人能力全面发展基础上的自由个性。马克思认为，资本主义社会是人发展的第二阶段。这一阶段尽管相比以往表现出促进人全面自由发展的趋势，但是这种改进并不是资本的本来目的，而只是资本出于增值的需要不得不为之的事情。更为重要的是，人的发展只能顺从于资本需要，因而在全面和自由性上始终受到制约。马克思从他当时所考察的生产关系出发，认为只要私人占有资本依然存在，私人资本对劳动的主导就是永续的。在这种格局之下，赤手空拳的劳动者只能依赖资本所有者提供的劳动条件才能生产，因而无法摆脱"物的依赖性"。于是，强势资本必将按照它的本性去无限制地追求利润。反映到"唯一能实现这种欲望的条件"的生产中，必然导致对剩余劳动无节制占有，使客观上虽有所发展的劳动者同时不得不承受着异化的痛苦。由此，马克思告诉我们，人在第二个阶段里的发展只能达到一定程度，表现为"以物的依赖性为基础的人的独立性"。

---

① 《马克思恩格斯文集》第 1 卷，人民出版社 2009 年版，第 189 页。

　　马克思根据当时所能观察到的古典企业的状况，多次论及资本家的职能。尽管马克思也不是完全没有注意到资本家和企业家（创业者）的区别，但总的来说，马克思依然视企业家为"资本的人格化"的资本家，认为企业家的创新、管理经营等职能都是从资本家身份派生出来的。马克思这样说道："一个单独的提琴手是自己指挥自己，一个乐队就需要一个乐队指挥。一旦从属于资本的劳动成为协作劳动，这种管理、监督和调节的职能就成为资本的职能。这种管理的职能作为资本的特殊职能取得了特殊的性质。"①"在生产过程中，资本发展成为对劳动，即对发挥作用的劳动力或工人本身的指挥权。人格化的资本即资本家，监督工人有规则地并以应有的强度工作。"②

　　的确，由于当时缺乏成熟的要素市场和金融体系，普通创业者没有渠道去动员资源，使得创业成为一件非资本所有者本人而不能为之的事情。而且，在市场中从事创新的人确实要经常地与资本有所联系。于是，这种由于技术性原因所导致的物质资本所有者必须与人力资本所有者合二为一的现象，形成了并不严谨的"资本"概念，并把创办企业的人一律称为"资本所有者"，把他们的创新创业精神全部归结为资本的贪婪本性，认为"一切除追求现有货源最优化（即均衡的建立）以外的经济变革，都是资产与权力关系的变化以及由此产生的'政治'变化的结果"③。

　　今天，"经济上的事实"已经发生了很大的变化，劳动者在生产中所处的位置被改写了。拥有创业才能的创业者对物质资本来说已经不再处于绝对弱势，创业劳动在现实历史条件下完全可以帮助创业者成为生产中的平等一方甚至是强势的主导方，在更大程度上摆脱对"物"的依赖。

---

① 《马克思恩格斯文集》第 5 卷，人民出版社 2009 年版，第 384 页。
② 《马克思恩格斯文集》第 5 卷，人民出版社 2009 年版，第 359 页。
③ 德鲁克：《创新与企业家精神》，张炜译，上海人民出版社 2002 年版，第 32 页。

一、资源所有权和经营控制权分离①

德鲁克这样说道:"虽然企业家需要资本从事经济(和大多数非经济)活动,但他们不是资本家,也不是投资者。"② 周其仁也指出:由于"市场范围的扩张、交易从内容到形式的复杂、企业组织的成长,使企业家和企业管理的人力资本的独立不但势在必行,而且在经济上有利可图。这无非是分工法则在经济组织变化中的体现。古典'资本家'逐渐被一分为二:一方面是单纯的非人力资本所有者,另一方面是创业者人力资本的所有者"③。的确,这是一个事实,而且造就了企业制度史上的一场"经理革命",企业所有权正在淡化,它只是"一个人力资本和非人力资本所有者共同订立的特别的市场合约"④。物质资本和创业劳动正在"发展出多种多样的超越'古典企业'时代的新组合和新形式",呈现出"越来越精细而卓有成效的合作方式,并不断创造出新的社会关系"。⑤ 这一点非常重要,因为正是现代企业制度的建立,为创业者摆脱"物"的依赖创造了条件。

当然,摆脱了对物质资本的依赖,不意味着可以离开物质资本,也不意味着我们可以不问物质资本的所有制形式。在知识社会或"没有资本家的资本主义"里,物质资本也要有它相适应的所有制形式。它的样子,我们可以借助汪丁丁对新经济制度特征的概括来例举和启发式地作出回答:

---

① 斯蒂格勒和弗里德曼对此并不完全认同。他们认为,企业的股东至少拥有对自己财务资本的完全产权和控制权,他们可以通过股票的买卖行使其产权。经理对自己的人力资本也具有完全产权和支配权,他们可以在人力资本市场上买卖自己的企业家能力。股份公司并不是"所有权与经营权的分离",而是物质资本和企业家能力这两种资本及其所有权之间的复杂合约。不过,毕竟现代企业中物质资本和企业家人力资本之间的界限不再模糊,而是明显地分立出来,这就不影响其对本书观点的支持。

② 德鲁克:《创新与企业家精神》,张炜译,上海人民出版社2002年版,第30页。

③ 周其仁:《市场里的企业:一个人力资本与非人力资本的特别合约》,《经济研究》1996年第6期。

④ 周其仁:《市场里的企业:一个人力资本与非人力资本的特别合约》,《经济研究》1996年第6期。

⑤ 特里·伊格尔顿:《马克思为什么是对的》,李扬等译,新星出版社2011年版,第21页。

"新经济的生产组织的产权结构必须以知识人为主体。它的具体形式可以是知识人群体持有大部分公司股票，可以是知识人持有大量认购期权，可以是知识人现期工资收入大大超过企业家阶层的现期收入，也可以是这些形式的不同比例的组合，依企业的技术特征、发展战略和市场结构而有所不同。另外，虽然企业内部的'知识人群体'应当占有大部分股票，在职能上，知识人却不必控制整个企业，除非他同时也是企业家。在新经济的企业里面，知识人的职能是获取和转换知识，企业家的职能是组织知识人之间的合作和创新。"①

无论如何，物质资本主宰劳动的历史终将要过去，并且它在今天已经初现端倪，正在创造性地演化出物质资本和创业才能相伴相长的新格局，令人从对物质的依赖中获得更大的解放。

二、创业才能相对资本稀缺使创业者具备驾驭资本的可能性

完善的资本市场和有利于小微企业的制度安排使得创业的资本门槛极低，甚至可以全然没有物质资本。创业不再是有钱人才能玩的神秘游戏。人人都可以是创业者，只要他拥有一个具有竞争力的商业方案就可以成为新契约的发起者。在"按新分配"的知识经济和充分竞争的资本市场中，相对于足够好的商业方案，资本总是充沛的。这种情形正在发生着，传统资本愈加沦为生产关系中的"消极"一方———堆毫无生产力的货币。如果没有创业者的光顾，资本就"找不到投入的场所"。反过来，善于创新和处理不确定性的创业才能则逐渐成为生产关系中最"积极"的一方，拥有了更大的剩余索取权。这真是一种"大自然的隐秘计划"。它自发地"重建了个人所有制"（创业者是其人力资本不可剥夺的所有者），自动扬弃了资本并选择了更具效率的生产关系。于是，资本和劳动这一轴心关系在自然演进中在一定程度上和一定范围内悄然改写了。

---

① 汪丁丁：《自由人的自由联合》，鹭江出版社 2000 年版，第 95 页。

新的生产方式决定了新的文明，马克思的深刻正在于此。只是，马克思所预言的人类为延续自身必须接受的那些根植于旧式生产方式之中的长期特征——剥夺、强制、奴役——可能会提早、非暴力、静悄悄和改头换面地终结。我们看到，在"按新分配"的生产方式中，创业者的创业才能越是充沛，资本便越是臣服，越是甘愿受到创业劳动的驾驭，服务于创业者的发展。极端而言，一个掌握了艾滋病疫苗的创业者，可以傲立于全世界的资本之巅。一旦，创业者凭借稀缺的创业才能成为强势一方，他就摆脱了对"物"的依赖性进而有能力主导"物"的运用，资本也就从过去那种既促进但同时又损害人发展的两难境地走出，开始主要地表现为对人发展有利的东西。照这样的趋势下去，终有一天资本家的历史使命将被创业家所终结。

第二节　更高的自由性

如果人不能摆脱对"物"的依赖，人的劳动至少在一定程度上是被强制的，他的自由充其量是"形式自由"的。人既然不能完全为自己劳动，他就只能获得因对强制力量有利而被允许的发展，因而是有限和片面的。马克思针对此种劳动说道："他在自己的劳动中不是肯定自己，而是否定自己，不是感到幸福，而是感到不幸，不是自由地发挥自己的体力和智力，而是使自己的肉体受折磨、精神遭摧残。"[①]反过来，一旦人摆脱了对"物"的依赖，就获得了自由劳动的自由，从而在相应程度上具备了自由发展的可能性，因为"自由王国只是在必要性和外在目的规定要做的劳动终止的地方才开始"[②]。

根据前节论述，当代条件下，同其他劳动形态相比，创业劳动作为一

---

① 《马克思恩格斯文集》第 1 卷，人民出版社 2009 年版，第 159 页。
② 《马克思恩格斯文集》第 7 卷，人民出版社 2009 年版，第 928 页。

种具有普遍意义的劳动形态，出现了挣脱物的依赖的趋向，为自身的自由发展创造了条件。

从雇佣关系看，当代主要的劳动形态无外乎两种：一种是受雇于人的就业劳动，一种是自我雇佣的创业劳动。受雇于人并非绝对不能寻求自由全面发展。例如，人可以尽可能恰当地选择职业以使他的职业生涯与自我实现相兼容，人也可以在工作之外的自由时间里寻求自由发展。只要社会保证人人等同地拥有一定量的自由时间（如八小时工作制）和自由择业的权利（如保障劳动权利的法律法规），就相当于提供了一定程度的自由发展条件，因为劳动者可以自主地组合他在工作时间和自由时间里的活动内容，使之最有利于他的发展。极端而言，即便人在工作时间完全从事与发展无关的劳动，他还是可以在自由时间里安排帮助其发展的活动。至于说到发展所需的自由时间是不是足够这一问题，由于每一个人意欲发展的限度、自由时间的使用效率、对自由时间的配置总是不同的，因而不会有客观的标准来帮助我们作出判别。更何况，对人的无限发展欲望而言，有限生命中的自由时间总是不够的。可能还有人会说，既然物质还没有极大丰富，人在自由时间里的发展就会受到限制。对此，我们需要明白这样一个道理，即便是物资极大丰富，也绝不等于消灭一切稀缺，例如声望、名誉、政治地位，甚至一张全明星队比赛的球票。一句话，生产力的发达无法取消一切物品的竞争性。既然与人的发展欲望相比，用于发展的自由时间再怎么增加也总是不够用的；物质再怎么极大丰富，"这一个"的稀缺性也仍是永恒的，那么人就没有必要囿于那些诸如人必须在某些一成不变的特定条件下才能获得自由发展的传统看法，转而去主动探索追求当代条件下的自由发展。

这种自发探索是符合马克思自然主义观念的。人类应当谦逊地承认，我们对自身发展的未来并不是了如指掌，因而无法按部就班地创造出人的未来的理想国。于是，我们应当允许"所有心灵向所有方向上涌流"，鼓励"一切人在一切方向上创新"，让各种有利于人的发展的探索齐头并进，充分竞争，以在探索和竞争中发现更多的知识来不断修正和改进人的发展的社会条件。如果这样做了，更好的发展样式——如赫拉克利特所说的逻各斯一样——将会"自行显现"。马克思在《资本论》第一卷"序言"中曾这样说道，社会经济形态的发展是一种自然历史过程，"一个社会即使探索到了本身运动的自然规律……，它还是既不能跳过也不能用法令取消自然的发展阶段"①。所谓"自然"，就不应人为剥夺所有社会成员对自身发展在各个方向的探索，也不应固守于某种特定认识，这一点是不言自明的。一个健康并富有活力的社会必须允许和鼓励全体社会成员的各自探索，构成人发展的博弈演化，这才有今日大行其道的创业发展。接下来，任何曾经达成共识的认识也要继续演进下去，因为演进认识反对一切一成不变，它始终坚信，从长期来看，人的发展"无常道"。

回到创业劳动和受雇劳动的发展上来。虽然受雇劳动者不意味着丧失了全部自由发展的条件，但在此种情况下自由发展的条件毕竟过于苛刻了，它只能是少数人偶然才可以达到的境界，不能被多数劳动者所达到。我们认为，与受雇劳动相比，自我雇佣的创业劳动允许人在当代获得更大程度的自由发展，其根据包括以下三个方面。

一、创业劳动是意志的充分自由

自愿放弃分工制度下的一切受雇机会和他人指定的劳动，是创业者的自由意志在发展道路上最彻底和充分的体现。创业发展的人不像信仰"消极自由"的隐士一样为放弃而放弃，创业者信仰"积极的自由"。他知道，自由不是一种现成的状态，它经生命活动的创造而来。如马克思所说："人使自己的生命活动本身变成自己的意志和意识的对象。"②邓晓芒在论证任意性、意志与选择的时候也说道："我们生而为人，这并不足以使我们成为人；我们活着，这并不说明我们进入了人生；要进入人生，必须

---

① 《马克思恩格斯文集》第5卷，人民出版社2009年版，第9—10页。
② 《马克思恩格斯文集》第1卷，人民出版社2009年版，第162页。

表演人生，必须凭自己的自由意志去设计人生。人生没有现成的模式和模范，每个人的角色必须自己去创造，这种自我创造感，才是真正的自由感。"①

创业者知道，在创业之外，他的人生还有无限的受雇可能性，他本来可以取消自由意志投身受雇，但他断然拒绝；或者他本来不必创业，但他竟那样做了。创业者不预期必然幸福，因为如哈耶克所说，自由往往意味着对痛苦的承担。创业者也不预期必然成功，因为创业的成功和失败正是自由的题中应有之义。创业者无惧自由的最坏后果，因为他所要的正是自由发展的过程，是那种连绵不断、值得一过的生活，是在能够开显生命意义的那种生活中的沉浸。而且，恰恰正因为此，他才是自由的，因为他不受任何后果的羁绊，没有如受雇者一般服从于被强制的"历史必然"。还有哪种发展能够比这种发展更加自由呢？

让我们引用乔布斯——一位追求自由发展的伟大创业者——2005 年在斯坦福大学毕业典礼上发表的讲话，作为此处的结语："你们的时间很有限，所以不要将他们浪费在重复其他人的生活上。不要被教条束缚，那意味着你将和其他人思考的结果一起生活。不要被其他人喧嚣的观点掩盖你真正的内心声音。还有最重要的是，你要有勇气去听从你直觉和心灵的指示——它们在某种程度上知道你想要成为什么样子，所有其他的事情都是次要的。"②

二、创业劳动是过程的充分自由

创业劳动过程具有的全面性、创新性和自主性，决定着创业劳动必然具有彻底的自由性。

第一，创业劳动的全面性。马克思把阻碍人自由发展的原因之一归结

①　邓晓芒：《灵之舞》，东方出版社 1995 年版，第 165 页。
②　乔布斯：《乔布斯在斯坦福大学 2005 年毕业典礼上的演讲》，《金融博览》2011 年第 11 期。

为分工制度，因为"任何人都有自己一定的特殊的活动范围，这个范围是强加于他的，他不能超出这个范围：他是一个猎人、渔夫或牧人，或者是一个批判的批判者，只要他不想失去生活资料，他就始终应该是这样的人"①。在工业时代和旧式分工背景下，马克思说得不错，这种阻碍因素甚至在今天依然大量存在着。不过事情正在起变化。我们看到，在今天的分工体系中，与其他固定分工相比，创业劳动这一分工在活动范围上呈现出一种全面的性质，从而使人可以不局限于某个特定的局部，因而获得了在某一固定分工上不断变换活动内容的可能。

创业劳动的全面性要求以劳动自由为前提，以促进人的自由发展为后果，因而与发展的自由性息息相关。同时，这种全面性也为人的全面发展创造条件，对此我们将在下一节重点讨论。

第二，创业劳动的创新性。创业的实质是有着经济学依据的创新，"学我者生，像我者死"。奈特和熊彼特干脆把创业者看作是专门从事创新工作的人。经济学家们可能有些过于简化了。考虑到创业的创新与艺术或科学的创新在范围上有所区别，把创业者称作专门从事全面创新工作的人可能更为合适。这一点应该不会引起太大的争议：创业者既要创新产品、服务和商业模式，以给消费者提供更好的体验，又要关心技术进步甚至要靠他的商业创意去引领技术创新的方向，还要从事制度创新以提高生产和管理的效率……这难道不是一种最为全面的创新劳动吗？能够与创业者的创新范围相媲美的，大概只有古典政治家。不过，现代政治文明已经极大地约束了权力运用的个人意志，而使今天的政治家们黯然失色。此外，政治活动和早期的创业活动一样，只能是少数派的"游戏"而不可能像今天的创业这样成为大众的。

无论如何，决意创业的劳动者不想重复他人的人生，而是要缔造一个最积极的、实践的存在和非他莫属的生命。他们知道，创业是有着经济学依据的创新，他们非常清楚将要承受创新的无尽性、打破常规的风险和相

① 《马克思恩格斯文集》第1卷，人民出版社2009年版，第537页。

互竞争的烦恼，但是，恰恰因为创业劳动所要求的这种创新，才让创业者在反复的超越中真切体认到他不断发展的生命体验。

因此，创业劳动在很大程度上改变了旧式分工之下人的发展图景。创业劳动不再阻碍人的智力发展，相反在经济体制的鼓励下，要求创业者必须发展自己的思维、个性和创造性，从而更多地发展人的自由思想和独立思考。

第三，创业劳动的自主性。既然创业劳动摆脱了对"物"的依赖，便不会再收到任何关于生产什么的指令。他也不能生产与他人完全一样的产品，因为它们毫无竞争力。这意味着在充满不确定性的市场里，创业者必须自主决定资源的合理配置——生产什么和如何生产。人只有在自主的劳动才能切实感到自己是劳动的主人。创业者是纯粹地被自主性吸引到生产过程当中去的，所以他有劳动的热情，关心劳动的结果，同时迸发联想和创造力。创业者虽然不能绝对控制经济绩效，但是他可以控制承载他发展的劳动过程，自主地在管理、生产、创新、协调、交往、合作等不同活动之间转换，显示出充分的自主性。此种状态，如马克思所说，它终于把人的世界和人的关系还给了人自己。

第三节　更高的全面性

全面发展只是对人发展社会条件的描述，它不是一种全面发展主义或平均发展主义。追求每一个人全面发展的社会并不强制要求人人必须全面发展，也不代表人人都能做到全面发展，它的重要性在于社会为每一个人基于个性和意愿的全面发展提供了发现、筛选、激励的最大可能性和充分条件。马克思对人全面发展的理解也是基于自由个性的。众所周知，自由个性是马克思主义关于人的发展问题的核心与灵魂，既是终极关怀，也是现实关注，具有重要地位。马克思多次强调过人的自由个性。其中最重要的是在《1857—1858 年经济学手稿》中，马克思提出了人发展的三个历史阶段，指出建立在个人全面发展和他们共同的社会生产能力成为他们的社会财富这一基础上的自由个性，是历史发展的第三个阶段。

在这个意义上说，全面发展乃是最高级的个性发展。正因为人不可能实现全面能力的发展，所以在自由王国里，人们仍然需要彼此依赖——用自己的所长去服务他人。马克思一定看到了这一点，把未来社会描述为每个人的自由发展是一切人的自由发展的条件。

基于自由个性的全面发展，既要求个性对劳动实践的指引和选择，也要求现实能够提供在活动范围上足以容纳人自由个性的劳动形态。根据我们的考察，创业发展恰好能够为创业者提供这样的发展条件。

一、创业发展体现了自由个性

自由个性是现实个人的价值归宿，是人发展的最高境界。这是因为，现实的人要呼吸、要搏动、要创造、要寻找生命的意义。再理想的社会，也只能提供人发展的条件而不能决定人发展的内容、目标和合理限度。归根结底，不是社会而是人自己才是自身发展的主人。如马克思所说："人终于成为自己的社会结合的主人，从而也就成为自然界的主人，成为自身的主人——自由的人"[1]。自由个性现实个人根植于社会历史现实，避免了空想与抽象。

我们经常会在全面发展与自由个性之间产生某些纠结。不过要知道，全面发展不是无所不包的发展，这是由人与生俱来的禀赋差异和生命长度的有限性所决定的，否则便有可能导致"全面平庸"。即便由社会占有了生产手段，摆脱了旧式分工的束缚，人仍然需要根据他与众不同的爱好、兴趣、特长、梦想、价值观等，去配置自己的能动性——选择恰当的发展道路以及决定合理的发展限度。因而，全面发展只是他基于自由个性的发展，是主体所求的自我实现的发展。没有自由个性的指引，全面发展就

---

[1] 《马克思恩格斯文集》第 3 卷，人民出版社 2009 年版，第 566 页。

会陷入迷途。经过自由个性指引的发展过程，如荣格所说："个人才逐渐变成一个在心理上'不可分的'，即一个独立的、不可分的统一体或'整体'。"[1] 马斯洛也这样说道："一颗橡树籽可以说'迫切要求'成长为一棵橡树；一只老虎可以看成正向老虎的样子'推进'；一匹马也朝着马前进。人最终不是被浇铸成或塑造成人的……最终只是容许或帮助他使他自己的潜能现实化……让他变得完全成为他自己。"[2] 这就是说，所谓每个人的全面发展，实质上就是每一个人都完整地做成了自由个性的他自己。

马克思之所以强调"现实个人"的发展，正是为了强调"自由个性"的实现。自由个性是人的本质的外在形式。人越是实现了自由个性，便越是占有了自身的本质。自由个性将人与人区别开来，使人独一无二地存在，承载着人的唯一性，是自我得以成立的基础。自由个性主要是通过观念呈现出来的。发展观是人的观念集合中的重要部分，是人的发展的决定性的精神条件，决定着人在给定的物质条件下（包括生命长度），如何选择发展目标、道路及其合理限度。这便造就了人的唯一性——生命的宽度、内涵和质。这正如法国文学家托马斯·布朗爵士所说："你无法延长生命的长度，却可以把握它的宽度；无法预知生命的外延，却可以丰富它的内涵；无法把握生命的量，却可以提升它的质。"

在上述意义上，创业发展及创业发展的观念可以说是人的自由个性的充分体现。首先，每个人都必须是"以一定方式进行生产活动的个人"，如此来说创业的自由和个性程度无疑是相当高的。创业者不必听命于除他之外的任何人关于生产什么和如何生产的指令，同时，为了保持竞争力他也不能生产与他人完全一样的产品，这意味着在充满不确定性的市场里，创业者必须自主决定资源的配置——生产什么和如何生产。上述过程要求创业者必须开掘和运用自己的自由个性，而只有沉浸在依赖于自由个性的生产过程中，才能养成人的自由个性。换句话说，你必须允许人人有

---

[1]　C.S. 霍尔等：《荣格心理学》，冯川译，生活·读书·新知三联书店 1987 年版，第 31 页。

[2]　马斯洛：《心理学的依据和人的价值》，载林方主编：《人的潜能和价值》，林方译，华夏出版社 1987 年版，第 80 页。

个性，允许人人能够行使个性，才能保持和发展他的个性。在创业发展这里，自由个性既是过程，又是目的；既具有功能性价值，又具有目的性价值。可以说，创业是人在给定的现实条件下，最充分地发挥主体性与能动性，自觉地把内在尺度和外在尺度结合在一起的发展方式之一。他们自我主宰、自我设计、自我选择，甚至只要创业发展者愿意，他完全可以按照"美"的尺度开展活动，就像乔布斯所做的那样。创业发展的这一境界，是我们在现实世界里具有普遍意义的发展方式中所能观察到的，最为接近于"把人的世界和人的关系还给了人自己"，最近似于以全面的方式占有自己全面本质的发展状态。

二、创业劳动具有全面性

劳动实践是人生命活动的展现过程，人的发展就是人在有目的的社会实践活动中，对自身本质力量和潜能的激活、开发和实现。越是全面性的劳动，对人全面发展的促进作用越大。可以说，创业劳动是演化至今的分工体系中最具全面性的分工。我们可以从经验中挂一漏万地描画创业者的活动范围：他们需要识别商业机会、协调分工、动员资源、处理不确定性；今天考虑创意，明天调查研究；上午谈判，下午公关，傍晚与事业伙伴共进晚餐，晚饭后反思领导的艺术……在这样内容不断交替的劳动中，必然全面发展劳动者的潜能，正如马克思所说："人以一种全面的方式，就是说，作为一个完整的人，占有自己的全面的本质。"[1]创业者没有固定的活动范围，这让我们想起商学院里那句再经典不过的箴言：管理者，就是把事情做得正确的人。创业者，就是做正确的事情的人。所以，管理者和普通雇员只是把既定的事情做好，而创业者则需要判断何为"正确的事情"，这当然需要在全面的范畴内运用和发展他的能力。

马克思在举例说明人全面发展的状态时颇具浪漫主义色彩地说道，人

---

[1] 《马克思恩格斯文集》第 1 卷，人民出版社 2009 年版，第 189 页。

不必拘泥于某一特定的活动，他可以"今天干这事，明天干那事，上午打猎，下午捕鱼，傍晚从事畜牧，晚饭后从事批判"。这虽然不是一个严谨的举例，但是其目的主要是为了强调活动范围的全面性。说到底，只要人可以自主决定他在工作时间和自由时间里的活动内容，那么具体发展什么、发展的限度便完全是富有个性的了。很多对创业者的研究表明，创业劳动不但能够占有人的工作时间，还能够占有相当程度的自由时间，甚至大部分创业者都是不知疲倦的"工作狂"。他们的创造性思维活动具有内在的连续性，它既不受工作时间的约束，也不会随下班的铃声戛然而止。在碰到困难时，创业者们往往会夜不能寐、废寝忘食。因此，我们全然无法用时间如何配置于活动来判断发展的全面性。但是只要创业劳动给创业者提供的是全面发展和表现自己全部体脑潜能的机会，只要创业者在他全部的劳动时间里，能够把自身发展当作目的进行活动，我们就可以说创业劳动是一种最为充分的全面发展。

三、创业才能是一种帮助人更好地从事不同活动的基础性才能

根据奥地利学派的看法，任何在不确定条件下调整当前行为以实现未来目标的人都是在发挥他的创业才能。[①] 当他把这种创业才能运用到经济领域时，他就是创业者；运用到政治领域，他就是政治家；运用到思辨领域，他就是哲学家；运用到厨房，他就是上流的厨师。因此，创造才能对人的全面发展至关重要，它可以帮助人在所有有志趣的领域内充分发展。创业才能不但可以帮助他做好份内的事情，也可以帮助他更好地在自由时间内从事休闲娱乐、艺术、科学和一切感兴趣的活动。

因此，我们看到，创业劳动要求创业者在广泛的领域里发展，它既能够激发创业者的全部潜能，也能为所有潜能的运用提供条件。人的

---

① 参见赫苏斯·韦尔塔·德索托：《奥地利学派：市场秩序与企业家创造性》，朱海就译，浙江大学出版社 2010 年版，第 27 页。

潜能围绕着创新创造成为一种基础性的创业才能，进而为人从事其他活动创造条件。正是基于此，我们说，创业发展是一种更为充分的全面发展。

第四节　更加平等和普遍的交往

马克思认为，人的本质是社会关系的总和。人的社会关系取决于他在社会中的身份，因为一切关系都是由社会决定的，不是由自然决定的。为了论证这个观点，马克思在《雇佣劳动与资本》中举了这样一个例子："黑人就是黑人。只有在一定的关系下，他才成为奴隶。纺纱机是纺棉花的机器。只有在一定的关系下，它才成为资本。"[①] 马克思因此断言："迄今为止的一切交往都只是在一定条件下个人的交往，而不是作为个人的个人的交往。"[②] 这里所谓的"关系"，是社会关系，而且主要地是人作为劳动者从事劳动实践而置身于其中的生产关系。

马克思为何坚持从生产关系的角度考察人的社会关系与交往，是因为他认为：（1）人的有目的、能动性和创造性的劳动实践乃是人与动物之间的最重要区别；（2）物质生活的生产方式制约着整个社会生活、政治生活和精神生活的过程。这种认识可以部分地追溯到黑格尔。黑格尔把理性、思维、自我意识看作是人与动物之间的本质区别。他说："人类自身具有目的，就是因为他自身中具有'神圣'的东西——那便是从开始就称作'理性'的东西。"[③] 但是，与马克思不同，黑格尔所说的劳动实践并不是现实的物质活动，或者说，黑格尔把物质活动也看作是一种精神现象。所以马克思说，黑格尔"唯一知道并承认的劳动是抽象的精神的

---

① 《马克思恩格斯文集》第 1 卷，人民出版社 2009 年版，第 723 页。

② 《马克思恩格斯文集》第 1 卷，人民出版社 2009 年版，第 579 页。

③ 黑格尔：《历史哲学》，王造时译，上海书店出版社 2001 年版，第 73 页。

劳动"①。黑格尔认为人的本质是精神。若人的社会交往被异化，就要通过否定之否定的思维运动才能消除。哈贝马斯在试图"重建历史唯物主义"的时候指出另外一条道路。他认为，不能把人与人的关系简单地归结为经济关系，或者认为非经济关系都是由经济关系派生的。在生产关系之外，还存在具有独立性的社会交往。甚至，人在生产关系中的身份乃是交往的结果，社会历史也是由交往推动的。对此，哈贝马斯这样说道："除了在物质生产中形成的关系，人们在社会生活中彼此间还存在着文化道德和伦理方面的关系，这些关系并非是被国家机器和法律制度所中介了的物质关系的反映，它们还体现了人们在生活世界的实践中所获得背景知识，所积累的经验和认识。而这种文化和道德伦理的经验与认识又结晶为人们应当遵循的规范。"②哈贝马斯的观点不无道理。交往活动未见得都在劳动领域发生。如"网民"们在互联网上发生的"宽带交往"，经济因素在其中几乎可以忽略不计。哈贝马斯把人与人之间对抗、扭曲的解决之道寄希望于交往理性、语言理解和学习进化，因为"交往行为是以象征（符号）为媒介的相互作用。这种相互作用在必须遵守的社会规范中进行的，而必须遵守的规范又是给相互期待的行为下定义的，并且至少必须被两个行动着的主体理解和承认"③。可以想象某个极端的例子：一个失聪或不识字的人，无论其在生产关系中的地位如何，他的交往范围和水平都是受限的。

　　无论黑格尔、马克思和哈贝马斯关于人的交往理论有何分歧，他们都认为，人的发展必须有适合他发展的社会交往，普遍交往对人的全面发展具有极端重要性。不过，人与人之间丰富多彩的社会关系未必都是由经济关系一个因素塑造和派生的。恩格斯曾坚决否认他和马克思曾经说过"经济力量是决定历史的唯一因素"这样的话。在他看来，此说法是一个毫无

① 《马克思恩格斯文集》第 1 卷，人民出版社 2009 年版，第 205 页。

② 哈贝马斯：《重建历史唯物主义》，社会科学文献出版社 2000 年版，第 27 页。

③ 哈贝马斯：《交往行动理论》，洪佩郁等译，重庆出版社 1994 年版，第 40 页。

意义的、抽象的、没有任何道理的词组。① 但是，我们应当看到，在经济压迫依然客观存在、劳动依然是人主要的活动内容和存在方式的情况下，劳动就必然是"我们延续自身物质存在方式的长期特征"。因此，对人的发展来说，人在生产关系范畴内的交往，即便不是全部但也一定是最重要的交往范围。换句话说，即便人的交往水平是由多种因素共同决定的，但是这些因素并非具有同等的重要性。进一步地，决定人在当代社会历史条件下交往水平的诸因素中，存在一个比其他因素更为重要的因素，那就是人的生产方式。

既然普遍交往是人自由全面发展的重要条件，同时影响交往水平的最重要因素是生产方式，那么在理论上我们应当仍旧从生产方式出发，进一步观察创业发展对人的交往的解放。

在马克思看来，在分工制度下人为了谋生便要进行劳动，但由于缺乏劳动条件而不得不接受雇佣，依附于提供劳动条件的强势一方。在这种生产关系格局中，人的身份被铸为从事某些特定分工的工人或普通雇员。围绕此身份，劳动者与他人在一定范围内结成一定的交往关系，交往由此获得了社会形式。其中，由于固定分工的限制，横向交往只能是片面的和局部的。由于劳动者人力资本含量过低使他的生产力不足以对抗资本等原因，纵向交往只能是不平等的，使人变成畸形物，牢牢地"钉在资本上"。而且，一旦人只能在特定方面去发展能力，长期以后人的能力就愈加片面化，这意味着他退出固定分工的成本就愈高。当这个成本大到难以承受时，人的发展就会发生"路径依赖"和"锁入效应"，亦即人被锁定在某类固定分工上。一旦如此，他的交往水平也将可能停滞不前。

马克思曾经赞扬过作为一种社会力量的资本对人的交往的革命性作用。资本冲破一切阻碍生产力发展的枷锁，破坏一切旧有体制，创造出新的力量和新的观念、新的需要和交往形式，生产和再生产出新的社会关

---

① 参见特里·伊格尔顿：《马克思为什么是对的》，李扬等译，新星出版社 2011 年版，第 33 页。

系。这种社会关系的创生对历史而言是比物质进步更为重要的结果，因为它使单个的人结成了大规模的合作关系，产生演化了会计、审计、金融、法治、理性等有形无形的制度安排和文化传统，形成了某种加速社会发展的如哈耶克所言的"人类合作的扩展秩序"。

然而，任何交往的社会形式又都只具有暂时性，会随社会历史条件的演进而演进。在资本横行的历史条件下，它在促进人发展的同时也妨碍人的发展，个人之间只能发生在一定和狭隘的生产关系范围内自发、不平等和异己性的联系，而不能形成一种自由人的自由联合。

在马克思看来，要从根本上改变这种交往状况，只能等待生产力和生产关系矛盾运动的顶点，然后资本主义的生产关系和交往就要被新的形式所代替。但是，到那时，即便当资本完全消失了它的进步属性彻底成为生产力的桎梏时，资本也不会甘愿消亡。因此，交往的解放，"只有在资本创造的物质基础上，并且只有通过工人阶级和整个社会在这个创造过程中经历的革命，才有可能实现"①。

不过，如同我们在前面论述过的那样，任何理论都应该对未来保持足够的开放性而不应成为一种教条。我们看到，新型的劳动形态和社会实践已经出现，在以知识资本和知识劳动为基础的现实中已经再次孕育出了人的交往的辩证演化，有望以非传统的理解提前终结这种过于无聊沉闷的历史进程。

一、交往中不平等性的消除决定自由人自由联合的形成

如前所说，知识社会孕育出了新的劳动者个人所有制和生产方式，人人携带着非他莫属并且有望与物质资本相抗衡的"人力资本"，自由自主和自发自觉地进入能够把"人力资本"的运用和人的发展结合起来的"知识分工"，在"按新分配"的新型生产关系中迎来了他们更为自由、平等

---

① 《马克思恩格斯全集》第 26 卷第 3 册，人民出版社 1974 年版，第 466 页。

和普遍交往的历史阶段。但是，我们要问的是：自由人是如何联合起来的呢？一旦资本丧失了对人的影响力，资本原有的组织生产和再生产的职能就消失了。要知道，旧的生产方式并不是自动地转换到新的生产方式的。因此，历史需要一类以创业为发展道路的特殊的知识劳动者去代替物质资本行使敏锐感受市场需求的作用。他们既是社会生产过程最后一个对抗形式的瓦解者，也是以知识和创新为基础的新型生产方式的组织者，最重要地，是他们组织自由个性的个体在生产过程中联合起来。

在创业活动中，自由联合的自由人之间的社会关系如何呢？除了单人公司的情形以外，创业活动都会发生多人之间的合作。虽然德鲁克说过，在知识经济中居权力之巅的，既不是资本家，也不是劳动者，而是"组织者"。组织者的"权力不是来自对'生产资料'的占有，而是来自于'组织手段'的控制"①。但是，在一个鼓励甚至大规模培育创业能力的知识社会里，只要创业者"组织手段"之间的竞争是充分的，普通知识工作者的劳动总供给是通过某种机制可调节的，创业公司是所有权分散和经营授权的现代组织方式，再加上知识劳动所需要的自由条件等因素，我们便可以将创业团队看作是所有参与者之间订立的一个人力资本的特别合约。无论是不是创业的发起者，合约中的每一位知识劳动者都懂得最大效率地运用他的人力资本，就像资本家懂得运用物质形态的资本从事生产一样。尽管每个人所承担的分工以及分工的全面性可以有所不同，例如研发、营销和决策等，但是每个人都不依赖于其他人的才能，总的生产力和生存条件被联合共同体所占有。他们所互相依赖的，是责权利清晰的平等关系之上的精诚合作和互惠利他。进一步地，每个创业企业都是知识经济中的某一环节。他们分享着世界范围内不断增长的人类知识，同时在几乎无限的知识互补性之间寻找新产品的商机。完全陌生的知识劳动者可以一次又一次地在"人类合作的扩展秩序"中直接或间接地开展合作。这样的境界，符合马克思的愿景。每一个单独的人的解放程度都与历

---

① 彼得·德鲁克：《后资本主义社会》，张星岩译，上海译文出版社 1998 年版，第 9 页。

史完全转变为世界历史的程度一致，同整个世界物质和精神的生产发生联系。由此，这种交往真正成为了人全面发展的条件，因为每一个人的发展都取决于和他直接或间接进行交往的其他一切人的发展以及他们共同的活动方式。

二、创业分工的全面性质决定了创业者的普遍交往

根据马克思的看法，分工决定了交往形式。只要分工存在，人就不可能获得普遍交往，从而制约人的发展。马克思在当时并没有预料到，未来可能演化出创业者这一类具备较为全面和普遍性质的分工。或者我们猜测，虽然马克思看到资本家在当时的发展已经具有全面的趋势，但是他认为这种分工并不值得赞扬。这是因为，一方面他们的发展是靠压迫他人，得到了发展的垄断权而实现的，客观上使被雇佣者"失去了任何发展的可能性"。另一方面，资本家只是少数的，甚至小资本家在资本竞争中同样会受到大资本家的压迫而沦为普通劳动者。

马克思在当时的情形下没有预料到全面分工的出现是情有可原的，所以他不可能提出全面分工导致全面发展和全面交往的思路。不过，他仍然设想了共产主义社会里全面交往的个人——全面发展的个人，也就是用能够适应极其不同的劳动需求并且在交替变换的生产职能中使自己先天和后天的各种能力得到自由发展的个人，来代替承担局部生产职能的痛苦的个人。但是，到那个时候，自由人在各个局部的劳动是如何精巧地协调在一起的呢？如果不是出于上帝之手，就需要一个自然演化出来的新的分工来处理这种协调工作。这个分工在知识经济中已经初露端倪，他们正是协调知识分工的创业者。

创业劳动要求人运用的是创业才能，这种才能可谓是一种基础性的才能，可以运用于各个方面，比如创新：新观念、新创意、新知识、新技术、新设备、新方法、新市场和新产品；协调管理：分工、资源、合作伙伴、说服他人；决策：生产、经营、融资、激励。这种分工呈现出比任一

旧式分工都要广阔得多的各种对象性联系，形成一种充分发展的生活。因此，创业劳动是当代社会里最需要，同时最能够发展人的全面能力的活动，它倾向于"培养社会的人的一切属性，并且把他作为具有尽可能丰富的属性和联系的人，因而具有尽可能广泛需要的人生产出来——把他作为尽可能完整的和全面的社会产品生产出来"①。

第五节　为每一个人的发展创造条件

"每一个人"的发展可以说是马克思为之奋斗一生的追求，这种发展是现实和实践的，而不是抽象的人类发展。从《共产党宣言》、《资本论》等马克思主要著作中，我们可以看到，马克思始终把每一个人的发展理解为共产主义事业的本质。在《共产党宣言》中，马克思对人类获得解放之后的社会这样描述道："代替那存在着阶级和阶级对立的资产阶级旧社会的，将是这样一个联合体，在那里，每个人的自由发展是一切人的自由发展的条件。"② 西方马克思主义者弗洛姆说道："马克思的哲学是一种抗议；这种抗议中充满着对人的信念；相信人能够使自己得到解放，使自己的潜在才能得到实现。这种信念是马克思思想的一个特征。"③

人类获得解放的道路之一是社会革命。随着历史经验的积累和认识的深化，人们意识到，革命的形式可以是多样甚至是悄无声息的，如生产方式的革命、技术的革命、交往手段的革命等，这就需要我们具有敏锐的现实感和丰厚的历史感。今天，知识经济大潮澎湃而来，创业活动如雨后春笋般遍地而生，为人的发展创造了新的条件。作为一种新型的人的发展形态，创业发展的意义和作用，已经超出了个人活动的范畴，从而对每一个

①　《马克思恩格斯文集》第8卷，人民出版社2009年版，第90页。

②　《马克思恩格斯文集》第10卷，人民出版社2009年版，第666页。

③　弗洛姆：《西方学者论〈1844年经济学哲学手稿〉》，复旦大学哲学系现代西方哲学研究室译，复旦大学出版社1983年版，第16页。

人的发展都具有重要的促进意义。

一、创业物质实践活动是当代社会发展的重要动力

马克思主义认为，物质实践活动及围绕其发生的社会基本矛盾运动是历史前进的主要动力。马克思指出："一切社会变迁和政治变革的终极原因，不应当到人们的头脑中，到人们对永恒的真理和正义的日益增进的认识中去寻找，而应当到生产方式和交换方式的变更中去寻找；不应当到有关时代的哲学中去寻找，而应当到有关时代的经济中去寻找。"[①]这是因为，任何社会在任何阶段的发展都离不开一定的物质基础。物质资料的生产是人和社会存在发展的先决条件。在马克思看来，由于经济条件归根到底制约着历史的发展，所以"物质生活的生产方式制约着整个社会生活、政治生活和精神生活的过程"[②]。因此，物质实践活动构成了一条红线贯穿于全部历史发展进程。[③]

当前我国社会的基本矛盾是人民日益增长的物质文化需要同落后的社会生产之间的矛盾。解决这个矛盾的办法是大力发展生产力。在当前历史阶段，发展生产力的关键之一是实现"科学技术是第一生产力"和"知识的潜在力量"，这就需要鼓励创业者将才能充分配置到创业活动中，激励创业者不断创新，充分和有效地利用人类知识，将生产力系统内部诸要素更加有效率地协调在一起。通过这个"创造性摧毁"过程的不断往复，促进形成一个国家的核心竞争力，早日实现社会主义社会所追求的一个物质文明发达、全社会共同富裕的社会。

上述逻辑早已经被理论和历史经验所证明。自从熊彼特提出创新理论以来，企业家的创业才能就被认为是推动经济增长最重要的因素。实践经验也表明，改革开放以后中国之所以能够保持高速增长，部分原因就在于

---

① 《马克思恩格斯文集》第 3 卷，人民出版社 2009 年版，第 547 页。

② 《马克思恩格斯文集》第 2 卷，人民出版社 2009 年版，第 591 页。

③ 参见《马克思恩格斯全集》第 39 卷，人民出版社 1974 年版，第 199 页。

市场吸引了大量有创业才能的人进入到生产领域。未来社会发展的动力，仍然离不开创业者对经济过程的组织，只不过，同第一代创业者相比，现在的创业者更多地要面向知识开展创造性生产活动。在可预见的历史范围内，创业活动将会成为组织经济过程、有效利用人类知识、推动经济向前发展的重要动力之一。

二、创业活动引发生产方式的革命，为每一个人的发展创造物质条件

回顾近现代史，除了两次世界大战的影响，从平均速度看，工业革命之后的社会生产力发展速度一直处于较高的水平上，在总量上甚至超过了以往所有时期的总和，尤其是以计算机和互联网为标志的知识经济所取得的成就在过去二十年里令人震撼。尽管今日社会生产力如此强盛，但按照马克思的传统看法，只要生产力和生产关系的矛盾运动中还没有产生出足以否定资本主义生产方式的力量，使得生产资料由社会占有，生产力的发展就还没有达到应有的水平。对此马克思这样说道："资产阶级的生产关系是社会生产过程的最后一个对抗形式，这里所说的对抗，不是指个人的对抗，而是指从个人的社会生活条件中生长出来的对抗；但是，在资产阶级社会的胎胞里发展的生产力，同时又创造着解决这种对抗的物质条件。"[①] 而对于人的全面自由发展来说，并无一个特定的生产力水平与之相对应，马克思只是认为生产力的高度发展能够演化出与人的全面自由发展相适应的所有制形式，以使劳动者和劳动条件之间达到"原有的统一的恢复"。

因此，当我们判断人发展的社会条件时，除了观察生产力的具体发展状况，还要观察马克思所期望的那种有利于每一个人发展的生产方式是否形成。正如我们观察到的那样，"以知识为基础的经济"包含和引发了前

---

① 《马克思恩格斯文集》第 2 卷，人民出版社 2009 年版，第 592 页。

所未有的变革性和整体性社会变局，进而为每一个人的发展创造了物质与社会条件，被命名为"后工业社会"和"知识社会"。根据德鲁克等人的看法，过去的一百年里，尤其是第二次世界大战以后，以知识为基础的经济引发了生产力的迅速提高，从而造就了经济发达国家。其中真正起作用的，不仅是知识本身，还包括使知识得以高效率创新和利用的新型生产方式。新型生产方式主要是由创业者推动起来的。我们知道，知识本身是静止的，不会引发生产力的任何变化，除非有人去辨识和开发知识在经济上的有用性。像"知识就是力量"这样口号过于简化，以至于有些误导人们。它在今天其实应该修正为"让知识变得有用的能力就是力量"或者"创业能力就是力量"。这样的例子不胜枚举。美国人发明了集成电路，日本人却利用它发明了传真机，占领了全球市场。一国的技术发明却成为了另一国生产力的源泉，这样看来，知识经济以来的生产力革命并非仅仅是指知识的增加，同样重要的，还包括能够把知识转换为生产力的创业活动。

对知识型创业与经济增长关系的研究，在过去二十年中取得了非常瞩目的成就，形成了将人力资本植入内生经济增长模型的新增长理论，产生了卢卡斯和罗默两位诺贝尔经济学奖得主。在新增长理论看来，只要增加投入到经济过程中的人力资本，在创业活动的组织下，无论是通过"知识溢出"或"收益递增"抑或"分工演进"方式，都将导致经济增长。新增长理论的路线图是：知识供给—知识型创业—吸收到人力资本驱动经济过程中—经济增长—引发更多知识需求。[①]

那么，新经济的生产力革命是如何为每一个人的发展创造物质条件的呢？我们观察到，创业活动越是活跃，经济发展水平越高，物质就越是丰裕。越是物质丰裕的社会，辅以好的社会制度（如果制度文明能够同步发展的话），例如二次分配、收入调节等，就越能投入更大的财力物力去支持非生产性活动的开展，同时提供更加优质的公共服务。前者包括教育、

---

① 参见邹云龙、孔洁珺、曲国丽：《大学生知识型创业研究》，《社会科学战线》2011年第5期。

艺术、科学等领域开展的活动，后者包括医疗、环境、居住、交通等公共服务。在这样的条件下，每一个个体，只要他不是四体不勤而是有着发展诉求的人，即使他们未必投身创业，也都可以在他自由个性的发展道路上获得更加优良的外部条件。

尽管创业活动能够为每一个人的发展创造物质条件，但是，在现阶段和可预见的未来，知识社会里人的发展却并非尽善尽美，每一个人的发展也不可能是齐头并进的。这种不完美几乎是人类发展所固有的，它很难通过改变外在条件来加以完全消除。这是一个客观事实，在任何社会发展过程中，人们的损益情况都不是时刻均等的，总有些人先人一步，更早和更多地享受到了创业发展的好处，并甚至可能被某些人看成是种"罪恶"。一些创业者可能看起来更加富有，物质生活条件更加优越。其实，细加思量之下，在其他领域何尝不是一样——到处充斥着先成名的医生、律师、画家、教授、领导人和各种权威。固然，先人一步引起他人心理上的不平和妒忌是正常的，但我们应当冷静和公允地引导社会心理：任何发展都不是无代价的或无懈可击的，发展和发展的代价是一枚硬币的两面。这就像人必须花费他一生四分之一到三分之一的时间去接受教育，发展自我意识、习得知识技能、洒扫进退和待人接物，然后才能迈向自我实现之路一样。甚至，人每一天的发展都是以每一天的生命为代价。既然没有无代价的发展，我们对社会和个人的发展就不应该去设想某种无代价的净发展，而应转而思考某种不断渐进完善的发展——将发展的必要代价控制在尽可能低的程度上。

三、创业活动使现代社会生活成为可能，为每一个人的发展提供基础

创业活动的作用不仅仅在于推动新型生产方式和发展生产力，现代社会的存在、现代社会生活的维系都离不开它。现在我们已经无法想象，离开了每一位创业者在分工体系中的创业活动——哪怕一件最小的东西也需

要我们自己生产的话——我们的生活将会变得多么混乱，从而使每一个人的发展无从谈起。因此，创业活动在现代人的发展问题上占据不可或缺的基础性地位，包括组织生产、承担风险、制度创新、处理不确定性、推动社会变迁等。学者们对创业活动的社会功能曾有过很多论述，代表性观点有以下五种。

（一）马歇尔：组织生产、承担风险和为追求成本最小而开展生产创新

马歇尔的观点前承萨伊，后起熊彼特。马歇尔的企业家理论认为，一方面，创业者在创业和经营阶段都是"组织者"，他们组织各种要素生产出适合于市场需求的产品，最后送到消费者手中。另一方面，创业者为了降低生产成本，必然主动创新，采用新技术和新的管理方式。再一方面，经营活动不总是成功的，创业者必然要"担当很大的风险"。①

（二）奈特：处理不确定性

奈特在他后来闻名于世的博士论文《风险、不确定性与利润》中，提出不确定性不同于风险。风险可重复出现从而是可预期和可度量的，而不确定性不可重复从而是不可预期和不可度量的。风险可以通过某些机制例如保险来加以熨平，但是不确定性是市场过程中不可消除的。②

奈特努力区分风险与不确定性的哲学意义在于告诉我们，在社会和经济问题上，人类理性从过去推测未来的能力是有限的。因为我们生活在其中的世界充满了不同于风险的不确定性，注定会不断出现无法用概率描述的"不可预知的将来事件"，而且它们可能是唯一的、全新的，过去从来没有出现过的。不确定性是开放世界的固有性质，在多主体互动发展的社会中更是时时处处存在着。人们一般习惯于预期，愿意生活在熟悉和稳定

---

① 参见马歇尔：《经济学原理》下卷，朱志泰译，商务印书馆1964年版，第305页。

② 参见富兰克·H.奈特：《风险、不确定性和利润》，王宇、王文玉译，中国人民大学出版社2005年版，第172—173页。

的环境中，但不确定性总会不期而至。创业者处理的不确定性主要是市场生活中的。虽然不确定性是利润的源泉[①]，但是，处理不确定性不必然带来利润，甚至常常有亏损的风险。于是，一个社会总要有人利用它的特长和风险偏好去分工从事"应付不确定性"的工作，他们就是创业者，其他人则要交出对不确定性的处理权同时获得规避风险的好处。[②]

我们可以通过回顾 Netscape 浏览器的成败来观察创业者对不确定性的处理。1992 年，在美国国家超级计算中心工作的天才马克·安德森意识到，可以设计一个安装在计算机上的、容易操作的图形界面程序，让那些非专业人士也能使用互联网。于是在 1993 年 5 月，世界上第一款浏览器诞生了，它叫作 Mosaic，是 Netscape 的前身。当时安德森显然还无法预知互联网时代的即将到来，但仍然面临一个从未经历过的情境——决定是否按照商业模式开发一个新的浏览器。第一款浏览器推出几个月后，安德森成功了。安德森和他的伙伴们立刻重新编制了一个叫作 Navigator 的浏览器，允许所有个人免费下载和使用，使用它从事商业活动则必须支付许可费。一年半过后，Navigator 的用户数量超过了 6500 万人。浏览器的发明是创业者对不确定性处理的一个经典案例。后来，由于没有处理好新的不确定性，在微软的强劲竞争下 Netscape 被迫退出了历史舞台。

（三）诺斯：制度创新

制度创新是促进每一个人发展的重要社会条件。诺斯认为，从成本角度看，技术创新可以看成是为降低直接生产成本所做的努力，而制度创新则可以看成是为降低交易成本所做的努力。基于同样的道理，科斯把现代企业制度看作是个人之间为降低交易成本而创新的一种制度形式。现有的

---

① 奥地利学派认为，静止的经济中没有利润，可预测的变化也不会出现利润，当然也不会产生经济增长。只有在充满不确定性的市场过程中，经过创业者对不确定性随机应变的创造性处理，才有经济发展这回事。

② 参见富兰克·H. 奈特：《风险、不确定性和利润》，王宇、王文玉译，中国人民大学出版社 2005 年版，第 40 页。

制度都是过往创新的结果，但经济不是处于周而复始的静止状态，新的扰动依然层出不穷，因而总是有制度创新的余地来进一步降低交易成本。因为制度创新有相当大的成本和风险，因此往往需要创业者在利润的激励下，积极投入到制度创新中。诺斯就此说道："企业家和他们的组织会对价格比率的变化直接作出反应，通过将资源用于新的获利机会或间接地通过估计成本和收益将资源用于改变规则或规则的实施。"[①]

（四）熊彼特：以变应变和自我实现的商业创新

在经济学思想史上，首次给予创业者重要地位是约瑟夫·熊彼特，他因此成为企业家理论的代表人物之一。一方面，他对创业才能进行了考察，发现经济发展是一个不断摧毁和再创造的过程，而创业者则是这一过程的发动机，而且创业者的直觉、判断力、勇气、洞察力等素质在创业活动中发挥着重要作用。另一方面，经济发展永远是动态的，不能以变应变的企业很快就要被淘汰，永续的企业需要永续创业，因此需要创业者不断创新。熊彼特论述了创业者开展的五种创新，包括引进新产品、引进新的生产方法、开辟新市场、控制原材料、重新组织企业。[②]通过这些创新帮助，创业者不断建立"新的生产函数"来适应甚至引领可能发生的变化。再一方面，熊彼特区分了技术性创新和商业性创新。他认为，企业家虽然可以偶然和技术工作者是重合的，但是，技术工作者一旦成为企业家，他所从事的创新就不再是技术性的而是商业性的了。

（五）奥地利学派：推动社会变迁，使社会生活成为可能

奥地利学派认为，社会的主角是创造性的行动者，是作出预测的人，是抓住一切创新机会去付诸行动的人，从而他们也是推动社会变迁和使社

---

① 道格拉斯·C.诺斯：《制度、制度变迁与经济绩效》，刘守英译，上海三联书店1984年版，第116页。
② 参见约瑟夫·熊彼特：《经济发展理论—对于利润、资本、信贷和经济周期的考察》，何畏、易家详等译，商务印书馆1991年版，第73—74页。

会生活成为可能的人。

第一，创业活动加速新旧生产方式的更替。我们知道，尽管发达国家有相当比例的劳动人口参与到创新创业活动中，但新的生产方式在全球范围内还只是初见曙光。新旧更替的社会历史过程绝非一日之功，但新的生产方式对生产力和人的解放迟早会把我们每一个人的发展并入其中，继而促使创业活动在新经济中加速复制自身，最终形成创业经济的滚滚洪流。

第二，创业活动推动了社会变迁。奥地利学派把创业活动看作是推动社会变迁的重要力量。虽然人人都具有一定的创业精神和才能，但在现实中，只有部分人采取了行动。如米塞斯所说，他们是"特别热衷于调整生产适应预期的变化以谋取利润的人；比一般人有更多的原创力，更多的冒险精神，更敏锐眼光的人；是推动经济进步的拓荒者"①。先动创业者的创新会引发后动创业者的模仿，继而大范围地引发大众的参与，从而成功地推动生活方式和制度的变迁。典型者，如苹果产品、微博等创新对社会变迁的推动。

第三，创业活动使社会生活成为可能。我们知道，支持衣食住行的社会生活成为可能的基础因素是市场过程，而驱动市场过程的重要因素便是创业者的创业活动。创业者的社会功能如此重要，以至于"如果没有企业家才能的发挥，那么每一个行为者恰当地进行计算或估计每一种替代行为的价值所需的必要信息就不会产生……这不仅是奥地利学派经济分析得出的最重要的结论之一，而且正如米塞斯与哈耶克所发现的，它也是论证计划经济下经济计算不可能性的核心……我们可以总结说，企业家才能无疑是最典型的社会功能，它通过调整和协调社会成员的个体行为，使社会生活成为可能。没有企业家才能，社会将无法存在。"②

---

① 米塞斯：《人类行为》上册，夏道平译，（台湾）远流出版事业股份有限公司1997年版，第270页。

② 赫苏斯·韦尔塔·德索托：《奥地利学派：市场秩序与企业家创造性》，朱海就译，浙江大学出版社2010年版，第27页。

第四章　创业发展的经济学

在知识经济的秩序下，创业活动的大规模涌现不是历史的偶然，而是生产力和生产关系矛盾运动的结果。因此，创业作为人的一种实践活动和发展样式，内在包含着深刻的唯物史观思想，在历史发展中占据重要意义。创业发展在社会维度有利于人的发展，在精神维度有利于文明的发展，在物质维度有利于经济发展。

在前几章，我们论述了创业发展的人学，在第五章将要论述创业发展的文化学，本章则准备探讨创业发展的经济学。事实上，关于创业的经济学已经被非常精细地研究了，例如企业家理论、新增长理论、技术经济学、新制度经济学等，但是，在人的发展和"转变经济发展方式"这一国家发展战略的背景下，我们还要继续追问："创新驱动"何以可能？"创新驱动"与人的发展如何相容？谁是"创新驱动"的主体？他做了哪些事情从而区别于"资源驱动"的传统发展方式？他们在中国社会转型这一宏大历史叙事中的地位和作用如何？只要我们从人的发展出发，我们就不仅需要关注"创新驱动"何以可能的问题，而且要关注"创新驱动"的"支撑系统"何以确立的问题，因此我们必须带着人文关怀去看待"创新驱动"经济的行将来临，这是一种以人为本的、将人的发展与经济发展相统一的经济学。

第一节　知识经济中的劳动者生产资料个人所有制

知识经济中的创业活动，密切依赖于支撑它不断涌现的"人类合作的扩展秩序"，包括法治精神、道德基础、信用体系、知识产权保护、现代会计审计制度等诸多要素。上述诸要素历经几千年在世界各地的演化发展，才成为今天的样子——或内隐于文化传统，或显见于各类正式制度安排之中。在这个支持人类合作的扩展秩序里，明显存在这样的逻辑：允许、鼓励劳动者对知识的占有，继而形成表现为就业创业能力的人力资本；劳动者与他的人力资本合为一体，成为他本人不可由外力所剥夺的生产资料，呈现出新型的生产资料所有制特征；最后，劳动者带着他的生产资料（人力资本）与其他生产要素一起参与到生产过程中，共同推动社会和人的并行发展。因此，认识知识的个体占有和"资本化"以及由此形成的新型所有制，对于认识人在创业劳动中的地位和"创新驱动"的机制，具有重要作用。

一、所有制与人的发展的关系及其演进认识

马克思相信，劳动者之所以受到剥削，不得不出卖劳动力接受异化劳动的根源是生产资料的私人占有导致广大的劳动者与生产资料相分离造成的，因为劳动者唯有依赖资本家提供生产资料才能生产。生产资料愈昂贵，他们就愈依赖。资本家正是因为占有了生产资料，才有了权力去占有劳动者的剩余劳动。马克思进一步认为，改变这种情况的唯一出路，就是建立新的所有制形式，以实现生产资料与劳动者的统一。在《德意志意识形态》和《资本论》中马克思对此进行了阐述。他认为："在无产者的占有制下，许多生产工具必定归属于每一个个人，而财产则归属于全体个人。"[①]"从资本主义生产方式产生的资本主义占有方式，从而资本主义的私有制，是对个人的、以自己劳动为基础的私有制的第一个否定。但资本主义生产由于自然过程的必然性，造成了对自身的否定。这是否定的否定。这种否定不是重新建立私有制，而是在资本主义时代的成就的基础

---

① 《马克思恩格斯文集》第1卷，人民出版社2009年版，第581页。

上，也就是说，在协作和对土地及靠劳动本身生产的生产资料的共同占有的基础上，重新建立个人所有制。"①

　　但是，马克思所说的"社会占有"并不意味着就是国家占有，"公有制"也不意味着一定是国家所有制。认为所有制的改进方向只能是国家占有和国家行使，这在某种程度上是苏联社会主义实践的误导，是"粗陋的共产主义"。"粗陋的共产主义者不过是充分体现了这种忌妒和这种从想象的最低限度出发的平均主义。"②恩格斯也就此问题指出，如果资本由国家占有，那么这个国家就是联合起来的资本家。"此类所谓的社会主义一方面不过是封建的反动，另一方面不过是榨取金钱的借口。"③除了马克思、恩格斯之外，还有很多学者，例如米塞斯等人从反对"建构的理性主义"入手反对国家占有制，认为国家占有制面临着"全面计算之不可能性"和因"无法提供有效的行为激励"而不能有如私人资本般对需求的敏感，从而失去资源的行使效率。哈耶克后来的看法更进一步。他认为，全部资源的国家占有制将降低人发展的积极性和自主性，限制人的选择自由和创造性的发挥，从而妨碍社会的获利和每一个人的发展。

　　"演进理性主义"不反对任何人对未来所有制形式的判断，只要这种判断富有建设性和在实践上是允许竞争的。所有制的实际演化过程，同样只能走一种试错、猜测和推翻交替进行的道路。④因此，既然没有人可以确定地告诉我们"社会占有"的终极形态，也没有人可以预先指出所有制演进过程中的过渡形式，那么，接下来的问题便是，人类能够在演进过程中发现哪些对人的发展更为有利的所有制形式？是什么原因导致了这种形式的出现，它的进一步演化方向如何？它需要人的观念作出如何调整来与

---

① 《马克思恩格斯文集》第 5 卷，人民出版社 2009 年版，第 874 页。
② 《马克思恩格斯文集》第 1 卷，人民出版社 2009 年版，第 184 页。
③ 《马克思恩格斯文集》第 10 卷，人民出版社 2009 年版，第 460 页。
④ 格尔哈德·恩格尔：《知识的狂妄——哈耶克与卡尔·波普尔的批判理性主义》，载格尔哈德·帕普克主编：《知识自由与秩序》，黄冰源译，中国社会科学出版社 2001 年版，第 82 页。

之相适应?

二、知识的"个体占有"

工业革命以来，社会生产力发展在多数时间里处于高速水平，尤其是人类跨入知识社会以来，社会进步之大之快更是远远超过了工业革命时期。根据马克思的看法，如果社会生产力在一个时期内以超过平均速率的速度发展，说明生产关系的很好支持了这种发展。例如，中国改革开放后三十多年里的持续高速发展，无疑要归功于改革开放对全社会创造力的释放。与知识经济迅猛上升的生产力相适应的，是能够激发劳动者创造性的新型生产关系，其中最重要的，是马克思一再强调但限于历史范畴而没有具体描绘的"新的劳动者生产资料个人所有制"。

这一新的所有制，源起知识的个体占有和"资本化"。知识的个体占有和公共占有①，并行不悖。从有知识以来，个体占有这种事情就每时每刻地发生着。这种"占有"，可以说是一种极为特殊的"占有"，它不是指被专利法保护意义上的那些在市场中排他性使用的知识的占有，而是指建立在知识基础之上的人的才能、判断力、智慧与占有者的绝对不可剥离，是从知识可以作为人牟利的手段而言的。人们习得某些知识，这些知识不但蕴存于他的头脑中，也改变着他的思维、感觉、观念、能力乃至心智结构，形成创业的才能。知识可能更新，但无论如何不能与人分离开来，除非肉体消亡。知识的个体占有虽然在实际生活中发生但却极易被人们所忽略，这主要是因为知识相对其他有形物品来讲具有的几个特殊性质。首先，知识具有"非竞争性"。知识是"天下公器"，任何人都有权利求知，现代各国均提供大规模的公共教育。其次，知识具有"非排他性"，即知

---

① 这种个体占有是在资本的意义上的。例如编程知识虽然不能排他性地占有，但是以编程知识可以为个人谋利。所以，知识是一种相当特殊的财富和资本，每个人都可以去占有他力所能及的这种知识的财富，而且人类知识并不因此减少。这种所有制恢复了私有制的主体，但否定了私有制的客体。

识可以被愿意掌握它的人占有而并不彼此妨碍，最多在一定程度上影响它在市场中的"竞争力"。最后，哪怕是受法律保护的专有知识也具有阿罗所说的"溢出效应"，可以通过技术扩散使全社会获得好处。例如一台机床上的专利所包含的创意和技术可以经实物传播而受到模仿、复制和超越。由于知识具有这样三个特殊属性，久而久之，人们对知识个体占有早已习而不察，不觉得知识的个体占有其实乃是一种特殊的"私有化"。这种"私有化"可以说是人类社会各项资源中最为彻底的"私有化"，因为人对蕴存于他头脑中的知识和相应的才能具有绝对所有权，他可以决定是否分享及在何种场合和以何种方式使用，外在力量不但不能剥夺之，甚至由于技术原因，也无法去强制地管理或操纵知识占有者对知识和能力的运用。

三、知识的"资本化"

知识在劳动者身上的普遍"资本化"，是知识经济出现之后的事情。传统观念认为，资本只是投入再生产的货币资金。后来，资本的概念逐渐扩展到用于生产的所有物质资本。20 世纪初，美国经济学家欧文·菲歇尔先后出版了《资本的性质和收入》和《利率论》两部著作。他提出，资本的概念应该比前人的看法广泛得多，事实上，任何有潜力在未来产生"现金流"的事物都应当被看作是资本。[①] 于是，资本和资本投入可以涵盖任何形态，包括物质和非物质的。根据他的观点，地下的矿藏、地上的果树、初生的婴儿……这些无法穷举的事物都可以是资本，知识也不例外。不过，人们广泛认同知识是资本的某种形态只是在知识经济出现以后的事情，因为社会终于演化出大规模利用知识的最有利条件，从而使知识和其他资本形式相比，迅猛而空前地爆发出它在经济活动中的价值。在知识资本化初现端倪之时，舒尔茨和加里·贝克尔提出了人力资本理论。

---

① 　参见菲歇尔：《利息理论》，陈彪如译，上海人民出版社 1999 年版。

贝克尔在演讲中宣称："世界已经进入了人力资本时代……我们应该称我们的经济为'人力资本经济'，因为那是经济的主要部分。所有的资本形式——物质资本，例如机器和工厂、金融资本和人力资本——都是重要的，但人力资本最重要。实际上，在现代经济中，人力资本在创造财富和增长中是最重要的基本形式。"[1]

创业才能作为一种特殊的人力资本，不但具有人力资本的一般性质——例如在知识经济条件下，知识资本与物质资本正在呈现出强烈的互补性，而不像简单劳动那样极易被机器取代，而且，还表现出一定的特殊性——例如它在各类人力资本中具有组织的功能，用经济学的语言说就是协调分工，像队长指挥分散的球员进攻一样。

现在，人们普遍接受教育属于人力资本投资的观点，预期教育可以帮助主体提高创业才能胜任创业劳动，提高主体未来的劳动效率从而使收入增加。这种情况和庞巴维克与菲歇尔很早就论述过一种"迂回的生产方式"非常相似。迂回生产与直接生产相对应。庞巴维克认为，直接生产是"不用资本的生产"，是"赤手空拳的生产"，另一种则是间接或者迂回的生产，即人们的劳动不是直接生产消费品，而是先生产为制造消费品所必需的生产资料。按照庞巴维克在《资本实证论》中的举例——菲歇尔在《利息理论》中也举过类似的例子，花费时间与费用制作并学会使用工具便是"迂回的生产方式"。例如，用棍棒狩猎每日可猎 1 头，而用弓箭狩猎每日可猎 10 头，劳动生产率为棍棒狩猎的 10 倍。[2] 但是，制弓箭需耗时一月，积累射箭经验再需一月。劳动者"经学习过程积累人力资本后进入社会分工就是典型的'迂回'过程[3]。因为教育投资是为了占有知识或者将知识私有化，进一步将其在市场中资本化——如菲歇尔所说——"减少现在收入或早期的将来收入，来增加比较遥远的将来收入。"[4] 上述观念早已被广泛接

---

[1] 查尔斯·韦兰：《赤裸裸的经济学》，孙稳存译，中信出版社 2003 年版，第 99 页。

[2] 参见菲歇尔：《利息理论》，陈彪如译，上海人民出版社 1999 年版，第 384 页。

[3] 菲歇尔：《利息理论》，陈彪如译，上海人民出版社 1999 年版，第 384 页。

[4] 菲歇尔：《利息理论》，陈彪如译，上海人民出版社 1999 年版，第 376 页。

受。就今天而言，伴随知识经济发展的，是经济对创业才能尤其是那些善于配置、利用知识的创业才能的空前依赖。但是，创业才能并不是从天而降的。正是由于创业才能在自发秩序下的总存量已经远远不能满足经济发展的需要，于是，至少在最早向知识社会转型的国家里，开办一种意在鼓励和培养大学生创业才能的教育应运而生。

对于这一所有制演化趋向，正式论及者首先是德鲁克。他这样写道：后资本主义社会中最为根本的经济资源是"知识"。创造财富的活动，是在"知识"基础之上的"生产力"和"创新"。知识劳动者懂得运用这种知识资本获得最大效率，就像资本家懂得运用物质形态的资本从事生产一样。更重要的是，"知识工作者也是知识性的受雇者，实际上，所有这些知识人在组织中一定是受雇的，但与资本主义社会中的受雇者不同，知识工作者既拥有'生产资料'，又拥有'生产工具'，即便只是现在，他们在发达国家整个劳动力中已经达到三分之一或者更多。说他们拥有'生产资料'，是因为他们能通过退休基金制度成为真正的拥有者；说他们拥有'生产工具'，是因为这些知识工作者走到哪里，都可以带着知识走。"知识劳动者和他们中的创业者确实可以随时"用脚投票"来改变他们对人力资本的行使，而且相对于物质资本所有者而言，知识劳动者有着更低的变换成本。德鲁克认为，即便受雇的知识劳动者也可能需要用到某些生产工具，如计算机等设备。但是，如果知识劳动者不是把他们的知识运用在机器上，再先进的机器也形同废物，而且这些机器已经不能决定他们的工作内容与方式。①

除了德鲁克描述的情况外，与知识经济相适应的现代公司制度的演进，也越来越倾向于把每一个劳动者从与资本的对立中解放出来。近二十年来，西方发达国家相继出现了管理层收购的概念并且进行了实践。如果我们将管理层扩大到所有企业员工身上，并将民主政治的原则引入企业，我们将会看到一种全新的企业制度。这种企业制度比起所谓的股份公司制

①　参见彼得·德鲁克：《后资本主义社会》，张星岩译，上海译文出版社1998年版，第8页。

度，要先进得多，它的内涵是劳动与资本的统一。

面对这种变化，我们可以认为，知识的个体占有和"资本化"已经成为对传统私有制的某种否定——能够被个人所驾驭的劳动条件已经初步显露，它是"个人的、以自己才能为基础"的所有制，各个劳动者与其生产资料融为一体，不可分离。这些生产资料受每一个个人支配，同时，在知识的公共属性上，被当作生产资料的全部人类知识也属于全体劳动者。最后，知识劳动者因占有人力资本而拥有越来越强势的生产地位，从而为人的自由扩展、为人创造性地发挥生产力，为达到"劳动时间的节约"和"自由时间的增加"，进而为人的发展提供了"以每一个人为目的"的重要条件。更重要的，这种知识经济条件下的生产资料劳动者个人所有制，使劳动活动本身在历史上首次弥合了人的发展和劳动之间的对立，让劳动真正成为了人的发展的条件和过程。

第二节　创业的知识经济学原理

20 世纪上半叶，哈耶克先后发表了《知识与经济学》和《知识在社会中的运用》，成为经济学思想史开创"知识经济学"的奠基性人物。在哈耶克"知识论的经济学"看来，只要是实现了职业性劳动分工的社会，就不存在非"知识经济"的经济。的确，分工导致专业化，专业化是造成"知识分立"的原因，因为每个劳动者只能掌握被分工分割出来的一小部分人类知识。因此，在"每个人知道越来越多关于越来越小的事情"的社会里，一切劳动分工都是"知识分工"[1]，而且，市场机制将会指引着"知识分工"的协调，使社会在最大程度上利用人类知识来推动经济进步。如此看来，在"知识分工"、"知识分立"和"知识协调"基础之上的一切经济样式都可以理解为哈耶克意义上的"知识经济"。

---

[1]　参见 Hayek, F. A, economics and knowledge, *Economica*, February 1937。

哈耶克最早正式和系统地把知识问题纳入到经济学当中，他留给后人的问题是：市场机制如何能够自发和最大化地利用人类知识？在哈耶克开创"知识经济学"20年后的1958年，里德发表了堪称经典的经济学随笔《我，铅笔》[1]。里德的天才之处在于，他做到了"把如此复杂和抽象的思想变成日常用语而丝毫无损论证的实质"，以至于弗里德曼在"编后记"中这样写道："据我所知，没有另一篇作品如此简洁、令人信服和有力地举例说明斯密'看不见的手'——没有强迫的合作的可能性——和哈耶克强调'分散知识'的重要性。"[2]"铅笔的故事"，其初衷是为捍卫自由市场制度，但是，在今日中国迫切需要的"知识经济"或"创新驱动经济"角度上，它同时也生动地揭示出了知识型创业的本质：辨识、开发和市场化"知识互补性"[3]的经济行为。

就创业而言，"知识互补性"是各项知识之间可能存在的1+1>2的经济学关系。仍以里德的"铅笔"为例。一支铅笔，看似渺小却凝聚着相当的人类知识。就其核心部分而言，存在显而易见的三项知识：A关于木材的知识，B关于石墨的知识，C关于油漆的知识。（如图1所示）

我们知道，作为人类知识重要的内在属性，任意知识之间，都存在无限的潜在互补性，等待被人的"联想能力"开发出来。盲人摸象的故事很好地说明这个道理。限于认识能力，每个盲人只能占有象的局部知识，它们分别从对象的腿、耳朵、鼻子或其他部位的体验而来。毫无疑问，只要我们的目的是认识这头象，这些知识之间就具有强烈的互补性，因为它们必须被联合运用才能达致真确。在市场条件下，某些"知识互补性"可以

---

[1] 该文原题"I, Pencil"，刊于经济教育基金会（the Foundation for Economic Education）出版的 *Freeman* 杂志1958年12月号上。作者里德（Leonard E.Read, 1898—1983）于1946年创立经济教育基金会，并担任主席至去世。"I, Pencil"是他最著名的文章。

[2] Leonard E. Read, I, Pencil, Freeman, *the Foundation for Economic Education,* 1958（12）.

[3] 阿罗（K. J. Arrow, 1962）、贝克尔（G. S. Becker, 1964）、罗默（P. Romer, 1990）以及汪丁丁等学者在知识分工基础上，尝试通过"知识互补性"建立所谓的"知识经济学"。其中，汪丁丁对"知识互补性"论述较多。但是，目前还没有从"知识互补性"出发对知识型创业的相关研究。

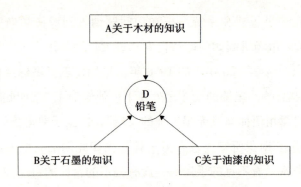

图1　铅笔是三项互补性知识的物质载体

带来利润。

回到铅笔的故事上来，可以推测，在市场存在铅笔之前，关于木材、石墨和油漆这三种商品生产加工的知识，当然也包括它们在哈耶克"分散知识"意义上的关于供应、需求和价格的知识，早就由市场中不同的人所掌握着。他们不但互不相识，而且也没有一个人同时认识这些人，看起来好像社会网络中出现了一个"洞"一样①，伯特把这个"洞"叫作"结构洞"②。处于"结构洞"里的人，他们分别掌握的知识在普通人看来并不是连续的，是互不相干的"分立知识"，整个人类知识在这里也好像产生了一个知识的"洞"。但是，总有某个人会在某个时刻出现。在他看来，这个不为他人所察的"洞"却别有风景——他看到了这个"知识洞"里面的各项"分散知识"在经济学上的"互补性"，于是这些"分立知识"在他的创新方案中变得连续了，这通常意味着作为"知识互补性"的载体——一项新产品或新服务即将诞生。如果他把这个创新方案在市场里付诸实施，他就成为发现和填补了那个"知识洞"的人。在知识社会里，我们把他们叫作知识型创业者或者知识型企业家。

---

① 即社会网络中某个或某些个体和有些个体发生直接联系，但与其他个体不发生直接联系。无直接或关系间断（Disconnection）的现象，从网络整体看好像网络结构中出现了洞穴。

② 参见罗纳德·伯特：《结构洞：竞争的社会结构》，格致出版社 2008 年版，第 19 页。

根据汪丁丁反复论及的"知识互补性"[1]的知识经济学原理，创业者一旦意识到，在铅笔的创意面前，如果 P（D）>P（A）+P（B）+P（C），即 A、B、C 三项知识各自运用所产生收益的加总小于它们联合运用（合成为 D）所产生的收益，铅笔的方案就是有利可图的，可以为创业者带来创新的租。不仅是铅笔，对于任意一个富于创造性的人来说，如果两种已知的现象模式之间具有高度的互补性，那么他敏感的心灵将倾向于创造一个新概念来把握这两种现象模式。例如手机和相机的互补可以产生照相手机这一观念，奶和茶的互补可以产生奶茶的概念。极端而言，一切形式的商品和服务，归根结底都是知识积累和蕴存的某种方式，是"知识互补性"的某种物质载体。而且，正是由于各项知识在经济学意义上的"互补性"——生成新事物的可能性和潜在利润的源泉，各式各样的新产品才经由创业过程自发地提供出来，构成令我们眼花缭乱的商品世界。

第三节　大学生是从事"知识型创业"的主要群体

今天读来，"铅笔的故事"依然引人入胜，但也令读者感到意犹未尽。里德应该指出[2]却未告诉读者的是：是谁想到了铅笔的方案并预见了它的潜在市场规模？换句话说，是哪些人受到市场所提供的经济激励自愿分工去从事辨识、开发和市场化"知识互补性"的工作？这一答案经由熊彼特等人对创新的研究告诉我们，他们是那些秉持"独立探索"而不是"模仿

---

[1] 参见汪丁丁：《知识：互补性与本土性》，《中国社会科学（季刊）》1997 年冬季卷。知识的互补性有两种形式：同一类型知识的不同知识片断之间沿时间的互补性（简称时间互补性）和不同类型知识或者不同知识传统之间在空间上的互补性（简称空间互补性），本书所指的互补性是空间互补性。

[2] 为了和凯恩斯主义针锋相对，作为经济自由主义的辩护士的里德的主要目的显然不在于赞美企业家的作用，而是意图通过对"分散知识"自发和完美的利用来证明自由市场制度的有效性。

成功"策略的创业者，是以"创造性摧毁"的精神不断构造和改进某种生产函数的群体。正是千千万万个知识型创业者自发自动地开展"知识型创业"的生产活动，回答和实践了哈耶克提出的问题——人类知识是如何协调利用的，使一个社会能够有效率地协调和利用人类知识，推动"知识就是力量"和"科学技术是第一生产力"的实现，为社会创造出更多的就业岗位和财富。

铅笔是 1812 年问世的"知识互补性"创业方案，此后知识型创业者在知识结构上对它的改进一直不停歇，其中最为著名的是加装了橡皮和能够把铅笔芯反复推出的自动铅笔。现在看来，铅笔中蕴含的知识及其互补性已经显得过于简单和普通，但在本质上，铅笔的产生和发展过程和今天的知识型创业并没有什么分别。2007 年，美国的一家高科技新创公司卡伦特通信公司（Current Communications Group），围绕着一个在技术上领先且因其简洁而备受瞩目的想法创立：通过每家每户早已有的供电线路提供宽带上网服务。作为产品，卡伦特首创的"智慧型配电网路"，显然是基于电力知识和因特网知识的"互补性"；作为企业，卡伦特自身符合了经济合作与发展组织（OECD）提出的"知识型企业"概念。通过对知识型创业企业的考察，我们可以指出现代知识型创业的三个典型特征：(1) 企业的"知识互补性"本质大于其契约本质。在知识型创业企业中，要素流动性的固定远不如知识之间的互补性方案重要。(2) 企业提供的产品（服务）是知识密集和"知识互补性"的物质载体，企业自身是"知识互补性"的某种组织形态。(3) 同投入到生产函数中的各要素相比，"知识互补性"对产品价值的贡献率占最高比例，通常超过 30%。

现在，卡伦特已经成为商学院创业课程的典型案例。但是，在知识型创业非常普遍的美国，卡伦特仅仅是其庞大创业经济中的一朵浪花。美国的创业浪潮让人们认识到，知识型创业者正是"创新驱动经济"的发动机，他们绝然不同于低买高卖的买卖人，也不同于餐馆老板那样不在"知识互补性"基础上开创新产品的创业人士。知识型创业者可以成为企业家，因为他们的创业活动具有"溢出效应"，是创新性地利用人类知识改善经济结构的中坚力量和收益递增的源泉。非知识型创业者则只能被称作企业主或商人，后者只有在放弃模仿转而承担起辨识、开发和市场化"知识互补性"的职能时，才有可能蛹化为企业家。

为什么大学生是知识经济条件下的主要创业群体？在贝克尔宣告的"人力资本时代"，大学生已普遍成为德鲁克意义上的"知识劳动者"，从而具备了相当程度的以知识利用为基础的创业才能。如前所述，庞巴维克认为，经学习积累人力资本后进入社会分工是典型的"迂回"过程。接受了高等教育的大学生，付出了高昂的人力资本购置成本，其重要目的就是要从事非经"迂回"而不能为之的那种创业劳动。倘若由于某种原因，学会制造弓箭的劳动者将工具和经验弃之不用，仍然靠棍棒狩猎谋生，不能不说是"迂回"的失败。根据庞巴维克的看法，一般而言，大学生应当从事知识型创业，并获得以人力资本收入（现代创业劳动）而不是以物质资本收入为主的劳动报酬[1]。开展知识型创业是大学生从事"知识劳动"、进入"知识分工"的主要形式之一。[2]

尽管大学生是而且必须是知识型创业的主体，但是他们投身创业的可能性却依赖于特定的社会、文化和制度结构。无论在哪一个国家，到处都有充满想象力的人，但是创业的活跃水平和创新程度却具天壤之别。在波特看来，这便是国家环境差异的结果。[3]我们必须分清，苦思冥想发现"知识互补性"是仅仅在头脑中就可以完成的工作，而创业却是一个社会实践

---

[1]　参见彼得·德鲁克：《社会的管理》，徐大建译，上海财经大学出版社2006年版，第61页。所谓以物质资本收入为主的创业劳动，亦指古典式的创业劳动，例如凭借"特定时间和地点的知识"低买高卖的买卖人、靠吃苦耐劳的小商小贩、丝绸之路上的驼队和惊涛骇浪中的船队那样富贵险中求的商业冒险家，也包括改革开放之初钻体制漏洞的"倒爷"和在资源领域寻租套利的能人等。

[2]　当前对大学生创业普遍存在比较短视、狭隘和功利化的界定和评价标准，认为大学生创业只是在校期间或毕业后立刻创业，并简单地把大学生初次创业成功率看作是唯一的评价标准。本书所说的大学生"知识型创业"，其发生时间并非局限于在校期间和毕业前后，它可发生在大学生职业生涯中的任意阶段。

[3]　参见迈克尔·波特：《国家竞争优势》，李明轩、邱如美译，华夏出版社2002年版，第118页。

过程，它的机会只能以社会的方式提供出来。不难想象，在一个不能提供足够文化和物质激励或者"协调成本"过高的创业环境里，创业者宝贵的创业能力必然或被困于"布罗代尔钟罩"，或被诱导到寻租与投机活动中，导致创业活动受到普遍的压抑。众所周知，虽然以单位人口大学生所占比例的统计指标衡量，中国经济的人力资本密度在十年来迅速增加，但受各种因素制约（包括对大学生创业抱有怀疑态度），导致大学生创业尤其是知识型创业率极为低下，使得这个群体还远未承担起创业报国的历史重任。由此反观美国，中美大学生创业规模的悬殊差距令人震撼，这不能不引起我们的反思。

第四节　创业是"创新驱动"的组织机制

"创新驱动"是以知识生产和利用为基础的经济发展方式，是发明奇才与创业精神的相遇，二者须臾不分离。在传统的理解中，创新主要是指技术性知识的创新。然而，新的技术性知识（包括各项知识的新组合）本身并不必然带来新的经济活动，大量新知识闲置在实验室里处于无用的状态屡见不鲜。闲置的知识最多只存在潜在的价值，在它被社会利用之前，甚至不如一个随手写在餐巾纸上的商业创意。这样的例子随处可见。加拿大最早发明了胰岛素，却没有把其领先推出的发明转化成有能力在国际上竞争的产业。[1]

因此，一个国家的竞争优势不仅在于科技的强大或发明的多寡，而且在于发明家与创业者共生相长的互补格局。表面上看，美国的繁荣是硅谷一类的高科技符号，但如蒂蒙斯所说，创业才是美国秘密的经济武器。在市场经济条件下，除了分工负责技术性知识创新的人以外，还要有人受到

---

[1]　参见迈克尔·波特：《国家竞争优势》，李明轩、邱如美译，华夏出版社 2002 年版，第118 页。

激励自愿分工从事制度性知识创新[①]的工作，即打破市场均衡的原有秩序——识别哪些新知识或知识的新组合在经济上有用，去联想新知识或新知识组合的物化品（包括服务）和潜在的市场需求，最后去组织资源和协调分工将这个新的物化品提供出来。扮演这个角色的只能是那些可以洞察知识的经济价值的创业者，是他们的创业活动构成了经济的发展过程。因此，在知识经济学（包括制度经济学）看来，在知识分工的链条上，是生产知识和利用知识两个环节受到各自的激励而相互合作。与技术性知识的创新同样重要甚至有过之而无不及的，是创业活动对制度性知识的创新，否则我们就很难理解为何有很多发明的国家却没有孕育出世界级的企业，为什么很多技术优秀的公司却没有获得相应程度的商业绩效。

如此看来，"创新驱动"的实现，绝非"腾笼换鸟"那样简单——只要把资金从传统生产部门转移到新兴产业中即可。创业活动不是一种自动出现的随机条件。它既需要技术性知识对物质资本的代替，更需要新型的创业活动对新的知识物化品的想象、"随机应变的制度创新能力"及其对潜在市场机会的洞察。能够把它们合而为一的组织机制——无论是老企业的二次创业还是新企业的创建——就是知识型创业[②]。与传统资源性的创业不同，知识型创业所面对的，不是物质资本的组合，而是洞悉各项知识之间的互补性。无论如何，对于知识型创业者来说，为了获取知识互补性所蕴涵着的潜在利润，他必须通过技术的与制度的创新来把知识互补性转变为具有经济价值的服务或产品。对于社会来来讲，为了对旧生产秩序进行"创造性摧毁"，必须要有人把以知识和创新为基础的生产重新组织起来，这些人就是知识型创业者，是"创新驱动"乃至第三次浪潮的组织者。

---

① 根据制度经济学，制度性知识就是人们对均衡的解释，蕴含着市场秩序。制度在经济中是一个变量，通过制度的变动例如制度知识的创新，可以打破现有的均衡导致市场的变动，可以表现为管理的创新、新企业的创立等。

② 参见邹云龙、孔洁、曲国丽：《大学生知识型创业研究》，《社会科学战线》2011年第5期。

　　创新驱动经济是由创业者前仆后继的创业活动组织起来的，这一结论已由新增长理论的各类模型所证明。新增长理论经过罗默、卢卡斯、杨小凯和贝克尔等人的开创性工作，已经成功地把人力资本或知识植入内生经济增长模型中，并使这一理论成为过去 20 年来经济学最为瞩目的成就之一。

第五章　创业发展的文化学

对个体而言，创业发展观念是纯粹个人的，它源于个人追求全面自由发展的天性与权利。创业发展观念的产生不会仅仅停留在个体的层次上。它将在宏观上集结为一种社会意识，并因为很好地支持了创业活动而不断扩展开来，进而影响我们身处的文化传统，推动其朝着适应新型生产方式的方向不断发展演化。这就引申出创业发展观的文化价值性问题。

第一节　"创新驱动"是一个整体演变的社会历史过程

如前所述，知识社会已经到来，它蕴含着解放人的物质与精神条件。尽管这一情形在中国才刚刚出现，但其势已不可逆转。知识社会从它的西方源头扩散到世界范围内是一个长期的过程。如特里·伊格尔顿所说："夺取政权只是朝夕之功，但整个社会传统、制度、情感习惯的转变是需要相当长一段时间的。"[①]政府固然可以通过一纸政令强制社会向某方向转型，但要知道，"仅靠立法是不可能让任何人的想法和行为截然不同于他们的祖辈的。人的变化只有通过长期教育和文化熏陶才能实现"[②]。

知识经济对于人的解放，其逻辑始自于以知识为要素基础、以创新为商业模式、以创业为发展道路的创业者推动新旧生产方式的交替。任何新

---

① 特里·伊格尔顿：《马克思为什么是对的》，李扬等译，新星出版社 2011 年版，第 55 页。
② 特里·伊格尔顿：《马克思为什么是对的》，李扬等译，新星出版社 2011 年版，第 55 页。

的生产方式都不能仅仅通过自身而存在，而是要嵌入到一个支撑它运作的整体秩序之中，包括政治的、社会的和文化的。这个整体秩序具有重要地位，被科尔曼称为"社会资本"、被韦伯称为"支撑系统"、被哈耶克称为"人类合作的扩展秩序"。根据上述思想，人类社会的前行始终是一个整体演变的历史过程，是物质生产及其支撑系统同步发展的结果。因此我们相信，从"资源驱动"向"创新驱动"的转变，仍然将是物质文明和精神文明相生相伴、互补互促的伴随过程。

文化传统是社会支撑系统中的重要组成部分，与创新驱动和创业发展具有密切的互动关系。限制人创业的文化传统必然压抑人的创新精神和创业才能，反之就会使创业活动得到促进。有利于创业活动的文化，是内生于市场经济并鼓励人创业发展的一种文化。这种创业文化是人们在追求成功、创造价值、寻求发展过程中所形成的思想观念、价值取向和心理意识，它影响人们的发展观念和发展行为。积极向上的创业文化"鼓励创新，宽容失败，崇尚合作，是一个国家和地区发展的最深层的动力。它营造发展的社会氛围，引导和鼓励人们通过合法劳动和创新追求财富、实现自我，进而激发经济发展的内在活力。以车库、宿舍、地下室、拖车、酒吧为载体的硅谷的创业文化，是'硅谷模式'的核心，是推动美国新经济迅速增长的发动机"①。

传统价值的演化绝非一日之功，也绝非创业文化可以独自担当，但是，二十年来的社会转型、创业活动的兴起、创新驱动的现实选择，都为我们的传统价值的重新阐释提供了契机。这些契机是发生在我们生活中的千真万确的事实——不论我们是否做好了准备，古老中国已经被卷入了德鲁克、贝克尔和哈耶克等人所预见的"知识社会"——劳动分工日益演化为"知识分工"、"雇佣劳动"日益演化为"知识劳动"；"知识劳动"获得的是以人力资本收入而不是以物质资本收入为主的劳动报酬；人力资本成为最重要的要素，从而"知识劳动者"与生产条件不相分离。

---

① 陈文华：《创业文化与企业家精神》，《江西日报》2005年6月2日。

在这样的契机之下，经过 30 多年的改革开放，我国的创业文化已经初步形成。一方面，创业活动的物质实践倾向于将新的生产方式扩展到一切人群中去，从而达到更大的规模经济，这个扩张过程必然不断反映到文化传统当中。另一方面，在更广阔的人群中实现了的生产方式必将反过来强化与其相适应的观念体系，不断地将更多人的思想观念并入其中，从而引发更大范围的创业实践。如此往复的过程，就构成历史的演进。在这个意义上说，中国改革开放以来所取得的社会经济成就是整体演变的结果，我们现阶段正在追求的"创新驱动"，也应当是一次宏大的整体性转型。

第二节 创业发展促进文化传统的创造性转化

文化传统的演化取决于很多因素，其中可预期的重要因素是创业者的创业活动。正是在创业者的带动下，创业文化蔚然成风。马云、马化腾等那些流传甚广的白手起家、吃苦耐劳、勇于冒险的创业故事引导人们永不停滞、不懈进取、崇尚创业，传播着企业家精神，激励着无数新人的创业热情和成功梦想，从而为"创新驱动"的发展壮大提供了土壤。像过去30 年里创业者参与创造经济奇迹一样，推动文化传统在未来继续创造性演化仍然不能缺少创业者这样的实践群体。

在"创新驱动"的国家发展战略背景下，今天的创业者有了走向中国经济深层次转型的最前台历史机遇，从而也有了将他们的价值观念扩展到社会生活诸方面的可能性。历经多年的持续高速发展，1995 年国家在"九五"规划中首次提出了"经济增长方式转变"的战略。此后，全社会迅速达成共识，"经济发展方式"必须尽可能迅速地从"资源驱动"阶段转变到"创新驱动"的阶段上来。创新驱动要求的，不仅仅是科学技术，更需要将科学技术转化为生产力的创业才能。但是，创业才能尤其是能够组织知识要素的才能同"转变经济发展方式"的要求相比，过于短缺了。正是意识到这一点，政府部门已经时不我待地将注意力迅速从通过高校扩张积累人力资本转移到对大学生开展创新创业教育上来。

　　创新不是平均和随机发生的，它总是在鼓励创新的文化中表现出更高的几率。在一个大一统的社会里，经过长期教育，服从便成为人格的一部分。这样的社会，大多数心灵的精神气质倾向于模仿，以获得安全感和可预期感，大多数人原本可以向各个方向涌流的心灵就这样被形塑了。传统的威力如此之大，以至于哈耶克这样说道：心灵，不是通过理性，"而是经由传统、教育和模仿代代相传"①。这就是文化传统演进的意义，它塑造社会成员的精神气质和心智结构，使之与人的创业实践更加兼容。

　　文化传统尤其由于历史悠久而有着深厚存量的中国文化传统，其演进转化绝非易事。像林毓生先生说的，"这是务必艰苦而长远的工作，不是任何一个人、一群人或是一个时代的人所能达成的"②。这就需要具有创新、冒险和牺牲精神的那些社会成员率先推动传统的转化。诚然，创业者并不能独自担当文化传统转型的历史重任，但他们毕竟是社会力量中富有创造性、实践精神和建设性的力量，虽然他们可能并不热衷于书写宏大叙事，也不会过多深思自己"处于何种历史地位"这样的问题，但这并不妨碍他们参与历史的改写。作为行动的创业者，他们的天职便是打破常规，无论是技术的、制度的、文化的还是政治的。创业者特殊的气质与心智决定了他们比常人更加难以忍受平庸，愿意付出更大代价去维护市场经济的道德基础、法治与创新的自由，也决定了他们要在常人唯恐避之不及的竞争和冲突中寻找机会，在冒险和成功中获得平静，在震荡和重建中实现自我。这种近乎于"神农尝百草"的工作在缺乏"支撑系统"的社会中是普通人难以为之的事情，从而在他们的活动中能够涌现出新的价值、观念、文化和精神的本土化表达。

———————————

① 参见 F.A. 哈耶克：《致命的自负》，冯克利、胡晋华等译，中国社会科学出版社 2000 年版，第 3 页。

② 林毓生：《中国传统的创造性转化》，生活·读书·新知三联书店 1994 年版，第 324 页。

第三节　创业发展对传统转化的影响

就中国社会而言，由于传统的"求权意志"——表现为权力本位、等级文化——过于浓厚了，使得历朝历代的官吏体系过多地吸引了这个民族的有创业才能的人。并且，权力本位部分地导致了创业者没有取得应有的社会地位，所以才有"士农工商"、"学而优则仕"、"君子喻于义，小人喻于利"、"商人重利轻离别"等诸多不无偏见的看法。梁漱溟对中西文化传统的差异曾有对比："其一，西方人喜平等，东方人好尊卑；其二，"西方人之所以喜新，而事实日新月异；东方人之所以好古，而事事几千年不见进步，自无足怪。"① 因此，文化传统转化的一个重要方面就是为"求权意志"找到最恰当的运用领域。这真可谓是一个古老而深刻的话题。法国哲学家和科学家帕斯卡三百多年前在他的《随想录》中这样说道："我发现的一切不幸都来源于唯一的一件事情，那就是不懂得安安静静呆在屋里。如果懂得快快乐乐地呆在家里，他就不会离家去远渡重洋或者是攻城伐地了。"② 是的，人们需要保持忙碌，需要将能量释放。一旦他们衣食无忧，无聊便成为普遍性的问题，于是他们就要找寻使他们保持忙碌的合适刺激。倘若没有合适的出路，人们便要相互争斗，很难安分守己。

在帕斯卡一百年后，休谟写下了这句话：理性是并且应当是激情的奴隶。是的，观念决定忙碌目标的合理性，理性在观念面前只能处于工具的地位。这也是为什么我们一直把创业行为首先与观念联系起来的原因。现实中可忙碌的事情按照其净效果大致可划分为两个领域：一种是对社会害处较大的，一般社会总效果为负，包括追逐权力、发动战争、组织黑帮等。另一种是对社会净效果为正的，包括艺术创造、技术发明等，志在通过服务他人来获得发展。在熊彼特看来，创业活动就是一种非常温和、健

---

① 梁漱溟：《东西文化及其哲学》，商务印书馆 1999 年版，第 43—44 页。

② 帕斯凯尔：《思想录》，何兆武译，商务印书馆 1986 年版，第 65 页。

康乃至于可以为全社会带来好处的忙碌。熊彼特并不孤单。在人类经受了无数次的社会灾难之后，思想家们包括休谟、赫希曼、霍布斯、哈奇森和孟德斯鸠等人意识到，商业有助于驯化人性中暴烈的激情。如众所知，赚钱是很容易上瘾的，商场也可以如战场一样扣人心弦，令人寝食难安。只要人的激情有了发泄只处，就可以不必为征战讨伐和谋求霸业王位上瘾疯魔了。换言之，这些思想无非是希望用市场代替战场，用创业精神代替武士精神，用追求财富代替追求权力。[1] 在创业发展中释放激情和实现健康的自我，是一种好的激情替代坏的激情，或者说是用最不坏的激情去替代更坏激情的方式。因为创业的主要途径是工作，是为社会创造物质和精神财富，而且还要培养并在交往中散发自己的美德——谦逊、诚实、守法、合作、敬业、专业……孟德斯鸠说："哪里善良的风俗，哪里就有商业。哪里有商业，哪里就有善良的风俗。这几乎是一条普遍的规律。"[2] 这种教化作用也被苏格兰启蒙思想家称作"经济的文明化影响"。

这便是为什么创业发展观念对于今日中国传统创造性转化重要的原因之所在。它既关系到中国人的创造性如果不是被抑制该向何处去的问题，也关系到"李约瑟之谜"的求解和对"布罗代尔钟罩"的突围。韦伯在《儒教与道教》中，提出了儒家伦理不发生现代市场经济的命题。梁漱溟也认为，中国传统自身发展不出适应"知识社会"的"支撑系统"，因为它的精神取向志不在此。所以五四以来，民主和科学成为传统转化的良方。然而，转化不应当完全照搬其他文化传统里被认为成功的观念，而要基于我们自己的传统创造性地寻求这些观念的本土表达。正如林毓生《中国传统的创造性转化》的书名所示，欲往现代化的中国需要一个开放式的精神切口，才能支撑中国的新商道。这个"精神切口"，上应与知识社会相通，下应承接东方的儒道伦理。就今天而言，内含着平等、自由、和谐的"创新驱动"要求创业者们继续带路，接过前人未竟的事业，继续参与推动传

---

[1] 参见艾伯特·奥·赫希曼：《欲望与利益》，李新华、朱进东译，上海文艺出版社 2003 年版，第 52—59 页。

[2] 孟德斯鸠：《论法的精神》下册，张雁深译，商务印书馆 1961 年版，第 14 页。

统的创造性转化，与全体社会成员一道将知识经济内在要求的文明扩展到社会领域中去。

一、扩展自由发展的观念

传统中国没有现代的自由观念。自由，从来都是人发展的目的，亦是发展的条件。马克思之所以提出消灭私有制，是为了建设自由人自由联合的理想社会，归根结底为的是每一个人自由全面的发展。而且，正因为我们不可能预先知道每个人的发展道路，因此只能转而保障每个人的发展自由，从而使每个人在自由的条件下为改善自身境遇而努力。

新的生产方式需要社会为之调整的价值序列，首当其冲的便是自由发展与自由创造的观念及其本土表达。按黑格尔的看法，精神的实质为自由，自由精神的运动就是创造。"竞争三部曲"的作者波特尔也认为，社会成员的创新能力与所处社会的个人主义文化传统密切相关。可以说，自由之所以被我们实践得太少，重要原因在于缺少非自由而不能为之的活动。当创业活动普遍发生时，就会发生自由观念的扩散，越来越多的社会成员意识到发展与创造的自由，愿意承担他们对自由应尽的义务。当越来越多的人产生对常规的不满，越来越多的人对他们自由心灵的向往更加敏感，就会有越多的人卷入到自由的创造中去，从而有越来越大的可能性去成功改造我们身处的传统。

二、扩展平等的道德主义原则和规则精神

对人的发展来说，最为不利的条件之一是不平等。马克思之所以竭力批判资本家，其实就是在批判资本家由于占有资本形成了与他人不平等的权利分布，从而有可能去奴役和剥削工人，侵害他们的发展。法治的缺少或败坏只是加剧了这种不平等。韦伯认为，相对于西方而言，中国传统与平等和规则精神存在较大的内在矛盾。他说，中国人重视的是人治而不是

超越人的规则和法治，更加注重人与人的情感伦理关系而非理性和事与事的行为规范，一切正式的规则法律，均可因人而异，因事而异。因此，市场经济中的平等与理性精神与中国传统文化是内在地排斥的。① 市场固然有坏处，但它的好处是倾向于在交易中把所有人置于一个尺度上。马克思也说过，市场是天生的平等派。虽然，一方面，交换倾向于将一切价值物质化，这点被马克思所极力批判。但另一方面，市场也蕴含着众生平等和"交相利，兼相爱"的互惠利他观念，成为打破"差序格局"的精神动力。市场若不平等，若无法治，长期看便要瓦解。所以马克思说："交换，在所有方面确立了主体之间的平等，那么内容，即促使人们去进行交换的个人和物质材料，则确立了自由。可见，平等与自由不但在以交换价值为根据的交换中受到尊重，而且，交换价值的交换正是一切平等和自由在生产上面的真实的基础。"② 至于市场中的弱势者如何扶助、公私如何划界、公共品如何提供、信仰如何守护，在西方有政治生活和宗教生活可以做相应的调节。2008 年我曾经在英国生活过三个月，学习之余，遍历英国的大小景点。所见所闻，我仅举三例说明之。例一是公私划界。我看到的无论多么著名的景观，都没有权力或商业侵入的迹象。"巨石阵"周围，只有一排活动板房，提供必要的售票、盥洗和快餐服务，国内常见的那些巧立名目的商业套路、搭车牟利的各色项目统统不见。例二是人与人间的关系。多次迷路，每次都有好心人主动、热情和免费护送直到我找到回家的路。汶川大地震后的一周里，不断有路遇的陌生人向我表示难过，房东大妈对我更是关心有加。例三是人人守规矩。英国的火车很少查票，但绝少有人逃票。一是因为其完善的征信系统，使个人对信誉极其看重。二是因为久而久之的法治与道德生活，诚实守信之观念早已入脑入心，是否有人监督反而不是主要的了。其他例子还有很多。无论如何，这令我深刻认识到，市场不仅仅有它独一无二的好处，而且重要的是，它的坏处不是不可

---

① 参见马克斯·韦伯：《新教伦理与资本主义精神》，于晓、陈维纲等译，生活·读书·新知三联书店 1987 年版，第 14 页。

② 《马克思恩格斯全集》第 30 卷，人民出版社 1995 年版，第 199 页。

以控制和加以克服的。

三、弘扬人的主体性

根据奥地利学派的看法，创业发展者的创新行为，明显地与个体的"个性"而不是群体的"共性"密切相关。事实上，所有创新工作者都具有这种个人主体倾向。所以，创业发展弘扬的不仅是创业者自身的主体性，而且弘扬着自由联合体的主体性。因此，知识社会里的创业者具有了与非知识社会里创业者不同的地方——前者需要把富于创造性和主动精神的个体恰当地组织起来，形成自由契约的团队，后者则仅仅需要组织顺从如机器般无个性的劳动者，只能形成过分一致的所谓"不真实的集体"。如果知识社会里的某个创业者真的把他个人的观念意识形态化，那么他所带领的企业迟早将会因丧失活力而消亡。创业者可以甚至必须有观念，它可以是影响团队文化的主要因素，像乔布斯那般，只不过它在团队中必须是分享和阐释的而不是主义的。

因此，社会必须提供更加弘扬个人主体性的环境，而后才有创造性和能动性、繁荣和生机勃勃这回事。这种尊重和发扬必须是给予每一个人的。因为"由于世界的不确定性和人类能力先天的不同质，社会无法预先知道任何个人在社会分工体系里最合适的即最大限度地发挥其企业家才能的位置，所以社会只有预先抽象地、人人平等地承认每个人对其个人努力所创造的财富的'财产权利'，从而当机会敲门的时候，每个人都可能发挥出潜在的企业家能力"[1]。这段说法，换在任何有发展追求的人身上都是一样的。我们不但无法预先知道谁是适合的企业家，也不知道谁是适合的科学家、教育家、艺术家……因此，除了解放人性，使主体有自我之意识、独立之人格、自由之意志、行为之责任去对自己的发展自主自发自决，别无良策。

----

① 汪丁丁：《自由：一段脚踏实地的叙说》，《天涯》1999 年第 2 期。

本书无意也无能力去描绘由新的生产方式所带动的中国传统转化的全盘景象。创业者也并非唯一重要的能动因素，例如伴随着知识经济的那些技术条件，如微博、互联网、手机等，都是天然地带有自由平等倾向的推动力量。在这个全盘景象中，除了自由、平等、法治、主体性，还有科学精神、专业精神、合作精神、敬业精神、发展权利、对知识产权的保护、信誉机制的建立、新的交往形式和那些甚至我们现时头脑无法想象的新的行为规范。它们既包括发展初期的文化因素，也包括在发展过程中产生的我们现在还无法预见的文化因素。①

中国社会的整体转型已经势不可挡。如马克思观察到的，旧的生产方式中已经孕育出了否定自身的物质精神条件。新的秩序要求社会"鼓励所有人在所有可能的方向上充分创新"，因而有望充分地解放人、发展人和实现人。当然，知识社会里人的发展亦非尽善尽美，市场压迫、不平等和社会不公正也不会随之自然消除。物质的极大丰富也不等于消灭一切稀缺。同时，传统的演化也非一日之功。在如此巨大而深厚的传统面前，使"过去十几年在这块土地上发生的变革相形之下如此渺小"②。但是，我们不能站在想象的世界去过分苛求现实。"天下没有免费的午餐"，历史契机所致的现实演化不但不是无代价的，而且也可能是缓慢的。有希望在千年未变的民族文化心理母体里生长出来的新观念，只能是慢慢成长起来的东西，它们天生就不能迅速被获得。这个过程不全是愉快的，甚至可能是痛苦的。如哈耶克一再告诫我们的，自由不但不意味着幸福，在某些情况下——如在没有能力行使自由的情况下——还可能意味着痛苦。但是，正如进化，唯有缓慢和蒙受痛楚，才能使那些适应环境的变化生长为我们身体的一部分而不是植入其中。难道不是吗？

---

① 汪丁丁：《近年来经济发展理论的简述与思考》，《经济研究》1994 年第 7 期。

② 汪丁丁：《制度创新的一般理论》，《经济研究》1992 年第 5 期。

第六章　创业发展观的行为学

　　人的发展不仅仅要求恰当的社会条件，还要求恰当的精神条件。这是不言而喻的。对于不追求发展的人，发展全然无所谓。对于追求发展的人来说，发展几乎就是一切。精神条件之于人表现为发展的观念。虽然第三次浪潮为人的发展提供了新的历史机遇，但是除此之外，人选择什么样的发展目标、道路和所能达到的发展程度，还与人的发展观念密切相关。因此，知识社会里的新人有必要创化关于自身发展的观念去顺应历史，以求得当代条件下更大程度的自由全面发展，这其中最为重要的观念，就是创业发展观。

　　不过，以往我们过多地关注了人的发展的物质条件的变化，例如经济发展、科技进步、交往手段、社会改革等等，但对人的发展观念的研究和如何帮助人在发展问题上做得更好则忽略了。包含着丰富人性的人类发展，必定会因历史条件和自由个性的不同而体现出不同的发展观念。然而，作为现实的个体，每个人都必须生成自己的发展观念，才能去选择、承担和创造自己只活一次的生命。

　　我们知道，人选择何种发展道路，既和他的才能有关，也和他决定如何配置和运用才能发展的观念有关。前者来自于个体天赋及其后大努力，后者却是社会性地建构的。就创业才能而言，虽然它在人群中不是平均分布的，但也绝对不是一些人有而一些人无，充其量只是由于天赋和后天努力在程度和方向上的差异，才导致在不同个体身上蕴存的不同而已。如果不是非要成为乔布斯这般的天才企业家，就人在创业才能上的平均水平而言，几乎人人具备创业的现实可行性。这正像斯密和哈耶克观察到的那样，人的天性中都有交换的倾向和创业的精神，表现为人人都有探求世界和改善生存现状的生命冲动。既然人人皆有一定的创业才能与精神，我们就无法用创业才能高低的区别来解释为什么有些人投身创业另一些人却希望受到雇佣，只能转而考察他们在创业和发展观念上的区别。于是，我们有必要研究创业发展观的建构与发展过程。

在现代维度中，从马克思实践观点所蕴含的超越性内涵来看，创业发展作为一种特定的发展，对人的现实生命存在有着更为根本性的意义，这就需要生活在现代维度中的"现代人"深刻地认识到创业发展观的重要性，并切实地践行创业发展观。个体的创业发展观念反映在行为中，是一系列的基于发展效用判断的选择。这个选择无疑是理性和激情的混合物，这决定着，它的演化规律既不能在形而上的领域内得到解决，也不能完全在实证和经验领域内找到答案，而只能在包含着工具理性和价值理性的行为学领域得到处理。因此，这里要做的工作，首先便是建立一个能够分析发展行为的行为学框架，其次是在行为学框架内分析创业发展观念的确立过程，最后是探讨创业偏好的社会性影响因素。

第一节　行为学的分析框架

人性是丰富的，哪怕是个体这样的最小单位，也包含着人性的所有结构。因此，人的发展观念不会是由某一个因素决定，而是取决于一个价值序列所组成的集合。这个集合，既包括诸如梦想、生命意义这样的超验表达，还包括兴趣、需要这样的经验表达，也包括经济因素和对实现发展预期概率的理性判断。人的自由个性就在于不同的人对上述变量的赋值是不同的。无论如何，有目的的发展行为总是表现为观念在先，行为在后。发展观念和发展行为并不是时刻保持一致的，这就涉及对发展预期实现概率的估计。例如，我们经常会看到某种"迂回"的发展行为——先就业，后创业。这就告诉我们，发展主体的工具理性会对其价值理性加以审视，以确认人不至于陷入盲目的发展当中。"事实上，在人的主体性所表现的人的创造性、能动性和自主性等各个方面。理性因素和非理性因素是统一的、共同起作用的。"①正因为发展是理性和激情的混合物，因而更加适合运用行为学加以研究。因为行为学强调的是对表征生命的行为本身的研究，而理性、非理性、本能、欲望、智力、情感等都是构成人的行为本身的重要因素，必须加以综合考虑。同时，通过行为学对如何践行创业发展观进行分析，也正符合马克思主义哲学对创业发展观的自然主义阐释。为此，本节试图构造一个发展效用函数，为研究发展观念及其与发展行为的关系建立行为学的分析框架，以描述理性和激情是如何协调工作的。

每个人，当他试图确立发展道路的时候，他的主观精神必定经过了黑格尔的意识、自我意识、理性诸阶段并指向自我实现。在这个认识和实践的否定运动中，人的头脑已经蕴存了一大堆符号、体验、知识和可联想事物的集合。用哈耶克的话说，这构成了个人得以思考的"知识传统"。在贝克尔看来，这个过程形成了"个人资本"——人力资本存量中的最重要部分。这是发展观社会建构过程的第一步骤。尽管其历时漫长，但唯有漫长，如黑格尔所说，才终于使个体成为要将自我实践出来的"成熟的人"。如果我们相信人不能在他的"知识传统"之外思想，那么人就只能在他"知识传统"或"个人资本"所限定的"视野"里，想象并选择所有能使他的发展与其生命过程"内在一致"的发展方式，由此建构起人的发展和发展的人自洽地整合在一起的观念体系。

根据诺贝尔经济学奖得主贝克尔对"文化价值观的经济学"的研究，发展观可以看作是人在诸多备选发展方式中所显现出来的某种偏好和"口味"，它"通过对决定未来效用的个人资本存量施加控制，来引导他们自身命运的方向"②。这命运的方向，就是个体希冀沿着某种发展道路可求得

---

① 韩秋红：《现代西方人文哲学对人的主体性研究的基本特征》，《东北师大学报》（哲学社会科学版），1994 年第 6 期。

② 加里·贝克尔：《口味的经济学分析》，万丹译，首都经济贸易大学出版社 2000 年版，第 11 页。

他发展或自我实现的最大化。趋向最大化的过程，就是人的发展观念的外化，展开为一种连绵不断值得一过的生活。虽然，人的发展观念与"个人资本"密切相关，但是没有哪个个体的"个人资本"会唯一和必然地适应于某一特定的发展观念。任何发展观念的最终确立都是主体比较选择的结果。即便是创业才能比较充沛的人，也可能不去创办企业，而是将他的才能配置到政治活动、社区服务、社会团体甚至是组织黑帮——如纽约大学经济学教授威廉·鲍莫尔观察到的，当创业才能不能被疏导到更具建设性的领域时，当地的有组织黑帮犯罪率就会上升。[①] 这就向我们提出一个重要问题：如果特定的个体不是以平均概率或随机地进入任何一个可能的人生，那么人的心灵究竟是靠了什么在虽然多样但不能同时享有的可能人生中进行选择？换句话说，个体如何在相互竞争的诸多发展观念中去确立他的观念，进一步地，个体如何不断修正他的发展偏好与命运方向，以及处理那些在发展过程中不可逾越的问题——例如怎样在发展代价和发展净效果之间判定合理的发展限度，等等。

由于发展观是引发并为发展行为赋予意义的发展信念，它又是人长期连续系统、有目的有意识的活动的行动指南，因此，它的建构就不仅仅是认识论和哲学的责任，因为它不是修身养性的心性之学，而是用来指导生命如何运动的路线图。发展观天生就有实践的精神取向，因而至少不能单独地靠沉浸在养生、音乐、沉思和宗教中获得。同时，它也不适合在纯粹精神分析的框架内进行。因为心理学更加擅长的研究对象是使人作出某个具体行为的力量和因素，而不是支持长期稳定的连续行为的价值偏好与信念。

为了研究这样的问题，贝克尔在冯·诺依曼—摩根斯坦期望效用理论基础上，建立了将内生性偏好纳入到效用最大化的分析框架，从而将行为经济学方法扩展应用到社会和文化领域。他自信地说："没有别的任何建

---

① 参见威廉·J. 鲍默尔、艾伦·S. 布兰德：《经济学：原理与政策》，机械工业出版社 1998 年版，第 103 页。

立在'文化的'、'生物的'、或者'心理的'力量基础上的研究方法，能够具有与这种方法同样的深入思考和理论阐述上的权威性。"[1] 贝克尔的工作为我们分析创业发展观的建构提供了很好的工具。如前所述，发展是人"实质自由（有能力行使的自由）的扩展"，是人"过上有理由珍视的那种生活的可行能力"。于是我们可以继续沿用效用分析的理性主义假设，认为"自由扩展"或"被珍视的生活"对人而言其主观效用为正，因而人才愿意为之奋斗，否则就如米塞斯在《人类行为》中所说，我们将无法把人的理性行为同盲目行为区分开来。如果一个人安于现状，满足于当前的效用水平，"他既没什么希望，也没有什么欲求。他会充分快乐。他将不行为；他过着无牵无挂的生活"[2]。所以，有目的行为的目的总是为"以较满意的情况代替不满意的情况"。发展行为的目的包含在发展观念之中。因此，任何发展观念之所以能够得以确立，也总是因为它所引领的有意识谋取发展的行为可以增进主体的主观效用。

这样，发展对人而言就意味着正效用，未来的发展就是预期的正效用。这就给我们提供了一种可能——构造起一个着眼长期的发展效用函数来描述和研究人的发展观念及其建构过程。

$$I=MAX\{U(X_t,Y_t,Z_t)\times P(X_t,Y_t,Z_t)\}$$

具体来说，在生命时间轴的 t 处，X，Y，Z 分别是主体备选集里的不同发展道路，I 是最终确立的发展观。MAX 为求最大值的函数。U 为贝克尔意义上的扩展了的效用函数，包含着主体对发展问题在 t 时间点的基本判断：自由、梦想、信仰、幸福、价值观、生命意义的表达形式和我们无法一一列举的那些非他莫属的生命特质与内在诉求。不同的发展方式在上述各个方面的效用是不同的，从而导致总效用的差异。但是，主体并

---

[1]　加里·贝克尔：《口味的经济学分析》，万丹译，首都经济贸易大学出版社 2000 年版，第 4—5 页。

[2]　米塞斯：《人类行为》上册，夏道平译，（台湾）远流出版事业股份有限公司 1997 年版，第 56 页。

不能简单地择取总效用最高的发展道路，因为在 t 时间点看来，不同发展方式的实现几率各不相同。因此，发展效用函数还和每一发展方式的"自我效能感"或对实现几率的预期有关。我们在生活中经常会对自己实现某目的可能性进行估计，心理学用"自我效能感"来描述这一预期几率，意指一个人在某个任务情景中对自己能够利用自身资源和技能以达到某一个成就水平的信念。这样，我们引入 P，它代表主体预期发展方式的实现几率。于是，发展效用函数实际上成为了发展方式总效用和实现概率乘积的最大取值。

生涯理论家们对职业决策也有一些描述，典型的例如安妮·罗伊 1990 年用 12 个因素来解释一个人的职业选择。12 个因素可归为四个不同类别，形成了一个公式。12 个因素分别是：性别、总体经济状况、家庭背景、机遇、朋友群体、婚姻状况、一般教育、后天特定技能、生理特点、认知能力或特殊天赋、气质与个性、兴趣和价值观。[①] 事实上，人们在面临职业决策时，上述 12 个因素一般都是间接地参与其中，因为现实中的主体既不可能也无必要进行定量和细致的计算，只能将它们整合为关于效用和概率的整体性感受。基于同样道理，对于其他类似的职业决策方法我们不再加以阐述。

通过建立发展观的行为学分析框架，我们发现：

第一，发展观是事实判断和价值判断的混合物。马歇尔在《经济学原理》开篇写道："世界的历史是由宗教和经济的力量所形成的。"[②] 这两种力量也共同造就了人的发展观。这一点不难获得共识。发展观不是不问结果只问心的，它一定是价值和事实的混合物。虽然发展不是由经济动机引发，但它并不是不涉及理性的利害考量。如果一个信念不能被实现出来，或者实现的代价过高，如飞蛾扑火般，那么人的理智将倾向于把它筛选出去，从而使人们可以区分正常和疯狂的行为。也如叔本华所说，稳定的因

---

① 参见罗比特·C. 里尔登等：《职业生涯发展与规划》，侯志瑾等译，中国人民大学出版社 2010 年版，第 9 页。

② 马歇尔：《经济学原理》上卷，朱志泰译，商务印书馆 1964 年版，第 23 页。

果性联想是使主体得以区分现实与虚幻的唯一根据。所以，发展观永远是理想主义和实用主义的混合物。

第二，发展观涉及的事实和价值判断符合"休谟法则"。像发展观这样其决定因素较为复杂的观念，它包含的事实判断与价值判断极容易被相互混淆。最早是休谟发现了这个问题。休谟认为，价值判断具有独立性，它绝不能从事实判断中推导出来，即从"是"（实然）推不出"应该"（应然）。这便是著名的"休谟法则"。这就告诉我们，一个能够百分之百实现并且物质回报足够高的发展方式未必能够完全满足主体在"价值"上的需要。例如，历史上，宋徽宗赵佶和明熹宗朱由校都不喜治国平天下。前者是有名的书画家，后者专攻于木工和漆工。《先拨志》对朱由校有载："斧斤之属，皆躬自操之。虽巧匠，不能过焉。"文献说道，天启帝"朝夕营造，每营造得意，即膳饮可忘，寒暑罔觉"。朱由校专注于木工手艺的发展，大明朝却在他的手上摇摇欲坠，可见其在皇帝的发展方式中全然没有找到自我实现的影子。

第三，发展观是演进变化的。发展观不是一成不变的，它沿时间轴可变动，满足连续性假设。但是，发展行为却未必是连续的，它可能发生激烈和突变式的转向。首先，内生偏好因其"内生性"而具有相对稳定性，而且，社会文化传统对抛入其中的个体而言也可以看作是"给定"的。因此，发展偏好虽然并非一成不变，要随时接受主体对它的复核，但是无论发展观作何变动，这种变动都是渐进连续的。发展偏好的连续性改变达到某一阈值可能导致发展行为的突变。这样看来，企业家在事业如日中天的时候急流勇退就很容易理解了，因为此时此刻，一种安定舒缓的全新生活具有更高的效用。各行各业的人都可能发生这种被认为是突如其来的转变。大卫·李嘉图曾经是一个非常成功的证券经纪人，但在成为有钱人之后，单纯的发家致富已经不能让李嘉图看到人生的意义了，于是他在27岁那年决定投身经济学研究，最终正式建立了古典经济学的理论大厦。其次，人对发展方式实现几率的判断必然随时间不断变化。可以设想，一个大学毕业后选择就业的人，当他在职业生涯中积累了足够经验后，判断创业成功的几率可能远远大于刚刚步入社会的时候。

第二节　创业发展观下的发展行为选择

对于一个准备从业的人来说，他第一次面临发展道路的选择——无论艰难还是轻易地——通常是在就业和创业之间作出的。作出何种决定，取决于他对发展方式在未来可能产生各种后果的想象与评价。用经济学的语言说，不确定性条件下的选择，取决于决策主体在那一刻预期哪种决定可以获得最大化的效用。根据贝克尔的看法，人们对此种效用的判断与一般消费品不同——不是基于传统的效用函数而是扩展的效用函数，因为其中必定包含着非常重要的个人资本存量——由价值观念所决定的那些对生活方式和人生意义的理解。

价值，密尔定义之为"感受到的重要性"。在怀特海概括的人类思维的一般次序中，也把"感受到的重要性"置于"表达"之前。在现实情境中，全部重要性通常是一组感受。例如，人们对就业的重要性感受可能包括确定性、稳定性、清晰性、手段性、可预期性等；对创业的重要性感受可能包括自主性、开创性、挑战性、目的性、成就感等。它们构成了一个人对从业状态乃至人生整体判断的价值序列。不同个体的价值序列不可能完全相同，同一项价值对不同个体也可以有不同的效用，因为并非所有人都想要同样的东西，或同等强烈地想要某种东西。例如裴多菲说：生命诚可贵，爱情价更高，若为自由故，两者皆可抛！人们在选择发展方式时会表现出各自不同的人生偏好，所谓人各有志。由已知价值偏好和生活经验，人在头脑中可以演化出各种（1—X）就业或创业行为可想象后果的集合，包括物质生活条件、自由程度和自我实现水平等因素在内的可想象的人生，同时判断各种后果的效用和出现的概率。（见表1）

表 1　从业行为后果序列

可想象后果的集合	后果评价	
	概率	效用
就业（1—X）	概率（1—X）	效用（1—X）
创业（1—X）	概率（1—X）	效用（1—X）

把效用和概率的乘积再进行排序，就得到了一个关于所有备选决定的序列，排在最高位置的，应当是从业决定的首选。这就是最早从拉姆齐的论文《真理与效率》中而来的预期效用函数的最简洁算法。我们可以由此推测这样几种典型情况：

第一，高概率和高效用。一份异常稳定而体面的工作，例如公务员，对某些人而言具有很高的效用，并且只要获得这一身份，即便晋升缓慢，获得高效用的概率仍然足够高。

第二，高概率和低效用。即便可能谋取一份高收入的稳定工作，但它却可能对主体只有很低的效用。因为按部就班、日复一日、囿于常规的生活实在难以安顿那些富于创造性的个体四处涌流的激情和那颗不安现状的心灵。

第三，低概率和高效用。尽管创业成功是低概率事件，但它的从业过程对某些人而言具有足够高的主观效用，使他对创业行为的后果评价可能远远超过一份高收入的雇员工作。当然，如果概率足够低，也可以导致人作出相反的决定。例如目前大学生中普遍存在的"高创业倾向，低创业参与率"现象。

这几种情况只是主体在某一时刻对就业或创业后果的预期。预期并不会到此结束，它还会沿时间轴一直变动下去。我们不难理解，一个职场老手预期创业成功的概率可以远远超过他刚刚大学毕业的时候；一个事业辉煌的企业家所重负的社会责任或创造力的枯竭，也可能让他身心憔悴从而极大地降低效用水平；一个循规蹈矩的普通雇员也有可能幡然领悟了创造性生活的意义，从而有了足够的勇气投身创业，突然和激烈地改变了他的人生路向。这样的案例到处可见。马云毕业后，先后在杭州电子工业学院和中国外经贸部工作 11 年，1999 年才辞去工作，创办了阿里巴巴集团。苹果公司总裁乔布斯在他 56 岁的时候宣布辞职，仅留任为董事会主席。法国重农学派代表人物魁奈的正式职业是医生，一度担任法国国王的皇家御医，直到 60 岁的时候才开始研究经济学。通过以上分析，我们现在可以解释这些现象：为什么某人愉快地接受了一份工作，而有人只是不得不这样做？为什么有人会拒绝一份不错的职位而去创业？为什么很多人在积累了工作经验之后会突然"下海"？

这就是发展行为选择的一般过程，我们看到，它是主体判断力对各种可想象后果进行评价后的比较择优。评价包括效用和概率两个方面。其中，对概率的判断取决于主体的理性能力，对效用的判断取决于主体的价值选择能力，表现为主体对所有感受到的重要性进行排序后所形成的价值偏好。二者之间，价值是主，理性为奴，价值观的可演化性质也不影响它的决定地位。休谟在 1747 年写下的这句话——"理性是并且应当是激情的奴隶"，在发展观确立中得到了最高体现。是的，理性只是目标的工具，它不问目标的合理性，而只问目标的可行性。因此，发展观的确立是行为主体高度理性和自我意识的交互协同，是它们在逻辑学和思辨哲学中展开自身内容的联合运动。所以，在人类活动所表现出来的多样性精神现象中，发展观的建构是这样一种心智现象：它是自我进入到"有意识进化"阶段以后，在职业生涯中自我认识、自我发展和自我实现的意识运动，它设定了自身发展的目的和道路并在意识运动中不断演化，为的是帮助主体趋向自我实现的最大化，如黑格尔所说："意识在趋向于它的真实存在的过程中……达到一个更为完备的存在形式，使自己成为自在地所是的那个东西。"①

虽然不同的发展偏好具有不同程度的外部性，但我们无意判断哪些个体应当持有哪些发展偏好，或者哪些偏好优于另一些偏好。虽然一个具备共识的社会应当存在某些主流价值观念及其说教，但对个体而言，他的

---

① 　黑格尔：《精神现象学》，贺麟、王玖兴译，商务印书馆 1979 年版，第 62—75 页。

发展观念总是内生和自身寻优的。"理性的人们支持他们自己的生活方式，也就是说，是否理性取决于生活的方式……因此不可能存在一个其行动对于每个人来说都是理性的行动集。"[①] 所以，我们绝不对发展观的最高和最后目的作出在价值上优劣的判断，也无意指出特定的个人应当如何发展，只是客观地指出如果人偏好某一发展样式，他就将如何行为。

第三节　创业偏好的社会形成

创业偏好是社会性地形成的，是一个极其复杂的人与世界的交互过程。迄今为止，对创业偏好的认识还没有得到十分深入的探究，例如经常有人会误以为创业者是天生的或者只是为了更成功和更富有才这样做。因此，本节要对创业偏好进行探究，包括辨析经济因素和非经济因素的关系，论证几种主要的社会性影响途径、判明价值观和兴趣、需要在创业发展偏好中的应处位置。

一、经济偏好和非经济偏好辨析

为了更好地对创业发展观中的价值偏好这一决定性因素进行分析，我们需要首先讨论人们对经济和非经济因素两种"重要性感受"之间的关系。众所周知，同就业相比，创业无疑是一种高风险和高收益的行为，这使就业和创业具有了风险高低和经济得失上的区别。这些区别虽然不是全部甚至不是最重要的，但它们是如此直观和明显，以至于创业行为经常被曲解为由纯粹的经济动机所驱动，进而遮蔽了经济无非是"心灵得以自由地追求生活中更高尚的事物"的必要手段这一事实。经济的用处绝不是像它在

[①]　加里·贝克尔：《口味的经济学分析》，万丹译，首都经济贸易大学出版社 2000 年版，第 17 页。

表面中所呈现出来的范围——"仅仅涉及生活中次要的或者甚至是比较低级的方面"——那么简单，而是与人的自由与发展息息相关。

哈耶克在批评宣称经济与自由无关的观点时这样说道："这主要是一种错误的观念所造成，即认为有一些纯粹的经济目的，与生活的其他目的是毫无关系的。然而，除开守财奴的病态案例以外，就不存在纯粹的经济目的。有理性的人大都不会以经济目的作为他们活动的最终目标。严格说来，并没有什么'经济动机'，而只有作为我们追求其他目标的条件的经济因素。在日常用语中被误导性称为'经济动机'的东西，只不过意味着对一般性机会的希求，就是希冀取得可以达到不能一一列举的各种目的的能力。如果我们力求获得金钱，那是因为金钱能提供给我们最广泛的选择机会去享受我们努力的成果。因为在现代社会里，我们是通过货币收入的限制，才感到那种由于相对的贫困而仍然强加在我们身上的束缚。"① 如果将哈耶克的这一思路扩展到创业发展中，它应该这样表述：追求看似经济目标的创业过程本身，便即蕴含了诸如"自我实现"、创造性生活、"高原体验"、成就感等"更高尚的事物"。和经常做好事的人会获得道德上的声望一样，经济成就只不过是这种特定条件下恰好表现出来的某种外在成就，充其量只能算作是创业发展的副产品而已。西方高额的累进遗产税和企业家大手笔的社会捐赠都印证了这种情形，所以他们"一边拼命地赚钱，一边拼命地捐钱"。韦伯也把西方企业家身上这种普遍的"天职"精神同新教伦理联系起来。韦伯说："上帝应许的唯一生存方式不是要人们以苦修的禁欲主义超越世俗道德，而是要人们完成个人在现世里所处的地位赋予他的责任和义务，这是他的天职。"②

哈耶克的洞见，无疑帮助了我们从纠缠在一起的各种经济与非经济的从业动机中摆脱出来，使我们可以更加简明有效地来观察人们的发展偏

---

① 哈耶克：《通往奴役之路》，王明毅、冯兴元等译，中国社会科学出版社1997年版，第88页。

② 马克斯·韦伯：《新教伦理与资本主义精神》，于晓、陈维纲等译，生活·读书·新知三联书店1987年版，第59页。

好。于是我们看到，在创业、就业两种选择面前，每一个人尤其是那些对特定价值更为敏感的个体，他对发展道路的选择。如果对它进行持续和彻底的追究，我们终将会感悟到：（1）它不是在"物"的层次上发生的，因为我们迟早都将在"此在"的层次上体会到亚里士多德在两千多年前对我们的告诫："财富显然不是我们追求的东西；它只是有用，而且是对其他的事物有用。"① （2）它发生在"心"的层次，这些心性诉求源于"人应当怎样活着"的苏格拉底之问、克尔凯郭尔"你怎样信仰，就怎样生活"的价值省察、马克思"人全面自由的发展"和马斯洛"自我实现"的理想召唤。

此种比较中的决断——决定"放弃哪些可能性以便落实另一些可能性"，如阿伦特所言，"是人得以决定将成为'谁'，人想在现象世界中以何种方式表现自己的内在能力"② 。因此，无论创业或就业，都是通过实现环境的潜能创造人的具体的发展过程，从而承载着一个人的真实生活，决定着他所能扩展出来的自由限度。这个决定无疑是个人史上的重大事件，因为它完成了"意志的准备阶段"并引发了足以深刻改变人生演化方向的相应行动。它不是关于一般生活问题的决定，也不是一场有关人力资本收益率的估算，而是主体的自由意志选择了何种路径要将自由实现出来。说到底，这是在不同的发展方式之间进行的抉择。虽然，人的发展，像伯格森的"生命之流"一样，如同大海里的一滴水，包含着在各个方向上发展的可能性，但任何发展，按照诺贝尔经济学奖得主阿马蒂亚·森的看法，都是"自由的扩展"，而且，这种自由是那种具体而真实的"实质自由"，具体而言，是人"过上有理由珍视的那种生活的可行能力"③ 。在这个意义上去理解作为人发展方式的创（就）业，我们可以得出

---

① 转引自阿马蒂亚·森：《以自由看待发展》，任赜、于真译，中国人民大学出版社2002年版，第10页。

② 汉娜·阿伦特：《精神生活·思维》，姜志辉译，江苏教育出版社2006年版，第239页。

③ 阿马蒂亚·森：《以自由看待发展》，任赜、于真译，中国人民大学出版社2002年版，第3页。

以下两组结论。

第一，主体判断力的运用在以下两个方面的差异导致了不同的选择：(1) 什么是他"有理由珍视的生活"。(2) 什么是过上这种"生活"现实可行的演化路径，即如何拥有过上这种生活的"可行能力"。

第二，从第一组结论可以推知从业决定所具有的的三个性质：(1) 这是将由人生意义唤起的价值和理想付诸实践的决定。(2) 确立发展观的理由和行为的后果是可以或者至少不是完全不可预期的。换句话说，确立发展观的能力是可以加以改进的，这意味着观念教育是可能的。(3) 确立发展观的理由和内容是因人而异的，不存在一概而论的标准。

二、创业发展偏好的社会性因素

(一)"信息基础"

此处的"信息基础"是阿马蒂亚·森意义上的。就目前的教育状况看，相对于就业劳动而言，创业劳动的直接或间接体验在一般个体的生活经验中是严重匮乏的，以至于"信息基础"的范围限制了个体以"更知情的方式"作出判断。我们一般认为，如果观察到一个人在备选生活 X 和 Y 中选择 X 而放弃 Y，就表明按照这个人的效用函数，X 生活的价值高于 Y 生活。问题是，在熟知 X 生活并陌生于 Y 生活的情况下，X 生活可能从未引发我们任何建设性的思考并成为一个真正具有竞争性的备选生活方式。

"实质自由"始终是经由选择落实的，而备选的集合明显地受制于包括主客观两个方面的信息基础。人的发展始终是客观和主观因素相互依存作用的结果。一个无知的人怎么可能是自由的呢？[1] 这和苏格拉底论证自由意志和知识之间的关系颇为一致。托马斯·阿奎那在苏格拉底之后提

---

[1] 参见马讷里：《自由的三个概念：康德—黑格尔—马克思》，载刘小枫、陈少明主编：《血气与政治》，徐长福译，华夏出版社 2007 年版，第 168 页。

出，人的任何自由意志的前提在于对所选择（放弃）的东西的认识，人的自由就是基于知识而存在的那种必然性。所以，自由除了是指用关于对象的真实的知识作出决定的能力之外，不指任何别的东西。信息基础问题，相当于为我们指出，创业观教育的任务之一，一定是营造适当的环境去扩展受教育者的信息基础。

（二）"社会资本"

在贝克尔看来，个体效用函数中的诸多变量紧密依赖于群体行为的累积效应，即所谓"社会资本"。作为大学生从业的常态，个体对就业劳动的偏好宏观集结为"社会资本"，它是显著影响个体行为而不显著地受个体行为影响的行为因素。按照贝克尔的分析，一个人穿什么衣服在很大程度上取决于他身边的其他人穿什么。同样，父母的职业也会影响到子女的发展偏好。就当下而言，社会资本在总体上是偏向就业的。除了传统的因素，一个相当重要的原因是转型期的高贴现率逼使人们追求稳定。我们知道，创业活动的发生严重依赖于创业者对较远未来的判断，越是稳态的社会越能够提供可预期的经营环境和创业目标，人们就越愿意哪怕牺牲当前的部分效用去从事那些能提高未来效用的活动。反过来说，越是在支离破碎和变幻莫测的转型社会里，越没有人愿意承担创新的风险，稳定的价值也就越高。这里，一个众所周知的事实是近年来的"公务员热"。

（三）"符号反应"

米德认为，在社会交往中，符号是可以表示另一种事物的事物。例如创业或企业家这一符号，包含着比创办企业深远得多的含义。我们知道，由于教育、文化和意识形态等方面的原因，创业活动的个人与社会意义不能被完整和真实地呈现出来。普通人感受到的，可能是一知半解甚至是扭曲的东西，从而导致人们对企业家身份认同感的减弱。例如，企业家个人成败易于观察但其社会意义不易观察、学校思想政治教育对企业家和资本家职能的混淆，等等。

三、创业发展偏好中价值观、兴趣、需要的关系

在目前的生涯理论当中，价值观与兴趣、需要、技能通常并列为"自我知识"的核心内容。在我们看来，技能决定着自我效能感的强度或决定着可想象后果的实现概率；价值观、兴趣和需要决定着可想象后果的集合。对于三者的关系，职业心理学的领军人物、美国俄亥俄州立大学心理学系教授塞缪尔·H.奥西普介绍了以下两种观点：（1）三者具有很大程度的重叠性，甚至就是一回事，以至于试图区分三者没有任何意义。这种观点以桑代克、魏斯和戴维斯（Thorndike，Weiss & Dawis）为代表。他们研究了斯特朗职业兴趣量表、明尼苏达职业兴趣量表和明尼苏达重要性问卷、爱得兹个人偏好问卷得出的结果，进行了对比分析，表明这些量表的结果具有高度相关性，至少在技术上是难以区分的。（2）虽然三者之间存在一定的重叠，但是各自存在着一些重要并值得坚持的差异。这种观点以卡茨和贝尔德（Katz，Baird）为代表。他们认为，三者之所以在测量结果上高度相关是由于量表的缺陷造成的，因此不足以证明它们可以相互取代。[①] 塞缪尔·H.奥西普本人对这两种对立的观点不置可否，他承认这个问题目前确实"是无定论的"。在我们看来，在一般意义上对三者关系的争论，并不影响我们认为的在创业发展偏好中观念的主导性地位。创业的兴趣和需要，完全是创业观念所引发的。如前所述，创业才能事实上是一种核心和可迁移的才能，在不同的文化和社会环境下，可以配置到不同的领域，例如政治活动、黑帮犯罪活动、社团活动等等。在开放性的环境下，创业才能更是呈现出多元化的配置。可以设想，与上帝面前人人平等的宗教传统相比，在官本位的文化传统中，人们对权力感兴趣或有需要的

---

① 参见塞缪尔·H.奥西普：《生涯发展理论》，顾雪英等译，上海教育出版社 2010 年版，第 152 页。

比例要明显高出许多。但是，没有人生来就有做官或者创业的兴趣，有的只是生命本能当中对自由、控制等的需求。例如，除非经过长时间的驯化，不会有任何一个婴儿会愿意肢体受到束缚。那么，为什么人人对自由和控制有着与生俱来的兴趣和需求，但是在不同的环境下对发展道路的选择却可以表现出很大的差异呢？答曰：观念。哈耶克对此进行过考察，他说道："根据我对世界的全部了解，有一些人，一旦面前出现了改善条件的可能性，又不会因其同胞的压力而受到阻止，他们就会去尝试这种可能性，这种人在人口中所占的比例，到处都是一样的。在许多新兴国家，令人可悲地缺少这种创业精神，并不因为每个居民无法改变的习性，而是现行的习惯和制度对他们施加的限制造成的。"[1] 回顾计划经济时期，人们对创业所蕴含的核心价值的兴趣和需要在当时未必比现在要少，但对当时人们却普遍对创业行为持敌视态度，甚至对人私自捕鱼、卖鸡蛋、种自留地等行为，都要"老鼠过街，人人喊打"，当作"资本主义尾巴"而割掉。

于是我们看到，社会总偏好可以通过改变观念来塑造个人的兴趣和需要。所以，哈耶克写道："心灵是文化演进的产物，而不是文化演进的向导。心灵更多地基于模仿，而不是基于明智或理性。"[2] 波特尔也注意到了这一点，他说："历史上的发明创造几乎都是个人行为而不是集体行为。"[3] 人的创新精神与所在国家的个人主义文化传统密切相关，越是个人主义占主导的文化，创新的密度越大。反过来，在"反个人主义倾向"的文化传统里，"过分一致"的观念必定会妨碍创新，形成汤因比所说的"文化陷阱"。

综上所述，创业的兴趣与需要是源自生命搏动、自主呼吸和改善境遇

---

[1]　弗里德里希·冯·哈耶克：《哈耶克文选》上册，冯克利译，江苏人民出版社 2000 年版，第 117 页。

[2]　F.A. 哈耶克：《致命的自负》，冯克利、胡晋华等译，中国社会科学出版社 2000 年版，第 21 页。

[3]　汪丁丁：《知识印象》，中信出版社 2003 年版，第 128 页。

之诉求。在开放的环境下，这种生命诉求的实现存在着包括创业在内的多种竞争性方案。在不利于人创业发展的社会条件下，环境可能通过阻碍观念的创新来阻断人的创业兴趣和需要，甚至使之根本不可能生成。兴趣和需要最终能否指向创业或是移情他处主要取决于个体生长于斯的环境对他观念的塑造，其次在于教育能否启迪心智、开掘自我，鼓励一切人的观念在一切方向上充分涌流。

第七章　创业发展观的演化论

　　包含着丰富人性的人类发展，必定会因历史条件和自由个性的不同而体现出各种不同的发展观念。既然创业发展观是一种具有时代性、科学性和先进性的人的发展观念，是引发并为人的创业行为赋予意义的信念，是人连续长期系统、有目的有意识活动的行动指南，而且，创业发展观的发生发展有规律可循，具有"可教化性"，那么，我们自然应当关心此种发展偏好的发生过程及其演化发展的规律，以期更好地指引和运用这种力量。一方面使人的创业行为受到确切的指引、与人生发展更为协调，帮助人在创业中实现自我；另一方面为社会教化和教育的介入提供理论基础。社会学基本定理告诉我们，一个社会如果长期没有教化机构，便要瓦解。维系社会并促其发展的那些偏好结构，必须由社会教化机构灌输给下一代，这就需要对创业发展观念的演化过程与内在规律进行深入的探讨。

第一节　发展观的现象学与发生学分析

　　现象学的口号是"回到事物本身"，而这也代表了一种哲学态度和方法。他们不把任何现成存在的理论作为自身分析问题的开端和依据，而以现象本身为起点，对现象进行描述、分析，使人们了解现象本身。发生学研究的是人类知识结构的生成，它属于逻辑推理的范畴，主要阐释知识从一个阶段向另一个阶段过渡是如何和为何发生的。从这两个角度来对创业发展观中意识的产生与发展进行认识论考察，与创业发展观的科学主义内涵相符。

人的发展之所以发生，首先是由于人存在着对立物，而且对立物限制了他的自由，令他痛苦。如果人感到饥饿，那么饥饿就是他的对立物，因此他必须寻求食物。食物的匮乏无疑限制了他的自由，甚至可以达到非常极端的程度。作为本能，人的意识——哪怕只是在人最为原始的发展水平上——也会使他感到饥饿。而一旦他意识到他的对立物，便会产生受限的痛苦，本能地要去克服它，哪怕只是发出啼哭的信号。所以，伯劳代尔把人类历史看成是人们为改善生存状态所做的不断突破物质和精神双重对立物的努力。对人的发展来说，对立物兼具否定与肯定的双重作用。在黑格尔看来，人的发展其实就是一个自由及其对立物的扬弃形式，是运动着的否定性对立统一的辩证过程。这种自由的对立物便是黑格尔所说的"否定性"的东西。这种否定不是一否了之、一无所获的徒然否定，而是有肯定的否定，是积极的、具有创新意义的否定。黑格尔曾经用花蕾、花朵和果实的例子来描述这种不断实现自身的否定。从花蕾、花朵到果实，前一个总是被后一个否定，但是它们一个比一个更为接近本质，直到长出果实实现自身。虽然这些形式是相互否定的，并且相互排斥、互不相容，然而因为人的发展是永不停息的流动过程，"它们的流动性却使它们同时成为有机统一体的环节，它们在有机统一体中不但不互相抵触，而且彼此都同样是必要的；而正是这种同样的必要性才构成整体的生命"①。

固然，人的发展绝不是斯多葛主义认为的纯粹思想发展和意识运动，但是，这种被思维所意识到的否定性是引发运动的力量，是人发展的内在动力。它起作用的前提是人可以意识到他的对立物。很多时候，人的对立物并不像饥饿那样容易和直接地被意识到，例如接受雇佣劳动的人也许没有意识到他的创造性被严重压抑了，尤其是那些物质生活水平较高的受雇者很难感受到异化劳动的痛苦。因此，对基于自由扩展的发展来说，意识的发展是如此重要，因为自由始终是"自己意识到的自由"，是"在意

---

① 黑格尔：《精神现象学》上卷，贺麟、王玖兴译，商务印书馆1981年版，第2页。

识中被自我意识所掌握的自由"。意识的发展水平决定着人是否能够和如何去辨识他的对立物，从而决定着人的发展要求和他能够现实达到的发展水平。

根据黑格尔指出的意识发展演化过程，人的意识发展历经"意识"、"自我意识"、"理性"三个从低级到高级的阶段。在不同阶段，发展呈现出不同的实在状态。

一、"意识"

这一阶段由存在顺序的"感觉确定性"、"知觉"、"知性"三部分组成。在"感觉确定性"的阶段，主客关系处于混沌不清的状态，人对对立物的感受只是最感性、最单独、最个别的"这一个"，黑格尔把这称作"最贫瘠的真理"。在"知觉"阶段，主客体不再混沌不清，意识的对象是外在和独立于主体的，对立物与主体是纯粹对立的关系。人能够辨别出处于客体之中的对立物，而且，人对对立物的认识从"这一个"达到了"共相"，即它不仅仅是独立自存的，也是与其他事物相联系的，是个别与普遍的统一。不过，意识虽然认识到了普遍性，但只是把彼此并列的事物联系在一起，还没有认识到它们背后的共同本质。意识继续向前发展，在"知性"阶段，意识对事物本质的认识摆脱了感性的制约，试图把握事物的本质。但是，"知性"仍然把事物的本质看作是自身之外的，而没有把它看作是意识的本身。黑格尔指出："事物的内在核心对于意识还是一个纯粹的彼岸，因为意识在内在核心里还不能找到它自己；它是空的，因为它仅仅是现象的否定，就肯定方面说，它只是一单纯的共相。"[①]黑格尔认为，客体的本质就是意识自身，因此，"一个他物，一个对象的意识无疑地本身必然是自我意识，是意识返回自身"。这样，意识就进入到了自我意识的阶段。是的，对立物之所以存在，是因为外在和内在、主客之间的对立。所

---

① 黑格尔：《精神现象学》上卷，贺麟、王玖兴译，商务印书馆 1981 年版，第 97 页。

以，认识对立物也就是认识自身，或者反过来说，没有对自身的认识，就没有对对立物认识的可能性。因此黑格尔说：自我意识是意识的真理。这样看来，需要扬弃过程而不是并且也不能够简单识别的对立物绝不可能绕过自身而得到认识，它必须建立在"自我"之上。

为了更好地理解人的发展在"意识"阶段的演化过程，我们可以设想这样的例子：幼儿看到大人在屋子里走来走去，只是出于模仿，他本能地否定了爬行。于是幼儿开始尝试并在失败中逐渐意识到站立和平衡是他的对立物，但这仅仅是对"这一个"的认识。当他可以在屋子里走动以后，他又会逐渐意识到，原来"走"是一个更加普遍的概念，因为走可以把他带去任何想去的所在。意识继续向前发展。在"知性"阶段，人终于领悟到，比可以去任何地方更为本质的问题是：我欲往何处？

二、"自我意识"

在自我意识阶段，一方面，意识进一步以自身为意识的对象，从"对于一个他物的知识"转向了"对于自己本身的知识"。自我越凸显，主体把自我实现出来的欲望就越强烈。像费希特在 1912 年《伦理学说》里问到的那样："当自我真正地、实际地在那里时，自我必须如何表现其自身？"[1] 从这时起，人发展的控制权从"意识"交给了自我意识。另一方面，黑格尔认为，随着自我意识的发展，人将会认识到，自我意识的实现是具有社会条件的，它必须被其他社会成员的自我意识所承认，同时对他人的自我意识予以承认。人的发展一定是在这种"相互承认"的关系中获得现实推进的。失去了意识发展的社会条件，自我意识要么很难产生，要么走向异化，极端的情况如印度"狼孩"。黑格尔的这种思想经由哈马贝斯、胡塞尔等人发展为"交往理性"和"主体间性"。"相互承认"意味着相互

---

[1] 费希特：《极乐生活指南（第二讲）》，载梁志学主编：《费希特著作选集》第 5 卷，商务印书馆 2006 年版，第 35 页。

依赖但并不必然意味着相互平等，它在现实中常常表现为一种并非对等的相互承认。这一点在劳动中尤其明显。在具体的社会分工中，雇主和受雇者可以相互承认，但是受雇的劳动者（虽然可能不是全部）会逐渐感到异化劳动的痛苦、物对他的统治、主奴关系的压抑，他过去习以为常的价值和秩序会遭到动摇。这被黑格尔称作"苦恼的意识"。不过，这种苦恼的否定性乃是有利于实现自我的。黑格尔说道："正是在劳动里，奴隶通过自己重新发现自己的过程，才意识到他自己固有的意向……通过劳动，意识回到了自身。""意识在它的命运里认识它的目的和行动，在它的目的和行动中认识它的命运，在这个必然性里认识它的本质。"① 于是，在自我意识的最后阶段，人为自我实现阶段的发展做好了准备，因为人掌握了"他物的知识"和"自身的知识"，二者的结合和统一推动意识发展进入第三阶段——"理性"。只有在"理性"阶段，人的发展才不至于是抽象和脱离现实的。是"理性"设定了目的和中介，"使自己成为自己自在地所是的那个东西"，最终达到一个更为完备的存在形式的发展过程。因而黑格尔说，自我实现就是"自我意识的理性的实现"。②

三、"理性"

在黑格尔看来，"理性"是人自我实现的必要阶段。"'理性'不是单纯的'我'，它的'任务'在于知道真理，在于将'意识'所当作一种事物的东西作为概念，把它寻找出来，即是说，'它要在事务性中仅仅寻找出它自己的意识'"③。这就是说，如果人要发展，人就要通过理性形成以自我为基点和内容的发展观念，这个观念就是关于他自身真理的可以"说出来"的理性表达形式。这是最为特殊的观念和言说，因为只有"说出来"的发展观念，才是排除了个别的自我意识而达到了对自身认识的普遍性。

---

① 黑格尔：《精神现象学》上卷，贺麟、王玖兴译，商务印书馆 1981 年版，第 243 页。

② 黑格尔：《精神现象学》上卷，贺麟、王玖兴译，商务印书馆 1981 年版，第 233—234 页。

③ 张世英：《自我实现的历程》，山东人民出版社 2001 年版，第 115 页。

同时，个体只有在理性阶段对世界整体理解的基础之上，才能达到个体对发展在观念上的真正把握。所以黑格尔说："真理是整体。"这就有如盲人摸象，一群盲人所说出来的整体才构成真理。

这样，"理性"历经"观察的理性"获得了关于自我、自我实现和自我实现的对立物及其否定性的知识，排除了主客的个别的同时占有了整体和普遍。在自由意志实现自身的要求下，此刻的"理性"已经不再满足于仅仅是认识，而是要进一步去指导实践。这个目标是通过"理性"的第二种形态——"行动的理性"，向理性的第三阶段——"自在自为的实在的个体性"——的过渡而达成的。人不但要在实践中把自我当成对象去加以认识和检验，而且还要在实践中实现自我。所以，黑格尔认为，理性的自我意识必须通过其自身的活动才能实现于客体之中。主体只有在实践中把自己转换为意识的对象，才能在实践中去实现这个对象。通过对自我的认识、检验和实践，人的主观精神终于踏入理性的第三阶段，正式拉开了自我实现历程的帷幕。

经过上述诸阶段，人的发展将要或者已经指向了自我实现。与之前的阶段相比，人的发展开始表现出一种特殊的性质：自由不断扩展所实际达到的程度，它在这里持续呈现出一种与人不断复归的本质相自洽的状态。这种自洽是一种永不休止的经对立与和解而来的均衡。一旦维持均衡的某些条件发生变化，被打破的均衡就开始瓦解并继续运动，从一个自洽状态演进到下一个自洽状态。这样的自洽是自为和自在同一的，人实现的正是他潜在所是的东西；它还是互为现象的，自由是本质的现象，本质也是自由的现象，它们都在对方中表达和印证自己；它还是互为目的和手段的，像硬币的两面那样成为同一事物的不同表现形式。于是，他越自由就越本质，越本质也就越自由。

至此，历经意识的发展史和意识发展的现象史，人的主观精神的终极表达得以确定，人的发展的观念运动也终于告一段落，理性导出了发展的理念——发展观——主观精神关于自我实现的理性表达形式：预期自我实现的人对决定自身、反映自身和返回自身及其相互联系的理解所构成的观念。这就是在现象学和发生学意义上人的发展观的创生。怀特海也有类似的表述。按照怀特海的看法，观念是一种生命的表达，而且是在对生命意义及其理解的基础上表达出来的。发展观，是人的意识首先预期了自我实现，并产生了关于自我实现的重要性和意义的感受。接下来，意识在经验里作出对自我实现的理解，即"什么是应该发生的和什么是本应发生的……对相互联系的必然性的感觉"①，然后意识产生了表达的冲动②，于是新的观念创生了。此时，人的发展正式进入了自我实现的阶段。发展不再是漫无目的、随遇而安的了，也不再是空洞和无意义的了，更不是"无意中造成的后果"，而是人"有意识的进化"。人真正意义上的发展启程了。

发展观一旦形成，它所阐明的绝不是日常生活中的某些具体行为准则，而是一条个人发展的"形而上学"原则。一方面，发展观包含着自由意志所趋向的最高目的——自我实现，只要我们承认，人是发展的目的，人自身不应该成为其他目的的手段，而只能把其他的一切用来实现自身。另一方面，除了自我实现这一最高发展目的，发展观还应该和必然包含合乎发展目的的发展逻辑（手段与过程），因为发展始终是"合目的性的行动"。这一点非常重要。如前所述，自我实现的发展并不存在一个具体的结果或会到达某个静止的状态，否则人的发展便会在某处终止。人的发展永远是一个从上一个自洽到下一个自洽的演进过程。人在这个发展运动过程中不断向更加本质的自身返回，不断带给他哪怕只是点滴的进展。在这个意义上，我们甚至可以声称，自我实现阶段的发展过程本身就是自我实现，自我实现乃是发展过程与结果的同一。这和许许多多与手段割裂的目的、不在乎手段的目的、与发展无关的目的或手段被异化为目的的目的有着本质区别。可以设想，如果我只是希望在海边的星巴克咖啡馆里一边品尝炭烧咖啡，一边享受海风轻抚身体的惬意，同时注视着那一团团永不苍老的白云衬在蓝天里飘来远去……我什么都不做，因为只有生活的脚

---

① 阿尔弗莱德·怀特海：《思想方式》，韩东晖、李红译，华夏出版社 1999 年版，第 27 页。
② 在怀特海看来，选择和行动也是一种表达。

步停下来才能让思想启程。我实在无法分辨哪些是过程，哪些是目的。然而这又是无关紧要的，我只需知道，这种停下生活的脚步令我沉思或只是处于这纯粹空白的状态正是我要的，足矣。这就是人处在真正自我实现生活里的那种状态。自我实现不是像白云那样飘浮在天上的理念，而是人有能力享受他欲求的生活。自我实现的路程并不在于如何以一种主动和积极的方式不断地趋于某个终极目的，而在于怎样把生活的意义开显出来。在那"值得珍视的生活"中，他无法也无须区别生活的过程和目的，他的过程便是目的，目的亦是过程。发展的结果，其实并不包含任何突然出现的全新事物，而是全部发展过程的累积或聚集——如果能够聚集的话，犹如山脉是群山的聚集。因此，真正的自我实现，是由目的和合目的的过程逐渐展开而构造起来的"值得珍视的生活"，是人发展的历史与逻辑的同一，是本质和现象的同一，是过程与结果的同一，是"思"与"在"的同一。

例如，如果一个人是以成为一名画家的方式达到他的自我实现，那么，他的自我实现便是他在追求成为画家的生活中的沉浸；如果有人的自我实现是成为企业家，那么他只能在不断创业的过程中获得自我实现，典型如乔布斯和令我们惊叹的那些不断推陈出新的苹果产品。画家和企业家这一称谓绝非是人的发展中的某个具体位置或终点，如黑格尔所言："在一个意识里必定永远也有另外一个意识，所以当每一方面自以为获得了胜利，达到了安静的统一时，那末，它就立刻从统一体中被驱逐出来。"[1] 由于上帝在哲学中已死，人的"苦恼意识"便随之而来，自由本性就此失去了任何超验的设定，使人无法在某个刹那间的顿悟中澄明，而只能通过他实践活动的体验和反思，一点点和局部地揭示和体认自我，而后再次偏离和超越，在这样流变与生成的境遇中逐渐复归自己的内在规定性。因此，追求发展的人迟早将会懂得，所谓的发展目标在他的发展中只能展开为相应的生活，一切可以实现的事物不过是他发展过程中过渡性目标的外在形式，唯有那种连绵不断、值得一过的生活才是永恒的。

---

[1]　黑格尔:《精神现象学》上卷，贺麟、王玖兴译，商务印书馆 1981 年版，第 140 页。

第二节　创业发展观念的四阶段演化模型

前面通过现象学与发生学角度对创业发展观的理性意识形成进行了分析，又通过行为学的方法对如何将理性意识过渡到实践进行了阐述，那么，接下来的问题是：在现实中创业发展观是如何具体展开的？经历了哪几个阶段？而"当我们询问'发展'问题的时候，这问题本身总是反过来提醒我们：任何发展问题都首先是精神的发展问题，其次才是物质方面的发展问题。后者只是前者的结果。当精神愿意把它已经意识到了的世界付诸实施时，它才展现为物质的世界"①。因此，在进行分析之前，首先要指出的是，创业发展观强调要实现人的全面自由自觉的存在，这是马克思人道精神的体现，也是贯穿于创业发展观始终的根本精神。它是一种对全面完整的人生境界和价值理想的追求，使人在现实生活实践中自由自觉地领悟到：自然性与超自然性、生命性与超生命性、理想性与现实性、价值性与工具性之间的良性互补，使现实的人的生存与发展和谐有序地整合统一，创造一个全面而丰富的新世界。

从创业发展观中创业观与发展观之间的关系来看，通过实践活动，人从精神中创造观念，然后去行为。精神之于发展，便成发展观；之于创业，便成创业观。若发展观和创业观的精神取向是内在地一致的，人的心灵就倾向于创造一个比较和谐完整的观念去把握它们，遂有创业发展观。现实中，凡创业者皆有创业观。从创业观入手，创业观与发展观之间的关系在总体上具有以下特征：（1）创业观一旦确立，便具有观念之所以为观念的稳定性。但是，创业观从长期来看仍然是不断发展演化的；（2）虽然创业作为劳动方式从而与创业者的发展息息相关，但不是所有的创业者都能够明确发展出自己的发展观；（3）创业观和发展观经常不是同时得到澄清与确立的；（4）创业观与发展观未必是内在一致的，但二者的演化方向

---

① 汪丁丁：《幽灵自述》，社会科学文献出版社 2002 年版，第 188 页。

趋于一致。这些特征说明，随着个体对创业的理解和理解水平的提高，创业观可能沿着一个有一定顺序的不同阶段发展演化。经过这些阶段，人不断深入、全面地发展对创业行为及后果的抽象推理，不断赋予创业不同的意义，不断重新阐释、深化创业发展和创业人生的愿景。由此，我们将创业发展观内在展开的具体过程分为无发展、前发展、发展和超发展四个阶段来进行分析，这样既可以对创业发展观的具体践行过程有一个清晰的认知过程，也为践行创业发展观提供了一个切实可操作的方案。这四个阶段是一个辩证发展的过程，而其中贯穿始终的价值追求就是实现人的全面自由自觉的现实存在。

2008 年至 2011 年，我们连续四年对东北师范大学不同专业各个年级的 120 名已经创业或有创业意向的本科学生进行了跟踪测试。测试分两个部分。第一个部分提出了几个有关创业的问题要求学生回答。第二个部分使用价值拍卖等方式来探询与创业选择密切相关的价值序列。同时，我们对 34 名发展程度不同的、拥有本科以上学历背景的创业者进行了详细访谈和测量。测量方法是设计了 16 个问题，让他们以五级李克特量表打分，然后用因子分析进行归纳，得出生存、物质、发展（成长型）、社会（超越型）四类行为动机及其分布状况。根据对上述测试和访谈所得的分析和研究，我们划分了创业观发展的阶段并构建了一个四阶段演化模型。这些阶段分别是无发展阶段、前发展阶段、发展阶段、超发展阶段。

一、无发展阶段

无发展阶段的创业观，表现为创业者还没有发生明确的发展意识，仅仅是将创业视为谋生的手段或者可以在利益上带来好处的事情。发展观是人成熟到一定阶段才能够但不是必然产生的观念。在无发展阶段，由于创业者缺乏发展观的指引，因而对创业只是有着最低的预期，这决定着他们只会从事那些认为最安全和最容易做的项目，例如在大型电子商务平台开张自己的微型网店。这种创业观所引发的创业行为一般被叫作"生存型创业"。GEM（"全球创业观察"）考察了37个国家和地区，发现其中有17个"生存型创业"水平低于1%，6个低于0.5%，法国和西班牙等国甚至没有"生存型创业"者。但中国的创业类型却是以"生存型"为主，占到了总数的60%以上，在所有参与GEM调查的亚洲国家中排在第一位。在马克思看来，"生存型创业"是一种典型的异化劳动，它令人的劳动和发展背道而驰。马克思指出："劳动的对象是人的类生活的对象化：人不仅像在意识中那样在精神上使自己二重化，而且能动地、现实地使自己二重化，从而在他所创造的世界中直观自身。"①若是人的劳动不再是人的意识与理想的向外投射，不是出于自愿，而仅仅是一种维持生存的手段，那么这种劳动便一定是一种异化劳动。

对这种创业的研究最早可以追溯到20世纪刘易斯、哈特、托达罗等人提出的"贫困就业理论"。该理论把为谋生而创业看作是一种不充分就业的表现，专指那些有愿望但没有能力进入正规部门的人退而求其次和不得不为之的就业行为。"贫困就业理论"多是从纯粹的理性因素而不是从创业者的观念发展水平角度来解释创业行为的，一般认为他们缺乏热情、技能和资源。但事实并非如此。

一方面，一切生命都具有一定的创造冲动和创业才能。"发现新的资源存量，改善资源利用效率，提升环境的生命容量"，这几乎是人类的本能。德鲁克认为："凡是能够大胆决策的人都有可能经过学习成为企业家，并表现出创业精神。所以，创业行为是行为而不是个性特征。它的基础存在于观念和理论之中，而绝非在于直觉。""任何人有勇气面对决策都能够逐渐学会当一名企业家，而且行动上富有企业家精神。"②奥地利学派也有类似的看法："人不只是将给定的手段分配给给定的目的，而是一直寻求新的目的和手段，同时从过去中学习，并且使用他的想象去发现和创造未

---

① 《马克思恩格斯文集》第1卷，人民出版社2009年版，第163页。

② 德鲁克：《创新与企业家精神》，张炜译，上海人民出版社2002年版，第31页。

来。"①因此哈耶克认为，一旦面前出现了改善的可能性，如果不是受到观念的限制，人们就会不断去尝试这种可能性。因此，创业并非外部的自然物理事件，而是一种心智的精神现象。任何调整当前行为以实现未来目标的人都是在发挥创业才能。②这种能力在知识劳动者们身上应当更加强大。他们不仅拥有这种本能，而且在这些方面还受到过专门的训练。

另一方面，纯粹的创业者是可以没有物质资源的，他只要拥有最起码的创业才能和一个商业方案，便可能说服资源所有者出借他们的资源。随着知识社会的来临和创业条件的不断改善，现在凭借一个哪怕只是普通的商业方案去获得银行贷款也已经是较容易的事情了。

因此，马歇尔在《经济学原理》中说的话——"穷人的祸根是他们的贫困"——已经有些过时了。以往穷人之所以"堕落"，是因为贫穷削弱了他们接受教育、发展智力与才能的机会。然而，就今天高等教育如此普及的情况来说，每个有着知识资本的个体在理论上都可以谋求发展，创造属于非他莫属的人生。而真正的发展永远不可能是"无意中造成的后果"，它只是当自我从事自我塑型的工作时才会发生，才有意义。于是，在今天，马歇尔的话应该用德鲁克式的语言重新表述，即观念的贫困才是"穷人"的祸根。真正束缚人发展的，不再是外在的事物，而是他们自我反思和向自己提出问题从而不断创新观念的能力。

二、前发展阶段

前发展阶段的创业观，仅仅将创业看作自身发展创造物质基础的手段。虽然它超越了仅仅考虑创业实用性的第一阶段，而且随着自我和社会知觉的发展产生了成长性动机和自我实现的需要，但在事实上还是存在创

---

① 赫苏斯·韦尔塔·德索托：《奥地利学派：市场秩序与企业家创造性》，朱海就译，浙江大学出版社 2010 年版，第 5 页。

② 参见赫苏斯·韦尔塔·德索托：《奥地利学派：市场秩序与企业家创造性》，朱海就译，浙江大学出版社 2010 年版，第 81 页。

业观与发展观的割裂甚至对立。如前所述，所谓创业发展观，就是预期自我实现的人，将他发展的条件、过程和目的"内在一致性"地对象化为创业实践的一种发展观念。米塞斯认为，观念与行为之间，应当具有"内在一致性"。这是理性使然，因为长期的理性是"作为内在一致性的理性"。所以康德也认为，人能意识到自我在不同场合是"恒等"的。在黑格尔看来，和总的行为"内在一致"的总的观念，才是理性的自我意识最高级和最后的形式。因此，只有当人的创业过程和发展过程高度内在一致的时候，创业和发展、思维和观念、选择和行为才变得连续起来，人才有可能在创业中构建"值得珍视的生活"，最大概率和程度地获得自我实现。

持有前发展阶段创业观的创业者，通常在这个阶段已经产生了发展的自觉意识——关于发展的重要性和意义的感受。虽然他对发展的认识不能说是完全漫无目的的，但由于对主客观的经验积累和体悟的不足，对于"什么是应该发生的和什么是本应发生的……对相互联系的必然性的感觉"[1] 这样的生命之间还难以把握。他们虽然初步区分了创业的事实与价值，但是没有为创业找到"最好的理由"，进而导致一些不切实际的想法：从事创业活动并不影响他同时通过其他方式寻求发展，或者期望通过在创业活动中获得经济地位以后，再去安排其他以发展为目的活动。然而事实上，"一个人收入的多寡，对他的人生意义所发生的影响，常常不弱于（即使稍差一些）获得收入的方法所发生的影响"[2]。极端而言，一个万贯家财的大盗和一个创业致富的企业家的发展怎么能够相提并论呢？那些为了解决经济问题而长期塑形的已经根深蒂固思维方式、行为习惯和观念体系怎么可能被轻而易举地全盘抛弃，使人能够以脱胎换骨的方式另谋发展呢？

如果创业及其围绕它构造的生活是某人值得珍视的生活，那么这生活里便必然包含着他的自我实现。作为创业者，他运用和发展着他辨识机会、动员资源和协调合作的能力。他越是运用，这些能力越是发展，他的

---

① 阿尔弗莱德·怀特海：《思想方式》，韩东晖、李红译，华夏出版社1999年版，第27页。

② 马歇尔·阿弗里德：《经济学原理》下册，朱志泰译，商务印书馆1964年版，第23页。

本质力量就越强大，他就越反复感受到效用的提高和自我实现的体验。这样的过程，才能体现创业和发展的一致性。反过来，我们可以想象一个或出于偶然、或出于纯粹的经济原因而选择了创业的人。他将进入一个心灵存在明显冲突的状态。由于缺乏发展观的指引，他可能会获得一定财富，但更加本质的潜能却没有开掘出来。他可能非常忙碌，但却无法以此为乐，因为他的创业行为无法为破裂的总体生活赋予意义。处于这个阶段的创业者，未必不能获得财富上的成功。但如果他不能反思，就可能成为物质生活的奴隶，陷入名利的圈套。

观念冲突通常可以为观念反思和演化提供动力，因而，较低阶段的创业观不但是合理的，也可能是必须的。的确，创业的意义不会自动和一次性地呈现出来，我们经历了的事件，也未必当时便呈现意义。随着人生透迤向前，新增的生命体验和原有观念之间必定相互作用，产生或相互解释、或彼此强化、或对立冲突的关系。这是生命对话的"逻各斯"，如盲人摸象般帮助生命趋于整全自洽。所以，在第二阶段里，尽管人暂时地将创业和发展疏离开来，但是如果在大部分时间里，人的思想总是充满了关于创业的事情，那么他的创业和发展及其各自观念就会由于他在创业中运用才能的方式，以及他从事活动所引起的思想和感情，包括他与同事、合作伙伴、竞争对手、消费者之间的关系而逐渐兼容、整合和一致起来，推动创业观的演化进入到下一个阶段，在更高的发展水平上作出新的综合。

三、发展阶段

发展阶段的创业观，已经找到了自我实现的理性表达形式，它把创业看作是人发展的方式，将发展的条件、过程与意义一致性地对象化为创业实践。经过无发展和前发展阶段，创业观终于演化到创业发展观这个处于核心地位第三阶段。此阶段，人的物质生活已经充分展开，随着精神生活经验的逐渐积累，观念对行为的影响开始超越环境对行为的影响。但如果创业观和发展观是冲突的，行为还是不能稳定地得到观念的指引。当代认知科学告诉我们，如果观念冲突反复出现，那么心灵倾向于通过内省修正旧观念或者创造一个新观念来整合它们。在新的观念中，原本各个局部的"子系统"被当作一个系统来看待。理想终于照进现实。这正是自我实现者的典型特征，因为他们乐于从事"基本分裂的愈合"工作，通过更高阶段的思维"把迷惑人的、不一致的事实放在一起，从而使我们能够看出它们实际上是一起"①。人的发展就是这样一个过程。在其中，主体不断地建立、修改和重新构造出自我的概念。在这个过程中，"如果误解了需要、情感或外部现实，发展就会受到阻挠，否则，当自我意识十分密切地近似于主体的实际状况时，发展就会朝着成熟的方向迈进。作为一种人格的充分发展，成熟就达到了这样的程度：这个有意识的自我对这整个主体的特性可以获得精确的认知"②。用罗杰斯的话说，它是"在经验的现象领域与自我的概念结构之间的一种根本的一致性"③。

根据黑格尔的精神现象学，处在第三阶段的人，其主观精神已经历经了"观察的理性"、"行动的理性"和"自在自为的实在的个体性"，最终形成了以自我实现为基点和内容的发展观。此时，人不但要在实践中把自我当成对象去加以认识和不断检验认识，而且还要在实践中实现自我。这才是真正的创业发展，因为它包含并提供给主体的，是由目的和合目的的过程构造起来的"值得珍视的生活"。他纯粹地是被吸引到创业过程中去的，他不断地通过创业实现自己的潜能，完成天职、命运或禀性；他相信他的内在天性，并相信只有在创业中才能使天性的自我从混沌不断趋向统一和整合。在这种连绵不断、值得一过的生活中，创业是逻辑，发展是历史；创业是现象，发展是本质；创业是过程，发展是结果。至此阶段，上

---

① 马斯洛：《自我实现者的创造力》，载林方主编：《人的潜能和价值》，林方译，华夏出版社 1987 年版，第 248 页。

② 霍尔·戴维斯：《道德教育的理论与实践》，路有铨、魏贤超译，浙江教育出版社 2003 年版，第 121 页。

③ 卡尔·R. 罗杰斯等：《当事人中心疗法：实践、运用和理论》，李梦潮、李迎潮译，中国人民大学出版社 2004 年版，第 126 页。

述三对关系达到了同一。创业观、发展观及人的行为终于成为自洽和"内在一致"的整体。

创业观发展到第三阶段，创业完全成为了人的发展活动。西方思想史上，能够超越纯粹的谋利动机，最早在人的发展意义上看待创业行为的是熊彼特。熊彼特甚至企图建立"企业家心理学"。他的研究清晰表明，创业观对经济追求的超越是观念发展到高级阶段的产物。在熊彼特看来，真正的创业者不是享乐主义的，创业者越是成功，他的劳动越是接近于我们在第一章第五节所说的志愿劳动。熊彼特曾这样说道："经验告诉我们，典型的企业家只是当（并且因为）他们的精力已经耗尽、从而感到再也不能胜任时，才退出舞台的。这似乎并不符合一个经济人的画像……企业家类型的人的活动，显然是享乐主义地享受常常是用超过一定数量的收入去购买的那些商品的障碍，因为这些商品的'消费'是以闲暇为前提条件的。因此，从享乐主义来看，我们常常观察到的我们类型的个人行为就是不理智的。"熊彼特接下来的分析如此重要，以至于我们应该大段引用："首先，存在有一种梦想和意志，要去找到一个私人王国，常常也是（虽然不一定是）一个王朝。现代世界实际上并不知道有任何这样的地位，但是工业上或商业上的成功可以达到的地位仍然是现代人可以企及的最接近于中世纪的封建贵族领主的地位。对于没有其他机会获得社会名望的人来说，它的引诱力是特别强烈的。权力和独立的感觉，并不由于这两者主要是一种幻想而有丝毫的损失。更仔细的分析将会引导到发现在这一类动机中有无穷的变种，从精神上的野心到只是趋炎附势。但是这些并不需要我们去细谈。我们只要指出这一点就够了，那就是这样一种动机，虽然与消费者的满足最为接近，却没有和它符合一致。

"其次，存在有征服的意志：战斗的冲动，证明自己比别人优越的冲动，求得成功不是为了成功的果实，而是为了成功本身……"

"最后，存在有创造的欢乐，把事情办成的欢乐，或者只是施展个人的能力和智谋的欢乐。这类似一个无处不在的动机，但它作为一种独立的行为因素，在我们的情况中比在任何别处都更为清楚地自己强行表现出来。我们类型的人寻找困难，为改变而改变，以冒险为乐事。这一类动机，在三类之中，是最明白不过地反享乐主义的。"[1]

熊彼特所看到的那些超经济和长期作用的创业动机，正是人在发展中才能得到的欢愉——"梦想"、"意志"、"独立"、"成功"、"创造的欢乐"……我们的访谈也表明，处于第三阶段的创业者，无一例外都饱含上述发展激情。这种激情是健康而温和的，虽然他们也想要建立自己的"私人王国"，但是其精神取向不是"一将功成万骨枯"，不是通过追逐权力、发动战争、组织黑帮等狂暴的途径，而是献身于这种主观利己、客观利他的创业事业。他们专心致志地从事这项工作，而且如韦伯所说："这种需要人们不停地工作的事业，成为他们生活中不可或缺的组成部分。"命运安排他们去做这种工作，利润不是创业的目的，而只是作为创新的激励。甚至，利润只是一种信号，告诉创业者怎样才能更好地去服务素不相识的人。并不是只有在宗教的影响下，才能产生这种境界。在中国文化传统里，如同西方的"天职"（"calling"，清教时期最早出现的职业概念）对人的"神召"一样，创业者一样可以产生"经世济民"的"天职"。不过，这种力量同宗教情怀相比，要脆弱不少。

在第三阶段，创业者一般是客观利他或为避免囚徒困境而在理性立场上互惠利他，正如中国传统伦理所讲的"己欲利而利人，己欲达而达人"、"交相利，兼相爱"等。创业观还会继续演进，从客观利他到互惠利他直至出现主观利他的精神倾向。马斯洛也观察到，自我实现者的精神发展倾向于服务社会而不是始终专注于自我。根据他的访谈和测试，那些有着较强反思能力和超越情怀的创业者，换句话说，那些试图在伦理上有所建树的心灵才可能进入第四阶段。盖茨曾经这样说道："当你有了一亿美元的时候，你就会明白钱不过是一种符号，几乎毫无意义。"既然个人的消费能力如此有限，而且又不为留给子女，那么企业家的这种志愿劳动是为

---

[1] 约瑟夫·熊彼特：《经济发展理论——对于利润、资本、信贷和经济周期的考察》，何畏、易家详等译，商务印书馆 1991 年版，第 103—104 页。

什么呢？可以设想，如果创业者问自己：你的发展是你生活的目的吗？只要他问了，无论答案是什么，他都进入了反思过程——重新评价创业的目的。反思能力决定了精神自由的程度。创业者反思能力越强，就越可能超越以自我发展为中心的阶段，推动他的精神走向新的高度。

四、超发展阶段

超发展阶段的创业观，表现为创业者不再滞留在自我中，不再把通过创业求得自我实现视为人生的终极目标，而是把创业看作是生命的超越方式，在他所献身的事业里体现的主要是利他、天职、人生义务和社会贡献。此时，创业者最高的价值来自"彼岸"，因为那里有永恒的东西。詹姆斯对宗教情感进行考察后，他判断，人们相信永恒的价值总是比临时的价值要好。[①]

超发展通向马斯洛的"超自我实现"，也通向马克思所说的劳动成为生活的第一需要。马斯洛就曾经超越了自我，因为他在晚年超越了他赖以成名的需求理论并把它推向了新的高度。他发现，人类天性中存在一种固有的精神维度，那就是当物质生活富足起来后，人会在他的事业中主要追求精神生活的富足，这种精神生活的最高层次乃是"超越的自我实现"。于是马斯洛开始把人本心理学看作是一个过渡性阶段，认为它应该被"超人本心理学"所替代。研究人一般性超越精神的著作并不少见，例如凡勃伦的《有闲阶级论》、齐美尔的《论时尚》、西托夫斯基的《无快乐的经济》等，发表过相关看法的学者更是数不胜数。不过，专门考察究创业者具有超越精神的研究并不多见。其中，具有代表性的人是韦伯。

对于人们为什么会愿意从事自由自觉的志愿劳动和不以占有为目的的创业劳动，韦伯说这和人类的宗教情感有关。韦伯在《新教伦理与资本主

---

① 参见 William James, *The will to Believe and Other Essays in Popular Philosophy,* Cambridge: Harvard University Prewss, 1979。

义精神》中指出，人们赚钱并非只是出于占有和享乐，而是在很大程度上和新教伦理的"天职"精神密切相关，像甘愿于为上帝打工一样。反过来，人们面对一种"天职"般的宗教召唤时，不一定需要赚得和占有才去从事它。

这也许是没有宗教传统的我们所不能理解的。为何他们"拼命地赚钱，拼命地省钱，拼命地捐钱?"[①]韦伯说他们如此敬业，是因为他们感到一种"神召"。韦伯接着这样说道："如果我们问为什么'要在人身上赚钱'，他在其自传中所做的回答用上了这条古训：'你看见办事殷勤的人么，他必站在君王面前'(《圣经·箴言》二十二章二十九节)。在现代经济制度下能挣钱，只要挣得合法，就是长于、精于某种天职的结果和表现。"韦伯接着说："事实上，这种我们今日如此熟悉，但在实际上却又远非理所当然的独特观念———一个人对天职负有责任———乃是资产阶级文化的社会伦理中最具代表性的东西，而且在某种意义上说，它是资产阶级文化的根本基础。它是一种对职业活动内容的义务，每个人都应感到、而且确实也感到了这种义务。至于职业活动到底是什么，或许看上去只是利用个人的能力，也可能仅仅是利用(作为资本的)物质财产，这些都无关宏旨。"[②]

这种受到超越性情感所决定创业观念，在当代经济发达国家中普遍存在着，从而促使处于第四阶段的创业劳动呈现出志愿劳动的性质。在本书第二章第二节中，专门对创业劳动的志愿性和超越性进行过论述，并在此基础上对人的发展演进方向和形态给出了另一个解释，此处不再赘述。

第三节　创业发展观演化的规律与特点

创业活动是观念创新的社会场所。在上述几个发展阶段中，像尼采

---

① 曼丽：《天职———美国员工创业精神培训读本》，中央编译出版社 2004 年版，第 77 页。

② 马克斯·韦伯：《新教伦理与资本主义精神》，于晓、陈维刚等译，生活·读书·新知三联书店 1987 年版，第 38 页。

"由骆驼至狮子而至婴儿"[①] 的精神三变一样，或者如汪丁丁所说的从"无意识演化阶段"到"有意识演化阶段"，创业观可以经历多重的人生境界，不断发生精神取向的转型。在第一阶段，人像骆驼一样不能反思和创造，只能承载生活的重负，为的是尽可能地消除恐惧和焦虑。显然，处于第一阶段的人并没与形成一个在任何情况下都会创业的原则，而只是根据世界如何影响自己的利益来理解世界。所以，创业成了在强烈的财富渴求或无法受雇情况下不得不为之的事情。第一阶段的创业观里并不包含任何真正的发展诉求。在这个"无意识演化阶段"，生命个体所做的，只是"尽可能多地摄取资源并复制自身"。从第二阶段开始，创业观进入了"有意识演化阶段"，此时生命个体看待创业行为的意义远比维持自身更重要。第二阶段的人像狮子一样，自己要做命运的主宰。然而，他虽如狮子般想要建立"私人王国"，但挣脱命运的缰绳后却仍茫然不知方向，说到底，他还无法将自我从生活的洪流中还原出来。

不是所有的创业观都会经历四个阶段。多数知识劳动者可以跳过第一阶段，直接进入第二阶段。但是，很难直接进入第三阶段，因为观念的创新不是无水之源和无本之木，它不仅需要物质生活，更需要社会生活和精神生活的充分积累。根据我们的研究发现，好的家庭熏陶和学校教育可以帮助创业者越过第一阶段直接进入到第二阶段。但是，创业者通常要在第二阶段停留一定时期，创业观才能发展到第三阶段，它要在物质生活、精神生活和社会生活都充分展开的基础上才能逐渐形成。调研结果见表2：

表2　从第二阶段向第三阶段发展的时间分布

进入第三阶段	1—5 年	5—10 年	10—20 年	20—40 年	∞
百分比	13%	28%	35%	7%	17%

---

① 尼采：《查拉图斯特拉如是说》，钱春绮译，生活·读书·新知三联书店2007年版，第21页。

表 2 表明，83%调研对象的创业观念经过不同的时间长度会进入第三阶段，但仍有 17%的人一直停留在第二阶段上。

第三阶段的创业观如同狮子看待领地般，此时，创业行为主要受创业发展观念而不是环境影响。他们将放弃所有哪怕是再优越的受雇机会，而不顾一切地投入到创业中，哪怕一挫再挫，仍要东山再起。在第三阶段里仍然反思不殆的创业者，将会走到自我实现的尽头，那里呈现的是实现生命超越时才可能提供的意义。这意义，有些创业者在第三阶段的很早便感悟到，有些人则很晚才感悟到，还有一些人——或许他们是大多数——至死也不曾有所感悟。

松下幸之助在他创业的第 14 年才在第四阶段上领悟了创业的意义。他举办了一次创业纪念仪式，并把它命名为"创业知命第一年"。之后，松下幸之助提出了松下七信条，第一条便是产业报国。他认为，松下的使命是像自来水一样提供社会需要的价廉物美的必需品，为谋求社会总体的改善和进步，为了世界文化更进一步的发展而贡献自己。

至第四阶段，一种卷入深层次情感的具有超越情怀的精神生活取代了自我发展成为创业者人生幸福感的主要源泉。他的情感特征，指向他人或社会，而不简单地是"精神的自足"。这是对自我的超越，因而是最彻底也是最后的一次超越，它给超越者带来的幸福感，远比物质、出人头地或荣耀一时更为深刻和久远。

对社会而言，这种超越性的创业精神意味着什么呢？如果说新的劳动方式和知识社会的背景已经为人在当代条件下自由全面发展提供了技术上的条件，那么它的道德条件，是否至少在一部分社会成员那里表现为这样一种可能：过往的传统经创造性转化在创业者身上孕育出这种超越精神。我们需要这样的设想，因为时代已经这样要求我们了。理论武器只有经过不断的现实演化，才能指导人的全面自由的发展从"空想"走向"科学"。我们虽然无法像尼葛洛庞帝那样豪迈，宣称"预测未来最好的方法就是把它创造出来"，但是我们至少可以做到深入的观察和理论的创新。

根据上述，创业观发展的阶段划分具有以下特征：（1）符合认识发展理论；（2）具有普遍意义，不因文化的不同而不同；（3）观念向前发展依赖于认知发展；（4）每个阶段都是可以辨别的，不同阶段的思维存在质的区别，它不是同质的量变；（5）不同阶段不是由特定的观点决定的，而是由思维方式和观点依据决定的。

以上对于创业观演化的阶段研究受到精神分析、认知发展和社会学习等理论的相当启发。同时，它仍然只是初步的而不是足够审慎和深入的。实验的范围有待扩大，所使用的方法和选择的样本未必合乎科学的测量要求，其长期的效果也有待于日后进一步测定。在这里所提出的结论只能算作是"前科学的"，它仅仅优于一般性的经验和无实证基础的理论假设。我们的目的并不是期待阐发一个精致而确切的理论体系，而是希望确立创业观演化阶段这一命题，归纳出具体的阶段及其特征，进而为创业观教育何以可能和有效切入奠定基础。

第八章 创业发展观的教育学

职业乃是所有人安生立命、获得发展和自我实现的必由之路。因此，教育有责任去帮助每一个人改善他对自我的认知，改善看待人生和发展问题的思维水平，提高生涯设计和从业决策的能力。这也是人在现代分工体系下生活的必备能力。因此，关于创业发展的教育是授人以渔的教育，是"普通教育"题中应有之义，就像洪堡说的那样："有些知识应该是普及的，有些巩固思想和性格的教育应该是每个人都获得的。不论其职业……才能成为一个好的手工业者、商人、士兵和企业家。"①

我们在第六章和第七章探讨了把握创业发展观念发展演化的基本理论，将学理层面的认识践行到人的创业发展意识形成和创业发展具体行为中，运用现象学和发生学的方法揭示出人的创业发展观如何从意识发展到自我意识、再到理性，从而成为人本身存在的重要部分，运用行为学分析方法将创业发展观的认识过渡到人的创业发展实践，运用四阶段划分法对创业发展观践行的具体环节进行分析，指出创业发展的最终目的是实现人的全面自由自觉的现实存在。通过这些分析，我们对如何理解和践行创业发展观有了比较完整和清晰的把握，但这种把握在很大程度上依然处于个人层面，更为重要的是要将创业发展观放大到社会实践中去，这就需要借助教育的力量。正如德里达所说：教育的命运与社会的命运，总是紧密纠缠在一起。今天，知识经济滚滚而来，它前所未有地要求大规模培育

---

① 威廉·冯·洪堡：《联邦德国教育改革》，瞿保奎译，人民教育出版社 1993 年版，第 125 页。

具有"开创性"的个人。而通过教育，可以将创业发展的观念复制和扩展到现实生活中，从而使人们能够自觉地运用创业发展观实现自身的价值和目的。

创业发展观是创业发展行为由以发生的精神基础，关乎到教育对象的现实发展、"创新驱动"的国家发展战略和精神秩序适应于物质秩序变动的"创造性转化"，因而成为社会教化和教育的新任务。在这样的背景下，2012年8月教育部印发了《普通本科学校创业教育教学基本要求》（教高厅〔2012〕4号），为"推动高等学校创业教育科学化、制度化、规范化建设，切实加强普通高等学校创业教育工作"，要求全国所有普通高校依据教育部"创业基础"教学大纲开设"创业基础"必修课。

该要求是当前我国高校开展大学生创业教育的纲领性文件，尤其重要的是，文件第一次对创业发展观的首要地位、与人全面发展的关系、如何培育给予了清晰而具体的表述：（1）创业教育的教学目标之一是帮助"学生树立科学的创业观。主动适应国家经济社会发展和人的全面发展需求，正确理解创业与职业生涯发展的关系，自觉遵循创业规律，积极投身创业实践"；（2）创业教育教学原则之一是"着力引导学生正确理解创业与国家经济社会发展的关系，着力引导学生正确理解创业与职业生涯发展的关系"；（3）创业教育的教学内容之一是"创业与创业精神的关系，创业与人生发展的关系，以及创业和创业精神在当今时代背景下的意义和价值，正确认识并理性对待创业"；（4）创业教育的教学方法之一是"……参与式教学，强化案例分析、小组讨论、角色扮演、头脑风暴等环节，实现从以知识传授为主向以能力培养为主的转变、从以教师为主向以学生为主的转变、从以讲授灌输为主向以体验参与为主的转变，调动学生学习的积极性、主动性和创造性"；（5）创业教育的教学组织是"把创业教育与大学生思想政治教育……相衔接"。① 从中可以看出，国家对创业教育中的创

---

① 教育部：《教育部办公厅关于印发〈普通本科学校创业教育教学基本要求（试行）〉的通知》（教高厅〔2012〕4号），http://www.moe.edu.cn/publicfiles/business/htmlfiles/moe/s5672/201208/140455.html，2012年8月1日。

业发展、观念先导和观念可教是予以肯定的。但在目前，关于创业观教育的研究还甚为匮乏。因此，在前两章所论述的创业发展观演化规律基础之上，本章继续探究创业发展观的教育实践，这其中包括创业观在创业教育中的所处位置，它的一般目标、实施范围、教育原则、教师的作用及其专业化、教育方法等，希望借此丰富和完善创业教育和思想教育的理论体系，推动创业发展观教育走向科学化。

第一节　创业教育及其发展

从社会存在决定社会意识、社会意识又对社会存在具有反作用的观点出发，在当今知识社会中，如何从社会发展的实际把握时代发展的总体趋势，并在此基础上不断改变自身的意识以适应时代的发展，再通过自身的不断学习超越自身的局限性，进而去改变现存世界，实现存在的价值，构成了当今时代人们现实生活的根本逻辑。同样，这也对创业发展观的当代践行提出了时代要求和现实要求。在托夫勒的第三次浪潮或德鲁克的知识社会里，知识取代物质资本成为最重要的生产要素。[①] 随之而来的，是知识经济对创业才能尤其是那些善于引领知识创新方向，洞察对"知识品"的潜在需求，配置和利用已有知识的创业才能的空前依赖。由于创业才能的总存量及其自然增长速度已经远远不能满足知识经济发展的需要，于是，在最早进入第三次浪潮的国家里，一种旨在培养学生创业意识、精神与能力的教育应运而生。

一、创业教育的提出

对创业教育的认识最早可以追溯到 20 世纪 70 年代。1972 年，联合

---

① 参见彼得·德鲁克：《后资本主义社会》，张星岩译，上海译文出版社 1998 年版，第 8 页。

国教科文组织"国际教育发展委员会"提交了《学会生存：教育世界的今天和明天》的研究报告，目的是"供联合国教科文组织和各成员国制定高等教育策略时参考"。报告写道："有一类青年人，虽然已经在相当高的阶段上成功地完成了正规学习，但他们所受的训练却不适应经济上的需要。"[①]这可以看作是国际教育领域通过反思教育发展经验，而对创业教育形成认识的最初萌芽。在西方教育学史上，最早真正把创业教育作为一种理念提出的，是世界经济合作和发展组织（OECD）的专家柯林·博尔。1989年，他向经合组织提交了一份报告，报告这样写道，能够适应已经到来的"第三次浪潮"的个人应掌握三本"教育护照"，一本是学术性的，一本是职业性的，第三本则是证明"事业心和开拓技能的"[②]。报告首次界定了创业教育，即关于"事业心和开拓技能"的教育。6年之后的1995年，联合国科教文组织发表了《关于高等教育的改革与发展的政策性文件》，第一次比较完整地阐述了创业教育的思想。

创业教育正式提出后，伴随着以信息技术和高科技创业为代表的新经济的曙光，创业教育在欧美发达国家得到蓬勃发展。1998年，世界高等教育大会在法国巴黎召开，会议通过了《21世纪的高等教育：展望和行动》宣言。宣言第七条指出：为方便毕业生就业，培养创业技能与主动精神应成为高等教育主要关心的问题；毕业生将越来越不再仅仅是求职者，而首先将成为工作岗位的创造者。1999年，联合国教科文组织在汉城举行了第二届"国际职业技术教育大会"，会议再次强调加强创业教育，认为创业才能是一种人发展的核心能力。同年6月，斯图加特欧洲大会将会议主题确定为"企业家独7ACB性——欧洲教育的一个目标"。大会提出：教育需要企业家思维，要向学生提供创业的知识和能力；创业精神对个人在各种工作领域激发创造力和开拓性至关重要。经过上述官方推动和知识经

---

① 联合国教科文组织国际教育发展委员会：《学会生存：教育世界的今天和明天》，华东师范大学比较教育研究所译，教育科学出版社1996年版，第54页。

② 联合国教科文组织国际教育发展委员会：《学会关心：21世纪教育的主题——圆桌会议报告》，张秀琴译，《教育研究》1990年第7期。

济对创业才能强烈的内在需求，渐次推动各国高等教育积极地参与到创业人才的培养中。以美国为例，从 20 世纪 60 年代末到 70 代末，创业学成为美国高校中发展最快的学科领域，到 1980 年有 163 所院校开设了创业课程，1984 年增加到了 253 所，半数以上的商学院都设置了系统的教学计划。[①]

二、创业教育在我国的发展

中国实施大学生创业教育的进程，始于 1998 年公布的《关于深化教育改革，全面推进素质教育的决定》。该决定提出：高等教育要重视培养大学生的创新能力、实践能力和创业精神，普遍提高大学生的人文素养和科学素养。系统地提出创业教育是 1999 年公布的《面向 21 世纪教育振兴行动计划》。该计划提出，要加强对教师和学生的创业教育，鼓励他们自主创办高新技术企业。2002 年教育部确定清华大学、中国人民大学、北京航空航天大学、上海交通大学、黑龙江大学、南京大学、西安交通大学、南京经济学院、武汉大学 9 所高校为创业教育试点单位。此后 10 年，创业教育大体停留在局部探索和整体"雷声大，雨点小"的状态中。但最近几年，政府加大了对大学生创新创业教育的重视，从教育和扶持政策的密集出台，到各级政府在项目和园区上的空前投入，各类资源滚滚而来。在我们看来，这和经济发展方式转变这一国家发展战略有关。最明显的证据来自"十二五"规划。"十二五"规划第一篇开宗明义，以"转变方式，开创科学发展新局面"为题引领全文。第七篇又以"创新驱动，实施科教兴国战略和人才强国战略"为题，进一步界定了转变经济发展方式的目标和路径。

我们知道，国有企业改革基本完成以后，"转变经济发展方式"逐渐成为宏观经济政策围绕的方向。以高校扩招为标志，政府开始把"转变经

---

① 参见 Vesper, K.H, *Entrepreneurship Education*, Wellesley, MA: Babson College, 1985, p.124。

济发展方式"与人力资本积累联系在一起，但宏观经济政策与就业、教育政策的变动并不同步。体现在大学生就业上，先后出台了大学生"村官"、科研助理、入伍、下基层、"三支一扶"等众多体制内安置的举措，但成效不大。① 近几年我们逐渐意识到，经济发展方式转变不仅需要一般性人力资本积累，还需要创业才能的普遍培育，因为"科学技术是第一生产力"的现实可能性还来自于创业活动对知识的创造性利用。2010 年 5 月，教育部发布了指导高校开展创业教育的纲领性文件，随后成立高等学校创业教育指导委员会，标志着我国大学生创业教育从试点、探索进入全面推广阶段。文件指出："大学生是最具创新、创业潜力的群体之一……是服务于创新型国家建设的重大战略举措；是深化高等教育教学改革，培养学生创新精神和实践能力的重要途径……创新创业教育是适应经济社会和国家发展战略需要而产生的一种教学理念与模式。"② 这说明，全社会正在就以下问题达成共识：(1)"经济发展方式转变"的调整方向是"创新驱动"。(2)没有创新，无以开展知识型创业；没有知识型创业，创新难以注入经济发展动机当中。正是在这样的背景下，创新、创业第一次被联系到一起，使创新成为创业的核心问题。例如"电力猫"，企业家创生了一个有远见的新观念，就使某些知识重新组合后的有用性增加。(3) 大学生是接受过高等教育的知识劳动者，应该承担起"创新驱动"的重任。(3)虽然大学生群体为数众多，但由于受创业教育不足影响，他们的创业能力还远远没有达到与中国人力资本密度相称的水平上，这导致全社会创业能力不足成为制约"经济发展方式转变"的瓶颈。③

目前，作为一种教育理念，创业教育通过制度的固定，在我国高等教

---

① 参见邹云龙：《从资源驱动到创新驱动——我看大学生就业难的出路》，《社会学家茶座》2010 年第 2 期。

② 教育部：《教育部关于大力推进高等学校创新创业教育和大学生自主创业工作的意见》，教办〔2010〕3 号，2010 年 5 月 4 日。

③ 参见曹扬、邹云龙：《经济发展方式转变背景下的大学生创业与创新创业教育》，《东北师大学报》(人文社会科学版) 2012 年第 4 期。

育领域确立下来。9 所高校的前期试点，也取得了一定的成果，主要体现在孵化、机构、教育模式、课程设计等方面。不过，创业教育的一些关键之处，例如相应的教育人事制度安排、本土化核心教材、创业教育学等还没有取得突破性进展。我国高校的创业教育总体上处于较低水平，有的既没有结构性的制度设计和专业化的师资，也没有成熟的教材和课程体系，大多还停留在专题讲座、静态知识讲解、举办创业大赛这样的层次上。

三、"狭义的"和"广义的"创业教育

狭义和广义的创业教育是与狭义和广义的创业概念联系在一起的。因此，理解现今的创业教育，首先要从创业着手。

今日"创业"之含义，既有经济学、管理学和教育学里的，还有大众理解的一般意义上的。无论这些理解之间有着多么大的分歧，它们大致上总是可归入广义和狭义两类。狭义的创业是一个地地道道的舶来语，主要是经济学和管理学实践意义上的，专指创办企业。而广义的创业则泛指开创事业或包含创新的行为。联合国教科文组织 1991 年在东京召开的"教育革新与发展服务计划"（APEID）会议的报告中，曾对广义的创业教育进行了界定："创业教育，从广义上来说是培养具有开创精神的个人，它对于拿薪水的人也同样重要，因为用人机构除了要求受雇者在工作上有所成就外，还越来越重视受雇者的首创、冒险精神、创业能力，独立工作能力以及技术、社交和管理技能。"[①] 在我们看来，广义的创业几乎无所不包，小到生产线上的一项具体改进，大到航天计划的实施。广义的创业对人而言，主要是一种进取心和创新意识的体现。这种创业古今皆有，因为它近乎人的生物学本能，并不依赖于某些社会条件。因此，广义的创业对人在今天的发展并不具有新的含义。我们所指创业，如前所述，其行

---

① 联合国教科文组织：《通过教育开发创业能力——东京小组研讨会报告》，《教育情报参考》1991 年第 2 期。

为要符合"将资源从生产力和产出较低的领域转移到生产力和产出较高的领域"这一本质特征。具体主要指创办企业这种狭义的创业行为；部分指在组织中可以获得相当自主劳动权利并从事创造性地实现给定资源最大化的行为，具体的形式包括独立签约人、第三部门组织者、自由职业者、目标性管理特征的新型契约关系之中的管理者等。我们不能对狭义创业的形式进行穷尽的例举，因为新的形式仍会层出不穷。但我们确信，最重要的判断标准不应是他的身份，而是他的活动是否符合企业家行为的特征。我们之所以主要围绕新型生产方式领域内企业家行为意义上的创业，是因为目前这种创业形式表现得最为典型。通过对它的考察，足以说明这类新型劳动方式如何革命性地影响人在当代的发展，包括在引发劳资关系、社会交往、潜能开发、能力运用的全面性、劳动的自由和自主性等方面。

让我们回到创业教育上来。根据上述分析，我们认为，广义的创业所对应的教育已经近乎于素质教育，但我们实在不需要一个与素质教育几乎同义的新概念。不过，这种非常含混的、前提不清和边界不明的创业教育在国内高校是非常普遍的，它在相当程度上制约了创业教育的实践效率和专业化发展。我们看到，绝大多数发达国家的创业教育都是在狭义的意义上开展的，它既不承担那些看上去无所不包的教育任务，同时也没有妨碍它面向全体学生，所以取得了长足的发展。

因此，在我们看来，广义的创业教育，如果有必要存在的话，最为恰当的方式是将其视为一种适应当前历史阶段的素质教育，具体地说，是将它作为一种理念贯彻到教育实践的各个环节之中。至于狭义的创业教育，才是真正能够形成学科、核心课程和专业化推进的某种体系。因此就创业发展观而言，由于它对人的发展的极端重要性，应当处于核心地位。

四、大学阶段是创业发展观教育的最佳阶段

发达国家创业教育涵盖了中小学和高等教育。但是，系统的创业教育

主要是在高等教育阶段开展。这种做法有以下两方面原因。

第一，能力的培养需要一定的知识基础。首先，丰富的知识存量和相对完备的知识结构有利于新观念的产生。叔本华把认知过程分为"理解"和"判断"两个过程。理解和判断能力建立在知识存量和结构的基础上，与新观念的产生概率和速度息息相关。我们经常误以为创新精神本身足以导致新观念，但缺乏必要知识基础的创新经常被发现只是"重新发明了轮子"，或是昙花一现的"聪明的点子"。其次，在知识结构内的各类知识之间，更易产生新产品的联想。确实，深刻的创新绝不是天马行空和头脑风暴可以做到的，难道个体能够超越他的知识视野和认知能力去开创某个具体的创新方案吗？一个头脑中没有存放互联网和电力知识的人怎么会联想到"智慧型配电网路"呢？最后，已有的知识积累可以提高其进一步获取新知识的能力和速度，帮助创业者保持创新的效率。[1]

第二，观念的发展需要一定的人生阅历。虽然小学、初高中阶段学生的自我意识发展迅速，但由于（1）其社会生活和精神生活尚没有充分展开而对世界不能有很好的认知和把握，从而不能形成稳定的人格特征、核心价值和从业观念；同时，由于（2）前大学阶段的大多数时间里他们很难有不得不作出重大人生选择的训练，导致他们在平均水平的意义上还不具备作出价值选择、生活方式确立和从业决定的能力。从一般意义上说，上述不足只有在大学阶段才能够得到很好的弥补——自我意识在理性阶段对世界整体理解的基础之上，才能达到个体对发展的真正把握。在自我意识的这个最后阶段，人才为自我实现的起航做好了准备，因为人掌握了"他物的知识"和"自身的知识"，二者的结合和统一推动意识的发展进入第三阶段——"理性"。只有在"理性"阶段，人的发展才不至于是抽象和脱离现实的，才能够确立非他莫属的创业发展的观念，以"使自己成为自己自在地所是的那个东西"。

当创业发展观念确立以后，创业精神和能力的教育对他而言才是一种

---

[1]　参见邹云龙、孔洁珺、曲国丽：《大学生知识型创业研究》，《社会科学战线》2011 年第 5 期。

富有意义的东西，否则就只是主要作为"噪声"而存在着，不会吸引受教育者的注意力并被存入长期记忆。因此，大学阶段是开展创业教育尤其是创业观念教育的最佳学习阶段。那些在这个阶段依然没有确立任何发展观念的人，将很难或是很晚才能走入"有意识的进化"阶段。

第二节　创业发展观在创业教育中的功能

创业教育重视对人的超越自身狭隘性、实现自身自由自觉的现实存在的精神追求的培养，而人一旦形成符合现实社会需要的创业发展观念，便会自然而然地引导人在创业实践中积极充分地运用理性能力，创业教育的目的便基本得到了实现。因此，创业教育的首要任务就是创业发展观的培养和形成。对人的创业发展、创业发展教育作出阐释之后，我们进一步来分析创业发展观在创业教育中的具体作用和功能。

一般来说，中外创业教育的内容结构大致相同，大体可以分为创业技能和创业意识两个部分。创业意识类课程目前普遍存在两个问题，一是创业技能课程（包括创业知识和创业实践等）早已被精细研究，但创业意识课程这个更为重要的问题却很少有人问津，从而在发育上相对于创业技能类课程滞后太多；二是创业意识类课程处于与创业技能课程平行的甚至是次要的地位。从实践来看，这两个问题互为因果。事实上，即便是纯粹的创业技能也离不开观念对人的心脑的激发。例如对于创新这一最为重要的创业技能，汪丁丁就曾指出：商学院里只能学到管理而不能学到创新，商学院的案例教学充其量是将以往发生过的创新行为记录在案，成为死的知识[1]，而创新需要的是开启悟性和智慧的教育。冯契先生说得好，知识是"以物观之"，智慧则是"以道观之"。[2] 因此，缺乏创新精神和创业观念

---

[1] 参见汪丁丁：《企业家的智与识》，《IT 经理世界》2007 年第 2 期。

[2] 冯契：《智慧的探索》，华东师范大学出版社 1994 年版，第 605 页。

的伴随，技能难有具体场合下的艺术性施展。

根据我们前面所述，合目的的发展总是和人的发展观念息息相关。对慎思后依然完全无意创业的人来说，创业课程只是作为噪声存在着。因此，在我们看来，在发展观念上所受到的教育远比发展技能更为重要，因为只有发展观念才能决定目标的合理性，技能也才能真正具有促进发展。我们可以想象，正是受到发展观念的指引，美国人里根才从一个二流演员成为一个一流的总统。因此，创业教育中的创业意识类课程应当成为先决性内容，是它为学生的人生划界，寻找意义，澄清创业或不创业的理由。而且，这些思考和解决创业发展问题的方法可以迁移到更广泛的个人发展问题中，甚至它还意味着创业发展教育学的可能性。

一、创业是一种观念导致的行为

任何一门学科——尤其是和人的发展紧密相关的教育领域——都需要广阔的哲理视野、深刻的历史感和深沉的人本情怀。我同意奎因的看法，创业，它作为一个有深度的认知过程和一种关乎人生整体成败的生活方式，不应当被简单地理解为某种平面化的概念。常见的情况是，要么将创业教育急功近利地视为某种职业教育或"企业家速成班"，要么实际的教育方式——由于对教育实践难以评价而导致的教育者努力最小化——主要是静态的课堂灌输。试问，如果你从来没有体验过循规蹈矩的束缚，那么你对自由的理解是什么呢？如果你从来没有过对日复一日常规生活的厌倦，那么你怎会产生创造的激情？如果你从不做梦，那么你对创业的诉求又是什么呢？如果你从来没有痛苦于两个同等有力的观念之间的冲突，那么你的创业观又是如何演化的呢？

因此，创业教育既是一个结构，又是一个过程。它的结构和过程都不应该是平面化的。它不仅仅要围绕特定的行为能力，还必须包含着作为行为基础的观念和价值的教育——发展受教育者对价值的思维能力和作出价值选择的能力，尽可能帮助他们将创业行为同一个连贯的、有原则的生活

195

理想联系起来。换句话说，创业教育不仅仅要帮助受教育者"把事情做得正确"，还要帮助他们判断创业是不是"正确的事"。很多国内外的创业教育课程都开设关于创业意识、精神、伦理、心理等方面的内容。雅米森（Jamieson）把它叫作"关于创业的教育"。琼翰尼森（Johannisson）把它叫作"知道为什么"。但是，关于创业观这样一个对人生而言具有根本性的内容却是凤毛麟角。须知，兴趣、意识、精神、意志既可以发乎观念，也可以受到观念的抑制，还可以因观念的不同而配置于不同的事物之上。非常经典的例子是"杯子是半满还是半空的"。德鲁克在《创新和企业家精神》一书中引用了这个例子。德鲁克把观念变化看作是创业机遇的七个来源之一。为此他说道："从数学上说，'杯子是半满的'和'杯子是半空的'没有任何区别。但是这两句话的意义却完全不同，造成的结果也不一样，如果一般的认知从看见杯子是'半满'的改变为看见杯子是'半空'的，那么这里就存在着重大的创业机遇。"[①] 德鲁克又列举了一些发生在商业、政界和教育领域的例子，然后总结道："当认识变化发生时，事实本身并没有改变，但其意义却改变了。它从'杯子是半满'改变为'杯子是半空的'。"[②] 是的，决定杯子是半空还是半满的因素，是观念而不是事实。观念创新的作用甚至要大于经济状况的改变。一个赤手空拳的"无产者"仍然可以创业，但一个获得巨额遗产的人也可能坐吃山空，所以古语有云：富不过三代。如果人把自己视为不能自立门户的人，那么他可能一生都是受到他人支配的人。再如我们前面提到的威廉·鲍莫尔的研究：当创业精神不能被疏导到生产性领域时，当地的有组织的黑帮犯罪率就会上升。[③] 观念通过微观心理机制产生对应的意识、动机、需求和精神指向来统摄行为。谁能够否认，若不是信仰共产主义，先驱者们怎会主动、无畏和开创性地投身到革命的洪流中去？又有哪一个创业者的自我实现是在随

---

① 德鲁克：《创新与企业家精神》，张炜译，上海人民出版社 2002 年版，第 125 页。

② 德鲁克：《创新与企业家精神》，张炜译，上海人民出版社 2002 年版，第 131 页。

③ 参见威廉·J. 鲍默尔、艾伦·S. 布兰德：《经济学：原理与政策》，机械工业出版社 1998 年版，第 103 页。

遇而安的人生里"无意中造成的后果"呢？因此，郭尔凯郭尔说，你怎样信仰，就怎样生活。萨特也说，人不仅是他想成为的人，也是他选择成为的人。

二、创业观教育在中西方创业教育中的地位

目前，国内外创业教育对人的创业观和发展观一直没有给予应有的关注，在教育内容的设置上也涉及较少。这从加拿大不列颠哥伦比亚大学尚德商学院院长、创业学教授丹尼尔·F. 莫佐克的话中可窥一斑。他说："一个学生能不能成为企业家，是要由学生的头脑和观念决定的，这是每个人骨子里的事情，不是商学院能改变的。"[①]尽管创业教育者意识到了观念对行为的决定性，但往往把它看作是教育所不能及的东西而加以回避。一种更加极端的看法是认为"企业家是天生的"。考夫曼基金会主席兼首席执行官卡尔·J. 施拉姆在其新著中介绍了这种看法，他说："有一个学派认为，试图培养创业兴趣——从本质上说——是很愚蠢的做法。他们主张创业家是天生的，也就是说，他们是带着创业的愿望来到这个世界上的……创业家不是教育出来的，人要么对创业抱有强烈的兴趣，要么就没兴趣。"[②]

更加权威的论据，可以从 2004 年 6 月美国创业教育联盟（The Consortium for Entrepreneurship Education）发布的《创业教育国家内容标准》（National Content Standards for Entrepreneurship Education）[③]中找到。该标准分创业能力、准备能力和企业功能或商业技能三个部分，包括 15 项标准和若干表现性指标。创业能力部分中的第 2 项标准是"创业特征 /

---

①　陈雪频、穆一凡：《丹尼尔·莫佐克：商学院也能培养商业精神》，《第一财经时报》2006 年 11 月 27 日。

②　卡尔·J. 施拉姆：《创业力》，王莉、李英译，上海交通大学出版社 2007 年版，第 60 页。

③　参见 The Consortium for Entrepreneurship Education, Toolk it for the National Content Standards for Entrepreneurship Education, http://www.entreed. org /Standards Toolk it/, 2010.07.15。

行为"，涉及创业教育的几个精神类指标：

B 创业特征/行为

一、领导能力

B.01 表现诚实和正直

B.02 表现负责任的行为

B.03 表现主动性

B.04 表现有道德的工作习惯

B.05 拥有达到目标的激情

B.06 认可其他人的努力

B.07 领导他人使用明确的陈数

B.08 发展团队精神

B.09 招募人为一个共同的愿景努力工作

B.10 在适当的情况下共享权威

B.11 重视多样性

二、个人评价能力

B.12 描述主要的创业型个性特征

B.13 测试个人的偏见和老套思维

B.14 测试兴趣

B.15 评价个人能力

B.16 执行自我评估以确定创业潜能

三、个人管理能力

B.17 保持积极的态度

B.18 论证兴趣和热情

B.19 作出决定

B.20 确定改变的方向

B.21 论证问题解决技能

B.22 评估风险

B.23 个人承担作出决定的责任

B.24 运用时间管理原则

B.25 发展对模糊性的宽容

B.26 对个人成长作出反馈

B.27 论证创造性

B.28 确定个人目标

在上述 28 个指标中，只有 B14（测试兴趣）、B18（论证兴趣和热情）、B19（作出决定）、B28（确定个人目标）四个指标和创业观念间接相关，它们分散在"个人评价能力"和"个人管理能力"中。观念问题既没有被直接提出，也没有形成独立的部分，更没有赋予其统摄的地位。这充分说明了观念教育在创业教育中的现实状况。那么，为何创业教育长期以来放弃了对创业观念和人的发展问题的关注？我们认为是以下四个原因造成的。

第一，创业哲学的缺失。任何一门学科都需要广阔的哲理视野和深沉的人本情怀。创业作为人的劳动和存在方式，和人的本质力量、自由、幸福、人生意义、潜能开掘以及自我实现息息相关，从而决定着创业教育的许多重大理论实践问题都需要哲学的介入和统摄。包括探讨人的创业发展，创业教育的本质、核心价值、知识论，创业观念所蕴涵的世界观、历史观、价值尺度和观念教育的一般方法论问题，等等。就目前而言，创业学作为一门隶属于管理学的课程，发展相对成熟，在国外的创业学院或商学院已经普遍开设，成为创业教育的核心课程。但总的来看，创业教育学目前还处于发育当中，对创业哲学的研究更是接近于空白。

人的创业发展及其观念应是创业哲学的核心内容。离开了创业哲学统摄的创业教育，不免沦为一种无法为行为提供意义的、在价值上表现为功利取向、在内容上表现为生存技能的教育。诚如汪丁丁所言："当整个社会被嵌入到一个以人与人之间的激烈竞争为最显著特征的市场之内的时候，教育迅速地从旨在使一个人的内在禀赋在一套核心价值观的指引下得到充分发展的过程，蜕变为一个旨在赋予每一个人最适合于社会竞争的外在特征的过程。"①

第二，创业被视为纯粹的经济活动。受创业学和企业家理论发源于经济学、管理学的影响，人们普遍将创业看作是纯粹的经济活动，将创业的目的看作是为获得潜在利润或提高经济绩效，因而导致了创业教育的功利主义取向。如萨伊在《政治经济学概论》中提出"三位一体"价值分配公式，认为利润归创业者；马歇尔认为，创业是组织生产、承担风险和为追求成本最小而开展的生产创新；奈特认为，创业是对不确定性的处理；熊彼特认为，创业者是"全新的生产函数的构造者"；奥地利学派米塞斯、门格尔、魁奈、柯兹纳、利本斯坦等人认为，创业是对潜在利润的敏感和知识的利用，创业者使社会生活成为可能，同时推动社会变迁；科斯和诺斯认为，创业者致力于制度创新；联合国教科文组织提出，大学生"不再仅仅是求职者，而首先成为工作岗位的创造者"；等等。这些对创业和创业者的说法无一不是"见物不见人"的经济学式的理解，着眼于"物"的重组方式而不是人的发展方式。

当然，我们无意指责经济学、管理学或创业学，因为站在学科分工的立场上研究创业和创业者是经济学或管理学的本分，它无法越俎代庖地进入到哲学和教育学当中。经济学的假设是"理性人"而不是追求发展、自我实现和超自我实现的人，是成本最小收益最大的普遍性个体而不是有着非他莫属的观念的每一个个体。所以，经济学研究的出发点可以是理性动机，落脚点可以是经济后果，对人为什么会产生价值追求则不做探究，对谁应该和适合创业不加区分，对个体的心灵和精神特殊性完全不予理会。虽然经济学不否认观念的重要性，但是仍然拒绝研究创业行为的心理机制、道德情感和价值观念，因为它们不符合经济学的普遍主义原则和可实证性，不能从严密的逻辑，例如从数学和模型一类的方法中推导出来。所以，经济学总是经济的"科学"，而不是经济的"人学"。

---

① 汪丁丁:《教育的问题》,《读书》2007 年第 11 期。

　　于是，我们看到，在很大程度上，目前的创业教育观念主要是功利性取向的，其哲学根源是实用主义的工具理性。它不是首先关注学生的人生、价值、需要、意义等这些关乎心灵安顿的更根本的问题，也不区分学生之间的差异性，而只是把学生看作是既定资源的创造性配置者和善于谋利的机器。在这样的认识前提下，创业教育者把创业能力看作是一种特殊的技能，教育的目的就是为了培养能够创办企业的创业者，提高他们创业的成功率。上述认识决定了创业教育观念只能是停留在局部实践层面上的观念，此阶段的创业课程只是在商学院或者工程学院中开设，教育对象是那些具有明确创办企业的学生，所以，这种创业教育也被称作"企业家教育"或是"创业成功学"。但是，事实上，商学院所能输出的创业才能与经济发展的需要相比是远远不够的，因此目前大多数国家的创业教育已经扩展到面向全体学生，这样的创业教育不能不首先询问创业的理由和目的，从而涉及人的心智、价值、观念、发展预期和生命意义。

　　虽然创业学和企业家理论是从管理学和经济学中孕育而出的，并导致了创业教育的功利主义取向，但是超越创业的经济学理解、把创业行为和人的发展统一在一起的责任，原本是在创业哲学和创业教育学这里。更何况，经济学对创业的理解完全不应当妨碍创业教育采取人本主义立场，把创业看作是人的本质力量的对象化，是人通过实现环境潜能达到自我实现和全面自由发展的方式；不妨碍我们把创业教育看作是促进潜在创业者的心智结构更加符合自我创业实现的一种教育实践。

　　第三，用普遍、灌输的政策和口号教育替代选择和澄清的观念教育。政策教育是国人再熟悉不过的事物，它是宣传教育工作的重要内容和方法，有利于短期内以最小成本和最高效率维持一个社会的共识。近年来我国中央和地方众多部门密集出台了许多鼓励大学生创业的政策，其核心无外乎围绕融资、开业、税收、创业教育、培训指导、表彰奖励等。

　　口号一般源自政策，为了通俗有力而使用极其简洁和鼓舞性的语言。以 2009 年上海市人力资源和社会保障局开业指导服务中心在"创业口号征集活动"中入围的 17 条口号为例：

· 自主创业，放飞梦想！

· 自强志在心，创业践于行！

· 创业，给自己一个实现梦想的机会！

· 创业带就业，双赢促和谐！

· 梦想在心中点燃，创业在脚下实现！

· 一人创业，众人受益；众人创业，社会进步！

· 有梦想就会有希望，敢创业总会有收获！

· Enlighten Your Life！ （可翻译为：我创业我精彩或创业点亮生活！）

· 选择自主创业，演绎自强人生！

· 创业有路勇为径，商海无涯诚作舟！

· 以创业带动就业，以就业创造和谐！

· 笑对创业艰辛，谱写辉煌人生！

· 用心创业，放飞梦想！

· 创无止境，业达天下！

· 创业，用理想撬动现实！

· 创无限可能，赢财富人生！

· 创业就业一小步，和谐社会大进步！ [①]

口号可以在并不计较其严谨性的情境中发挥作用，例如可以在校园里宣传上述任何一个口号。不过，口号因其过于简约，无法传递口号得以成立的前提和边界，因此教育者要特别慎重看待这些口号，而不能简单地在教育实践中加以普泛运用，尤其危险的是不能用将口号错误地替代了个人追求的目标。

政策和口号作为非中性的公共信息，具有行为导向作用。在促进公共信息传播和社会共识的意义上，政策和口号教育是有积极意义的。但是，若它导致了观念灌输或不恰当地替代了观念教育，就可能会造成失误。这

---

① 参见乔礼：《25条入围的创业口号最新出炉》，《新闻晨报》2009年11月5日。

在中国就业创业教育实践中并不少见——倾向于用政策和口号教育来替代观念教育，执"正确"之牛耳教而不育。即便是所谓"转变就业观念"的观念教育，其方式也往往不是通过促进思维发展、扩展选择范围、澄清价值、提升价值选择能力等，而是通过同义反复的单向说教过程，例如"到基层去"、"先就业、后择业"，等等。教育者这样做是有原因的。首先，与政策保持一致可以避免若非如此便可能受到的非议。其次，灌输特定和不容怀疑的观点所付出的努力程度较低，因为教师不必再为学生提供和营造一个系统和完整的观念发展环境，也不必去注意学生之间的差异性。最后，教而不育，多半还和不晓得怎样去"育"有关。一方面，多年形成的灌输而非开放、讨论式的人文教育，使得教育者没有机会积累"育"的能力；另一方面，创业教育的人事劳动制度还不能提供足够的激励，使得教育者愿意持续发展他的开放式教学能力，以至于教育者缺失认真不息的专业精神和精深的专业水准。

然而，事关学生安身立命的创业教育，必须是个人而不是社会本位的，是权利的自由选择而不是义务的。"以每一个人为目的"是教育的信仰。教育本来也不应该将个人本位和社会本位对立起来，只有病态社会里才会发生这样的事情。在一个健康的社会里，整个社会是马克思所崇尚的"真实的集体"，个人和社会是高度相容的。在其中，个人越是得到充分的发展，社会目标越就容易得到实现。因此，创业教育首先应将任何一个"我"从"我们"中划分出来。创业对每一个个体具有不同的意义，这意义是私己的、个人的和主观的。既然我们无法预知或安排他们的人生，我们当然也就不能指定他们应持有什么样的发展观念。[①] 是否创业、为何创业、何时创业、如何创业的真理只能是多元的，只是从每个人的特定角度看上去的真理。

与此同时，创业教育者也不应武断地认为，走入课堂的学生对创业发

---

① 参见 Raths, L.E, M.Harmin, S.B.Simon, *Valuesand teaching: working with values in the classroom*, 2nd Columbus Ohio: Charles E. MerrillPublishing Company, 1978。

展的理解已经是自明的了，而是要认识到，辨明意义、澄清价值、确立发展观念恰恰是需要教育者帮助他们所做的首要工作。这种帮助，断然不能采用灌输的方式。因为灌输开始的地方，理解便终结了。灌输而进入教育对象头脑中的，仅仅是固定为概念的符号之间的关系，而不是现实世界里发生着的、因人而异和不断变化着的因果过程，它将阻碍学生自主地进行理智思考和采取行动的自由，使教育要么成为一种变相的"洗脑"，要么被学生完全当作"噪声"而过滤掉，最终错过观念发展的最佳学习阶段——像我们在大学里看到的那样，很多学生不知道自己应该坚持什么原则、价值、理想，不知道什么是在任何情况都不应放弃的生活，而只是被裹挟在生活的洪流里无目的地奔跑。他们之中幸运的人，也许晚些时候可以在生活中学会生活，体悟到原本早就应由教育帮助他们领略到的人生见识。还有一些人——或许不在少数——终其一生都不曾有所体悟。

第四，生涯教育的提前介入和普遍开展，以及人本主义的整体教育观。生涯教育（career education），源于西方 20 世纪 70 年代提出的旨在解决学校教育与社会生活脱节问题，试图引导青少年从'升学主义'转向个人生计与未来发展的观念。生涯教育理论在西方已经比较成熟，著名的有帕森斯的"三阶段理论"、霍兰德的"类型学"理论和各类量表、舒伯的"过程取向理论"和"彩虹图"、加里·彼得森等人的认知信息加工理论。职业生涯是生涯教育的重要内容。舒伯认为："职业生涯是生活中各种事件的演进方向和历程，它综合了人一生的各种职业与生活角色，由此表现出的个人独特的自我发展形态。"[①]生涯教育在西方的各个教育阶段都普遍存在，主要是对人心中值得追求的长期目标进行澄清，围绕它开展一系列工作选择的教育或训练活动。

生涯教育与政策教育相反，它是西方教育的特色，也是西方创业教育不关心观念教育的主要原因之一。因为在某种程度上，创业发展的观念教育已经包含在生涯教育当中了。西方创业教育者一般认为，接受尤其是主

①　沈之菲：《生涯心理辅导》，上海教育出版社 2000 年版，第 11 页。

动接受创业教育的人在观念上已经是自明的了，因而不再需要反复地重新评价、阐释和继续发展。

较成熟的生涯教育发展理论来自西方而不是东方并不是偶然的，这是文艺复兴以来的人本主义传统使然。这个以人本主义为方法论和价值基础的思想传统已经渗透到教育的方方面面。例如，美国大学考试中心（ACT）开发了一种叫作 ACT 工作世界地图的生涯理论和测量工具。凡是 ACT 组织的大学入学考试中，都有对人格、兴趣、价值观的测量。在人本主义传统之下，各类教育的目的首先不在于训练学生的专业技术能力，而在于培养智慧，使他们具备良好的推理、反省、选择和决定的能力。教师也不再是先定正确的传道士，而是苏格拉底式的观念的"助产士"。如此处处以学生为中心、尊重个体差异发展个性的教育，体现在观念的发展上，自然不再遇到中国式的观念教育问题，从而在西方创业教育中对观念问题不加以特别关注就是可以理解的了。

以上我们分析指出了西方创业教育之所以不注重观念教育的原因和合理之处，这使我们看到，虽然创业发展观教育应当统摄整个创业教育，但是在不同的文化教育传统中，其统摄和表现方式并不是固定不变和唯一的。在一贯重视教育对象自我探索和观念发展的西方教育体系里，创业观和发展观等观念教育早就广泛地存在于各类和各阶段的生涯教育当中，再考虑到西方教育与社会实践的须臾不离早已为学生的观念发展提供了必要的生活舞台，导致在西方创业教育未必需要再行设计一个专门的观念教育单元。这反过来也恰恰说明了，越是在以灌输为主要方式、以教师为中心、以义务为价值取向、以静态知识为内容的教育体系里，创业教育就越是需要对创业发展观教育格外重视并作出专门设计。在这个意义上，创业观教育可以说是中国大学生创业教育发展的首要的和核心的问题。这个问题目前已经引起教育管理部门的重视，并在政府文件中予以正式提出。2012 年下发的《教育部办公厅关于印发〈普通本科学校创业教育教学基本要求（试行）〉的通知》，对教育目标做了如下界定：（1）"使学生掌握开展创业活动所需要的基本知识"；（2）"使学生具备必要的创业能力"；

（3）"使学生树立科学的创业观。主动适应国家经济社会发展和人的全面发展需求，正确理解创业与职业生涯发展的关系"。[①] 这是教育管理部门第一次在创业教育中提出创业观教育，而且将它同人的发展联系起来，表明了政府对创业观教育的高度重视。

第三节　创业发展观教育的目的和方法

创业发展观教育乃至于整个创业教育，都涉及教育的目的问题。目的问题如此重要，因为它决定着教育的方法。在这个问题上，存在着两种不同意见：是不加区分地鼓励学生创业，还是着眼于改善他们关于人生与发展的思维能力。不同的目的反应到方法上，可能是截然不同的。前者可能导致灌输和思想动员，后者需要的则是对话、反思、批判和创造。因此，本节将深入探讨创业发展观教育的目的，在此基础上讨论如何通过恰当的方法使学生的观念得到恰当的促进。

一、创业发展观教育的目的

在本章第二节，我们论述了创业发展观教育对创业教育的统摄。在它的基础上，我们可以直接给出创业发展观教育的目的：培养人关于创业和发展问题的创造性思考力[②]，促进创业观念的发展，降低不明智创业行为的几率，使创业行为和人的发展保持内在一致性。明智的创业行为要求明智的创业观念作为前提，明智的创业观念和发展观念是内在一致的，创业

[①]　教育部：《教育部办公厅关于印发〈普通本科学校创业教育教学基本要求（试行）〉的通知》（教高厅〔2012〕4 号），http://www.moe.edu.cn/publicfiles/business/htmlfiles/moe/s5672/201208/140455.html，2012 年 8 月 1 日。

[②]　参见阿尔弗莱德·怀特海：《教育的目的》，徐汝舟译，生活·读书·新知三联书店2002 年版，第 2 页。

行为只有置于发展的序列中才会变得恰当，才能最大程度地有助于创业者的发展和自我实现。在这个意义上说，创业观教育不在于帮助学生作出是否创业的决定，它没有任何特定的立场，也不致力于教授更多新的内容，而重在试图激发学生"以美学的态度审视人生"，通过提供能够促进他们观念发展的环境，去发展他们对职业和人生的理解，开拓看待发展行为的思维，提高他们认识自我和社会并将它们和谐组织在一起的能力，提高他们根据观念落实行为的能力。这种改善对追求自我实现的学生而言，具有影响终身的积极作用。如果学生不能在大学阶段得到有效的改善，这种错过也许会在职业生涯中得到某些补救，但也可能使他们发展出一些坚固的防御物。因此，学生们应该在大学阶段得到某种帮助，以便使他们在这方面做得更好一些。

这种改善可以通过教育来进行，换句话说，创业观教育之所以具有教育性，是因为以下四个方面。

第一，杜威认为，观念是通过经验的过程和方法确立的。因此，只要教育的过程和方法能够改变教育者的经验集，教育就是可能的。许茨也说，观念是基于常识的二次建构。这二者说的道理是一样的。

第二，几乎每个人作出创业的决定都不是无原则的，但是他们所依据的原则，在获得更多经验的情况下可能被修改或放弃。

第三，很多人创业的依据不是来自或单纯来自于某种生活方式的原则，而是包含着对创业行为后果的预期。教育可以通过使学生体验和检查预期后果的方式，来对这项依据加以改进。

第四，对任何个体来说，虽然教育本身无从判断创业是不是正确的行为，但是通过教育可以让他明晰他的创业观念是否来自于成熟的推理和依据。

黑格尔两百年前在海德堡大学的演讲，今日读来仍发人深省。他说："时代的艰苦使人对日常生活中平凡琐屑的兴趣予以太大的重视，现实上很高的利益和为了这些利益而作的斗争，曾经大大地占据了精神上一切的能力和力量以及外在手段，因而使得人们没有自由的心情去理会那较高的内心活动和较纯洁的精神活动，以致许多较优秀的人才都为这种艰苦环境所束缚，并且部分地被牺牲在里面。因为世界精神太忙碌于现实，所以他不能转向内心，回复到自身。"[①] 这正是萨特说过的那种"信仰的败坏"，它只能导致虚无主义。正因为外在的世界过于忙碌而使人无法自拔，才需要像苏格拉底那样的提问者。要知道，自我实现的前提是自我发现。海德格尔也说过：存在者以自我认识的方式成其本质。今天的大学教育，需要系统和有组织的苏格拉底们，他们不是说教者，而是心灵的导师，为着受教育者的认识发展而展开不断的对话。这就是创业观教育的目的。它可以说是高校人文教育不可或缺的重要部分。它是对"认识的认识"、对"思想的思想"、对"观念的观念"，是高夫曼"主我"对"宾我"的审查，使受教育者有机会以自身为对象进行反思。它不提供更多的适应于市场竞争的专业技能，只是深沉地叩问人生。

二、创业发展观教育的方法

创业观教育的目的是逐步促进学生的创业观朝着更加成熟的阶段发展，使他们的创业观、发展观和创业行为保持更高的一致性。为达到这个目的，我们在这里初步提出一个教育方法。这种方法并不新鲜，它在西方道德教育中很常见，典型如价值澄清学派和认知学派。我们的工作只不过是将其迁移到创业观教育中来。

我们知道，在现实的思想道德教育实践里，基于某些原因，教育者可能并不关注学生的心理活动、思维发展水平和它的阶段性，不关注学生思考道德、政治问题或更加广阔的人类事务的思维方式和据以作出判断的原则与价值，而只是关心他们在试卷上写出来的答案。反映到方法上，这种教育有如下特征：(1) 要么直接使用远远超过学生平均思维水平的抽象说理，不考虑观念与学生思维的匹配性，例如灌输某种高远的信念，要么使

[①]　黑格尔：《哲学史演讲录》第 1 卷，贺麟、王太庆译，商务印书馆 1983 年版，第 1 页。

用某种特定和不容检查的推理过程；（2）保持一种居高临下和高人一等的权威，用权威把教学活动维持成一种正确和秩序的条件反射，或是以权威生成的话语权去弥补教育能力的不足；（3）不考虑学生的差异性，只是试图建构起"铁板一块的意识"；（4）辅以温和谨慎的惩戒措施，例如给"另类"或"激进"的学生营造一种孤立感，使他们产生不适、失调进而退缩。我们无意评价这种教育方法在思想道德教育领域的运用，这里要指出的是，如果将它运用到发展观念这样的纯私人领域内，就会妨碍学生充分运用他们自己的思维，使原本可以刺激学生在内部发展起来的推理、反思、判断和解决观念冲突的能力被消解了，那种原本可以深入到心理活动中而建立起来的信念、原则、意义、理想也不再可能。教育者绝不能再寄希望于通过直接的灌输式教学，将观念直接教给学生，因为人对自我发展的判断，甚至于观念所依据的原则、价值和理想都不是直接可教的。它们不可能从外部强加给学生，它是纯私人的，它的演化是内生的，是一连串复杂的感性知觉、情感、希望、价值以及调节思维的精神活动联系在一起的认识发展过程[①]，它无法如物体般被拥有，也不能如物体般被抛开。教育固然可以促进这种演化过程，但是教育者必须掌握相应的能力和运用正确的方法，否则教育会蜕变为一系列无关痛痒和离题万里的闲谈。

我们尝试着提出如下方法：

第一步，设法了解学生当前创业观念的发展水平。只有说出创业和发展是什么，它们才是充实的和有意义的，否则它就是不明和空洞的。了解教育对象可以说是这种教育有效施行的前提，因为发展是通过阶段递进发生的，这就像我们走台阶逐级上行一样，不可能一步登天。了解学生创业观的发展水平不仅限于了解他的发展偏好和观念所处的阶段，还包括了解他的思维方式或认知结构，这是决定他所处阶段的重要原因。正是这些问题造成个体间的重要差别。要知道，在这些问题上面，每个人都是"以某

---

① 参见阿尔弗莱德·怀特海：《教育的目的》，徐汝舟译，生活·读书·新知三联书店2002年版，第6页。

种方式理解世界的,而且它形成某种型式思维,或者只思考某些事物,或者他是用特殊的眼光理解事物的"①。总之,教师要通过各种方式外化学生的价值观,使之呈现出来,这样才可以了解学生和引发自我反思,也为教师提出问题指明方向。

第二步,提出问题,诱导他们意识到观念集里或观念和行为之间存在潜在的冲突。发展从来都不是随遇而安的,在发展问题上的各种决定和行为都应当和人所坚持的总的价值或原则相一致,由此才能构造起一条条前后连贯的发展道路。因此,观念发展需要这样一种思考,即把人现实的或是预期可发生的行为与价值和原则之间建立联系。这种联系是一种一致性思考,它让我们审视并引发对观念的检查。因此,教师可以根据学生的观念发展水平,设计并提出一个能够揭示当前阶段存在冲突的情境。一般的做法是围绕包含冲突的两难问题进行设计,目的在于引起学生在认知上的冲突,即在新的情境中不能确定目前的观念是否合理。例如,请学生首先陈述他们的创业观和依据的理由。如果学生表示为谋利而创业,教师可以提出发展手段、目的和限度问题,使学生意识到创业观与发展观的不一致性,而且这种不一致性运用现有阶段的思维不能得到解决,令问题自行显现。皮亚杰认为这种手段是有效的。因为当一个人被给予一个对他的思维阶段来说是不适合的问题时,他就会被激励去怀疑或放弃那种思维方式。这种方法经常被称为"苏格拉底法"。这种方法之所以著名,"不是因为他向他的门徒提供了答案,而是因为他向他们提出疑问,因为他运用恰好可以帮助学生思维的正确方式来提出各种问题"②。

第三步,向学生揭示下一个较高水平的思维。前发展阶段的思维特征之一是以外在事物为思考中心。与他相邻的发展阶段是以自我发展为中心。在提出一个可以引发前发展阶段认知冲突的问题后,教师可以安排相

---

① 霍尔·戴维斯:《道德教育的理论与实践》,路有铨、魏贤超译,浙江教育出版社2003年版,第92页。

② 霍尔·戴维斯:《道德教育的理论与实践》,路有铨、魏贤超译,浙江教育出版社2003年版,第104页。

邻发展阶段的学生开展相互讨论，让他们通过相互交流，体验他人的观念、依据理由和推理过程。通过比较不同发展阶段的思维，令学生意识到以外在事物为中心和以自我发展为中心在观念上的区别以及对发展后果的可能影响。这样，原来曲解了世界或误解了自己的学生就可能修改这种认识，并努力寻找一种更好的解决冲突的办法，为进一步的综合建立基础。

第四步，鼓励学生在更高阶段上作出综合。在上面的情境中，学生已经体会到，不成熟的创业行为来自于不成熟的创业观念。学生在讨论中已经试图寻找更加成熟的创业观念，此时，教师应该促进学生自发地运用更高阶段的思维，检查他们用以解决冲突的思维方式和推理过程，找出其中的不当之处，帮助他们体会用更高阶段的思维来解决冲突的方法，促进他们在经验的现象领域与自我的概念结构之间获得一种根本的一致性。

到此，我们需要澄清三个重要问题。第一，上述方法可能不会在所有阶段都取得明显的效果。教师很难提供一种恰当的环境，使原本应在长期社会经历和深厚人生体验中才能发展起来的思维，仅仅在教学中得到有效促进，除非学生同时展开学习过程和社会实践——像美国大学生那样，他们平时的作业不叫 Homework，而叫 Project（项目或任务）。我们应当谦逊地承认，"最完善的正式课程，也只能完成创业教育中的一部分。说到底，课堂教育无法提供哈耶克说过的"理性不及"的东西，从而创业才能不是一种能够被正规教育系统而完整生产出来的人力资本"①。第二，围绕创业观发展阶段开展的教育，并不是要造就创业观超前发展的学生，而是要尽可能使学生有恰当的发展水平，使他的创业行为处在一种较为成熟的观念指导下。第三，情境的设计要紧紧围绕生活世界。观念从真实的生活中来并应用于生活。"生活世界是人的真实生活所须臾不可缺少的背景，人在生活世界中创造自己、完善自己、超越自己，寻找生命的意义。"②因此，创业观教育必须提供必要的环境，使观念和生命体验共生演化。

---

① 杨晓慧：《创业教育的价值取向、知识结构与实施策略》，《教育研究》2012 年第 9 期。

② 韩秋红：《"能否言说"与"有无意义"》，《社会科学战线》2009 年第 5 期。

上述教育方法只是部分，它不代表一种完整的方法体系和教育计划。事实上，认知学派和澄清学派中的很多方法都可以被借用，而教育也应该在课程讨论之外创造更多种类的环境丰富学生的体验。像黑格尔所说的那样，构成观念的内容和意义的，乃是整个展开的过程。随着国家对高校开展创业观教育提出要求，我们期待更多的相关理论和实践探索。

第四节　教师的作用及其专业化

教育的有效施行，乃是包括教育者、内容、方法、环境在内的各要素在理论和理性的基础上科学地加以组织的过程。这个过程是由教师组织起来的，因而教师的作用异常重要。创业观念的教育更是如此。它之所以需要专业化的师资，是由它承担的任务决定的——那些没有经过专业化的教育过程不可能胜任，它包括了生涯规划、偏好探知、营造环境、发展思维、观念博弈等复杂的心理精神活动。因此，只有认识到教师在创业教育中的极端重要性，才有可能提出教师的专业化发展问题。

一、教师的作用

在目前的创业教育实践中，关于创业观尤其是对每一个个体看待创业所关乎的价值内容和选择过程并不常见。取而代之的，是教育者在教育对象能够清晰陈述和澄清自己的兴趣、抱负、信仰、生活态度、人生意义以及其他许多或然价值指示之前，要么不加区分地灌输某些口号或似是而非、不能一概而论的观点，例如我们耳熟能详的那些说法："先就业，后择业"、"到祖国最需要的地方去"、"鼓励自主创业"等；要么急于传授缺乏价值观指引的各项创业技能。我们必须承认，长期以来，在"经济发展方式转变"和"以创促就"的压力之下，创业教育在实践中变得急功近利，表现为以提高创业率为中心，但在帮助教育对象确立更加符合远期效用的发展观念方面却成效不大。这诚如汪丁丁所言："当整个社会被嵌入到一个以人与人之间的激烈竞争为最显著特征的市场之内的时候，教育迅速地从旨在使一个人的内在禀赋在一套核心价值观的指引下得到充分发展的过程，蜕变为一个旨在赋予每一个人最适合于社会竞争的外在特征的过程。"①

理想的创业教育，必须按照行为意义—行为能力的逻辑展开它的实践：（1）如果教育对象不知道他们究竟具有什么价值和理想，不知道什么才是"值得珍视的生活"，那么教育应当帮助他们发展自己的见识，澄清自己的价值偏好和各种行为的意义，扩展、确认据以作出决定和放弃其他价值的理由，从而提升他们预期效用与其生命欲求内在相符的程度。如乔布斯所说，最优先的是你必须找到你所爱的东西。（2）如果教育对象不能确切地知道如何把他们的价值和理想运用于实际的情境，那么教育者应当扩大他们的生活体验和信息基础，从而帮助他们扩展可想象的具体发展道路和后果的集合，改进他们作出决定的能力。（3）最终，如果教育对象没有足够的信心把他的价值和理想付诸实践，此时教育者应当竭尽全力帮助他们提高相应的就业创业技能，从而提高落实价值和理想的"可行能力"。

虽然，在强大的社会力量面向，教育的作用难以与之抗衡，但这显然不应当妨碍教育按照它本来的理想和规律开展实践；况且，创业教育本不需要承担说教的任务——去灌输那些与社会力量一致或相左的特定价值观。教育者应当秉持的信条，首先是相信每一个人对他的人生都有着独一无二和非他莫属的价值判断，把"以每一个人为目的"当作自己的"绝对命令"；其次是着眼于人"形为心役"而不是"心为形役"的发展，为着教育对象人生的整体而不只是某些短期目标；最后是要完全摒弃观念和价值灌输的做法，以每一个学生为中心，帮助他们自主发现值得珍视的价值，发展他们作出价值选择和发展道路的能力。②

---

① 汪丁丁：《教育的问题》，《读书》2007 年第 11 期。

② 参见邹云龙、韩秋红：《从业决定的过程分析及就业创业教育的介入选择》，《东疆学刊》2012 年第 3 期。

（一）观念的助产士，而不是观念的灌输者

教师在创业观教育中，不能再依靠传统的教育方法和秩序森严的教学环境，而是要在一个公正、开放的生活共同体中开展，这个教育过程没有标准答案，要鼓励学生进行批判性思考，以使观念自行呈现出来。这就要求教育者要把自己放置于中立的立场上，学会倾听和移情、平等对话、建立信任、营造气氛和环境，积累促进观念发展的技巧和组织教育环境的能力。

（二）观念发展的促进者，而不是知识的传授者

"教师大多对学生们是如何思考的没有多少探索的兴趣，而是感兴趣于告诉他们应该思考什么。"[1]但是，创业观教育里没有过多静态的知识可以教授，而更多的是一些方法、技能和教师营造的环境及其包含着的潜在信息。教师不仅要把重点从知识转移到思维方式和推理过程上，而且还要知道每一个学生都是独一无二、有着非他莫属的特质的个体，所以教师不是告诉学生决定什么，也不能依据他的评判标准去评价学生的观念的对错，而更多的应该是去判断学生所依据的理想、原则和推理过程是否恰当，刺激他们更成熟地思考，促进观念的内生发展。

（三）解决问题活动的发起人，而不是问题的解决者

正如克拉斯沃、布卢姆和迈西艾指出的："事实上，我们所谓好的教学，大部分就是教师通过向学生固有兴趣提出挑战并促进他们讨论问题，从而来达到情感目标的那种能力。"[2]教师不能制造不属于学生的问题，而要把潜在的问题以恰当的方式摆上台面，或者把普通的生活事件提到值得反思的高度。同时，教师也无力解决问题。他不能替代学生去反思和悟道，他只需要懂得如何促进这个过程——用新鲜的生活体验来重新阐释学

---

[1] 柯尔伯格：《道德教育的哲学》，魏贤超、柯森等译，浙江教育出版社 2003 年，第 12 页。
[2] 霍尔·戴维斯：《道德教育的理论与实践》，路有铨、魏贤超译，浙江教育出版社 2003 年版，第 118 页。

214

生们已然习惯了的概念，帮助学生考虑有意义的观念冲突，促进学生发展解决观念冲突的新思维——就足够了。

二、为什么需要专业化的教师

创业教育的主要任务是：（1）帮助学生认知自我和社会；（2）在自我和社会协调认知的基础上，帮助他们确立人生的核心价值观；（3）进一步地，帮助他们在核心价值观的指引下，规划自己的职业生涯；（4）最后才是因材施教地培养他们在职业发展中必须拥有而且在技术上可教的那些能力。此外，还有若干无须专业化便可以开展的教育内容，例如形势分析、经验技巧一类。对于这些内容，因其可以被任何一位注重经验积累的事务型工作者所传授，故此处不作分析。

在现行高等教育分工的格局中，上述任务中的前三项，只能由创业教育而不能靠思想教育来完成。至于第四项任务，创业教育只能是补充性的。例如，创新精神与创新能力的培育，其主渠道是贯穿于整个人才培养的课程体系。试想，若专业学习的主渠道全然是教师中心、非问题导向和静态知识灌输的，又怎么可能指望创业教育来扭转局面呢？

为什么前三项教育任务需要专业化？首先，关于职业生涯教育的专业性，已经被普遍认同了。众所周知，在过去几十年中，生涯理论的工具、分支和学派日益增多，蔚为大观。显而易见，这说明它的专业化程度正在加深。从事生涯教育的教师必须经过专业的训练，掌握专门的知识、理论、方法和技能才能恰当地开展工作。鉴于生涯教育的专业化已经达成广泛共识，不再赘述。

其次，为学生创业行为赋予意义的观念教育。观念教育的确非同一般，和传统上人们的印象不同，它要求彻底的专业化。要知道，这种事关学生安生立命的教育，必须要"以每一个人为目的"。这就要求创业教育首先应将任何一个"我"从"我们"中划分出来。像诺贝尔奖得主埃里·韦塞尔在一次演讲说的那样：问题把我们聚到一起，答案则把我们分开。创业对每一个个体具有不同的意义，这意义是私有的、个人的和主观的。在人的发展问题面前，那种具有唯一性的真理已经死了。既然我们无法预知或安排他们的人生，我们当然也就不能指定他们应持有什么样的发展观念。[①] 如此，是否就业／创业、为何就业／创业、何时就业／创业、如何就业／创业的真理只能是多元的。如邓晓芒所说，每一个人都有着非他莫属的人生，人"不可能根据是否'走的人多了'来辨认出一条'路'"。[②]

这样的观念教育如何能够施行？观念不能如物体般被轻易拥有和抛去。知觉告诉我们存在着某种东西，思维告诉我们它是什么，但只有情感才能告诉我们它是否令人满意。观念的演化不仅仅是一系列的概念运动，更蕴涵着深刻的人生体验。帮助受教育者的观念得到发展的教育，既是一种慎思明辨的反思过程，还是一种受教育者体会到真切情感的过程。因此，作为观念的助产士，教育者要在学生职业与人生发展的知觉、思维和情感方面同时开展工作，这是高度专业化的工作，绝不是擅长管理的大学辅导员和惯于灌输的普通教师可以胜任的。

三、教师的专业化发展路径

我国创业教育的专业化进程起步较晚，在国家要求面向全校学生开设普及型创业教育的情况下，师资需求十分巨大，因而目前严重缺乏一支在数量和质量上能够满足和适应于普及型创业教育的专家化师资队伍。这一问题已成为制约我国大学生创业教育发展的瓶颈之一。从现有情况观察，创业教育师资队伍的来源主要分为三类：学院型的商学院专任教师、管理型的就业创业工作人员、社会型的社会讲师和企业家。可以说，这三类人员都不是普及型创业教育的专家化师资。学院型注重创业学术而轻教育实践；管理型长于组织活动而弱于知识基础与规律把握；社会型

---

① 参见 Raths, L.E, M.Harmin, S.B.Simon, *Valuesand teaching: working with values in the classroom*, Ohio: Charles E. MerrillPublishing Company, 1978。

② 邓晓芒：《灵之舞》，东方出版社 1995 年版，第 218—219 页。

注重实战体验，对学生具有感染力和说服力，但由于其个人经验很难按照教学规律进行梳理和提升，导致难以在实际中复制和运用。[①] 在我们看来，创业教育教师的专业化路径首先是创新制度安排，使教师得到专业化积累的激励和安身立命的土壤，其次是注重专业化进程中的知识分工与协调问题。

（一）制度原理

好的创业教育端赖于从事它们的专家群体，这诚如韦伯所说："任何国家、任何时代都不曾像近代西方这样深切地体会到，国家的生存，它的政治、技术和经济的状况绝对地、完全地依赖于一个经过特殊训练的专家系统。"[②]

根据贝克尔"人力资本时代"理论，专家是由专业化——长期在一个方向上积累人力资本的过程而来，只有通过这个过程"能够使其知识结构与任何其他劳动者相比保持着足以形成专业化优势的差异"[③]。但是，即便是在稳态市场社会里，专家的产生也并不能完全依靠市场来实现，在某些公共服务领域尤其如此，比如高校如火如荼般开展的创业教育。那么，在高等教育内部，如何能够激励从业人员长期在一个方向上积累人力资本？或者等价地，在制度经济学的视角下，何种教育人事制度安排能够鼓励更多专家经验的积累？

2002 年，在世界性的创业教育潮流影响下，以及"以创促就"和"创新驱动"的现实要求下，教育部确定中国人民大学、清华大学、北京航空航天大学、黑龙江大学、上海交通大学、南京经济学院、武汉大学、西安交通大学、西北工业大学 9 所高校作为创业教育的试点单位，探索适合我国国情的创业教育模式，标志着我国大学生创业教育开始起步。此后，陆续有高校自发开始创业教育课程。到 2012 年 8 月，作为施行创业教育的

---

① 参见杨晓慧：《创业教育的价值取向、知识结构与实施策略》，《教育研究》2012 年第 9 期。
② 马克斯·韦伯：《新教伦理与资本主义精神》，陕西师范大学出版社 2002 年版，第 14 页。
③ 汪丁丁：《知识劳动的工资问题》，《中国计算机报》2000 年 12 月 4 日。

强制性制度安排，教育部印发了《普通本科学校创业教育教学基本要求》（教高厅〔2012〕4号），要求全国所有普通高校依据教育部"创业基础"教学大纲开设"创业基础"必修课。

教育部的文件没有对创业教育的体制、机构、教师来源和专业化标准提出明确要求，只是原则性地指出，要将"创业教育与大学生思想政治教育、就业教育和就业指导服务有机衔接"。不过，早前的试点过程中，各个学校为开展创业教育，都在体制上做了一些衔接和创新。以9所试点院校为例（见表3）：

表3　9所试点院校的机构与教师身份[1]

学校	教育对象[2]	教育机构	教师身份
清华大学	本科生	校团委	管理人员、兼职教师
中国人民大学	本科生	校团委	管理人员、兼职教师
北京航空航天大学	本科生	创业管理培训学院	专职教师、兼职教师
上海交通大学	本科生	就业中心、校团委	管理人员、兼职教师
南京财经大学	本科生	大学生创新创业教育中心	专职教师、兼职教师
武汉大学	本科生	大学生创业指导中心	管理人员、兼职教师
西安交通大学	本科生、研究生	校团委	管理人员
西北工业大学	本科生	校团委	管理人员
黑龙江大学	本科生	创业教育学院	管理人员、兼职教师

从表3可以看出，教师专业化的制度首先涉及的便是身份问题。身份问题源于路径依赖，具体说是历史地形成于大学生就业工作体制改革的进程之中。过去20年来，以市场化为导向的高校毕业生就业体制改革要求

---

[1]　参见中华人民共和国教育部高等教育司：《创业教育在中国：试点与实践》，高等教育出版社2006年版，第33—119页。

[2]　不同学校创业教育的对象不完全相同，其共性是全部面向本科生开设，区别是有的学校包含研究生或MBA。面向不同对象的创业教育教师身份可能不同，例如MBA或专业必修课一般是商学院的专业教师，而面向全校本科生或者公共选修的创业课程一般是学校管理部门或两课教师，二者缺乏严谨的可比性，因此这里只考虑面向全面本科生开设的公共创业教育课程。

高等教育就业工作部门的职能不断转型——既要提供计划就业制度下虽然日渐萎缩但仍部分存在的管理工作（派遣、档案、党团与户籍关系等），还要提供与市场就业制度相容的专业化水准的公共服务[①]——重点是就业创业教育，后者正是就业体制改革所要达到的目标之一。这一转型过程，首先要求不断地调整就业创业工作从业者的身份——把以仕途升迁为职业生涯的管理者转换为以专业化发展为职业生涯的服务者，进而把具有官僚化倾向的管理机构转变为专家咨询与服务组织，变科层管理为知识管理与创新发展。不同的身份，将提供在性质上不同甚至是完全不同的服务。而且，身份的转换将直接导致身份感的变化，前者使从业人员开始专注细节和微观知识的积累，后者才可以养成韦伯所论述过的"天职"般的专业精神。专家之要求，二者缺一不可。如果创业教育机构的转型没有伴随身份的调整，将导致从业者的心理状态不断返回到旧的身份感之中，并由此引发一系列问题。可以设想，创业教育的新职能和原有身份之间存在的诸多冲突将倾向于抵消创业教育机构转型努力的总效果，导致专业化进程进展缓慢。即便制度设计中强制规定了高校必须面向全体学生开设创业课程，但是，如果没有优秀的守卫者，设计再好的堡垒也形同虚设。

目前，身份及身份感的失调已经成为创业教育教师专业化发展的重大阻碍，表现为大多数高校创业教育机构属于管理机构的一部分，其教师一般是以事务性工作为主、以创业教育为辅的行政管理人员。这当然不可能实现与创业教育需求相适应的专业化进程。但是，这个问题在稳态市场社会中却不成为问题：由于大学和其他社会组织不存在体制内外之分、非官本位的价值取向、尊重专家工作的制度、较弱的等级观念[②]，在这些诺斯

[①] 从 2002 年开始，教育部在高校开展大学生创业教育试点工作，此后有相当部分的高校陆续开设创业教育课程。在不同高校，创业教育的管理和教学有着不同的结构，多数学校由就业指导中心或校团委负责，少数学校成立了专门的教学结构。这里将负责这项工作的部门统称为创业教育机构。

[②] 为教育服务对象提供心理的、学习的、职业的等内容的专家服务，目前在我国尚处于一种新兴的因而也是比较短缺的状态。

意义上的"正式制度安排"和"非正式制度安排"（观念、习俗与文化传统）之下，高等教育机构既可以选择行家里手——在全社会的范围内聘任有声誉的专家（因为不存在体制性的流动障碍，所以大学可以很容易地聘任社会型讲师和优秀创业者等从事学生创业教育工作），也可以激励有潜质的新人在这个领域里长期追求专业化发展。这让我们看到，专家能力的养成和施展的确依赖于特定的社会、文化和制度结构。事实上，国内少数高等教育机构也正在进行有限的改革，例如，把创业教育机构从机关序列中分离出去，取消从业人员的行政级别代以纯粹的专业职称或技术职务，尝试通过"人事代理"制度从体制外招揽专家，等等。

身份问题包含在整体性的制度安排之中。其他必要的制度，包括俗称"三到位"（机构到位、人员到位、经费到位）① 的政府强制性规定、人员流动制度和激励制度等。各制度间互补互依，构成一个保障专业化发展的制度结构。成熟的制度安排是社会博弈达到均衡格局的产物。可以预见，从计划就业管理的均衡走向专业化创业教育的均衡，将是一个长期的制度变迁过程。最终，制度和它所提供的激励朝着有利于从业者专业化发展的方向发展起来，成为专家的那些人力资本投资就会有利可图，专家化才能够逐步得以实现。

尽管以专业化为取向的转型将是一个较长的过程，但是迫于大学生就业压力和"经济发展方式转变"的要求以及可能引发的社会问题，当下创业教育专业化问题比以往任何时候都更为急迫。目前的问题在于，由于部分制度的变迁进程滞后于制度结构中的其他部分，或由于部分制度安排与改革目标并不相容，使得专业化的进程受阻。例如，就目前占多数的管理

---

① 2002 年，高校毕业生就业形势趋于严峻，中央政府连续下发了多个制度性文件，包括《国务院办公厅转发教育部等部门关于进一步深化普通高等学校毕业生就业制度改革有关问题意见的通知》（国办发〔2002〕19 号）、《教育部公安部人事部劳动保障部关于切实做好普通高等学校毕业生就业工作的通知》（教学〔2002〕16 号）和《关于进一步加强普通高等学校毕业生就业指导服务机构及队伍建设的几点意见》（教育部〔2002〕18 号）。

型创业教育教师来说，现有的大学人事制度和治理模式，很可能会促使他们之中原本在专业化上很有前途的人频繁流动并试图获得行政职务上的升迁，而仕途前景相对黯淡的人则被留下来去展开专业化积累。如果这种"逆向选择"持续下去，很可能会导致刚刚建立起来的专业化土壤逐步萎缩下去。对于"逆向选择"，我们通常的看法是，只有在信息不对称的情况下，才会产生阿克洛夫提出的"柠檬效应"或斯宾塞的"孔雀行为"。反过来，如果在信息对称的情况下出现了"逆向选择"，制度一定是出了问题。在一个人人都想当将军，而且当将军又不必先成为优秀士兵的文化和制度里，我们很难能够期待有大量优秀的士兵。制度对于创业教育的重要性还远不止此，其他诸如创业教育教师得以安身立命的教师身份、学科和技术职务晋升等问题都需要逐一破解。

我们必须承认，同市场自我扩展的过程不同，创业教育机构及其从业人员向着专家组织和专家的转变，不是由市场规模和分工深化相互引发而来，而是决定性地依赖于高等教育系统性的制度变迁。制度进一步的演化方向仍然取决于未来社会博弈的整体效果。我们还应该看到，虽然专业化发展受制于系统改革的进程，但是，高等教育内部仍然可以不断尝试有限度的制度创新。"只要能够找到某种内在的、可以被人的行为的效果不断强化或至少是维持不变的激励，进一步找到这一激励机制的演进路径、后果以及与环境和主观价值的相互作用"[1]，同时在制度创新的过程中保证大多数人的福利不受损失，就可以在专家化方向上取得可喜的进步。

（二）知识原理

关于专家化的一般性知识原理，大致可以由哈耶克、德鲁克、贝克尔、汪丁丁等人在所谓"知识的经济学"领域内的工作揭示出来：（1）只要某领域的知识足够"宽"或者足够"厚"，"知识就不能以一种集中且整

---

① 汪丁丁：《近年来经济发展理论的简述与思考》，《经济研究》1994 年第 7 期。

合的形式存在于某个人的头脑之中"①。因此，不通过分工，"知识就难以深入"，从而不能有效地促进知识的积累和扩展。（2）知识分工导致专业化积累，"人力资本的积累反过来加速知识的获取"。（3）"知识分工导致知识的分离"②。（4）"分散知识的各个部分之间有一种'互补性'，使得两项知识加在一起的价值可以大于这两项知识各自价值之和"③。（5）既然知识是由不同的个人分散持有的，那么，"分散知识"必须通过"知识协调"来扩散和分享，反过来说，只有那些协调成本较低的分工制度才可能持续地获取和积累技术性知识。

上述原理最初指向的是"知识整体是怎样被分工着的知识劳动者群体加以利用的"这一类问题。今天，研究如何在高等教育内部提供专家化的创业教育，仍然可以从"知识的经济学"里获得有益的视角。从对国内外大学生创业教育机构的观察中可以看出，能够确保足够专业化水平的典型分工模式，一般来说，纵向是从"金字塔尖"到普通组织成员的垂直分工，横向一般是创业观念、创业知识与技能、创业实践等几个职能单元的"平行分工"或不同组合。垂直分工主要负责知识管理、知识协调、激励与守护专业精神，横向分工则直接面向学生提供不同的专家服务。横向分工同时也表现为知识的分工。如前所述，"知识分工是导致知识分离的原因"，同时导致知识在"局部"（创业观念、创业技能、创业实践）上的专业化积累，"局部知识"的专业化积累又不断地转化为特定的专业能力，促成所谓教师的专业化发展。"局部知识"之间既互替又互补，由此构成一个创业教育方面的专家所需要的知识结构。专业化不等于专家化，只拥有"局部知识"的人并不能成为专家。因为任何"局部知识"的有效运用都类似于"牵一发而动全身"，依赖于合理的知识结构和与其他知识的互动。例如，一个没有创业实践体验的教师很难为学生营造一个适于观念发展的

---

① Hayek, Economics and Knowledge, *Economica,* 1937 （4），pp.33—54.

② Hayek, The Use of Knowledge in Society , *American Economic Review*, 1945 （35），pp.519—530.

③ 汪丁丁：《知识的经济学性质》，《读书》1995 年第 12 期。

环境，使观念教育难免沦为空洞的说教。的确，知识分工使教师只精通与自己工作有关的那部分知识，但如果每个教师只是根据自己掌握的那部分知识提供服务，显然是不够的。换句话说，处于不同知识分工上的教师是如何协调起来的呢？因此，除了个体"术业有专攻"以外，创业教育机构必须从科层管理走向知识管理，让知识分工处于有机的横向协调之中，根据知识互补性导致"收益递增"的原理，知识将被加速积累，最终每个成员才能够具备"全局"意义上的知识结构，从而使普通人成为专家。

上述讨论的，仅仅是创业教育机构及其成员专家化的制度和知识条件，前者确保教师有愿望、有可能长期在一个方向上积累人力资本，后者确保人力资本积累和利用的效率。此外仍需一些重要的条件，如专家市场的形成、专家服务的定价、韦伯"天职"意义上的专业化精神指向等。尽管如此，上面所述大体可以描绘出创业教育教师专家化在"正式约束"和"非正式约束"之下可能的演进路径。①

---

① 参见邹云龙、曹扬：《研究生就业问题的实质与专家化应对策略》，《社会科学战线》2010 年第 3 期。

参考文献

一、中文文献

1. 阿尔温·托夫勒：《第三次浪潮》，朱志焱、潘琪、张焱译，生活·读书·新知三联书店 1983 年版。

2. 约翰·奈斯比特：《大趋势》，孙道章译，新华出版社 1984 年版。

3. 彼得·德鲁克：《后资本主义社会》，张星岩译，上海译文出版社 1998 年版。

4. 彼得·德鲁克：《创新与企业家精神》，张炜译，上海人民出版社 2002 年版。

5. 彼得·德鲁克：《知识管理》，杨开峰译，中国人民大学出版社 1999 年版。

6. 黑格尔：《精神现象学》，贺麟、王玖兴译，商务印书馆 1981 年版。

7. 黑格尔：《历史哲学》，王造时译，上海书店出版社 2001 年版。

8. 黑格尔：《哲学史演讲录》，贺麟、王太庆译，商务印书馆 1983 年版。

9. 黑格尔：《小逻辑》，贺麟译，商务印书馆 1996 年版。

10. 黑格尔：《美学》，朱光潜译，商务印书馆 1982 年版。

11. 罗伯特·皮平：《黑格尔的观念论》，陈虎平译，华夏出版社 2006 年版。

12. 阿马蒂亚·森：《以自由看待发展》，任赜、于真译，中国人民大学出版社 2002 年版。

13. 邓晓芒：《灵之舞》，东方出版社 1995 年版。

14. 韩秋红、史巍：《西方哲学的人文精神》，人民出版社 2010 年版。

15. 韩秋红：《西方哲学的现代专向》，吉林人民出版社 2007 年版。

16. 韩秋红：《断裂还是传承——西方马克思主义及其当代资本主义观》，中央编译出版社 2004 年版。

17. 梁志学主编：《费希特著作选集》，商务印书馆 1988 年版。

18. 亚当·斯密：《国富论》，唐日松等译，华夏出版社 2004 年版。

19. 亚当·斯密：《道德情操论》，蒋自强等译，商务印书馆 2003 年版。

20. 特里·伊格尔顿：《马克思为什么是对的》，李扬等译，新星出版社 2011 年版。

21. Alan Carr：《积极心理学》，郑雪等译，中国轻工业出版社 2008 年版。

22. 汉娜·阿伦特：《精神生活·思维》，姜志辉译，江苏教育出版社 2006 年版。

23. 汉娜·阿伦特：《人的条件》，竺乾威等译，上海人民出版社 1999 年版。

24. 卡尔·波普：《历史决定论的贫困》，杜汝耕、邱仁宗译，华夏出版社 1987 年版。

25. 卡尔·波普：《开放的宇宙》，李本正译，中国美术学院出版社 1999 年版。

26. 卡尔·波普尔：《科学发现的逻辑》，查汝强、邱仁宗、万木春译，中国美术学院出版社 2008 年版。

27. 鲁道夫·奥伊肯：《生活的意义与价值》，万以译，上海译文出版社 2005 年版。

28. 格奥而格·西美尔：《生命直观》，刁承俊译，生活·读书·新知三联书店 2003 年版。

29. 阿尔弗莱德·怀特海：《思想方式》，韩东晖、李红译，华夏出版社 1999 年版。

30. 阿尔弗莱德·怀特海：《教育的目的》，徐汝舟译，生活·读书·新知三联书店 2002 年版。

31. 邓晓芒：《灵之舞》，东方出版社 1995 年版。

32. 汪丁丁：《经济学思想史讲义》，上海人民出版社 2008 年版。

33. 汪丁丁、叶航：《理性的追问——关于经济学理性主义的对话》，广西师范大学出版社 2003 年版。

34. 汪丁丁：《在市场里交谈》，上海人民出版社 2003 年版。

35. 汪丁丁：《经济发展与制度创新》，上海人民出版社 1995 年版。

36. 马斯洛：《人性能达的境界》，林方译，云南人民出版社 1987 年版。

37. 马斯洛：《自我实现的人》，许金声、刘锋等译，生活·读书·新知三联书店 1987 年版。

38. 马克斯·韦伯：《儒教与道教》，王荣芬译，商务印书馆 1999 年版。

39. 马克斯·韦伯：《新教伦理与资本主义精神》，于晓、陈维纲等译，生活·读书·新知三联书店 1987 年版。

40. 彭加勒：《最后的沉思》，李醒民译，商务印书馆 2007 年版。

41. 乔治·赫伯特·米德：《心灵、自我与社会》，华夏出版社 1999 年版。

42. 休谟：《人性论》，关文运译，商务印书馆 1996 年版。

43. 赫苏斯·韦尔塔·德索托：《奥地利学派：市场秩序与企业家创造性》，朱海就译，浙江大学出版社 2010 年版。

44. 富兰克·H.奈特：《风险、不确定性和利润》，王宇、王文玉译，中国人民大学出版社 2005 年版。

45. 迈克尔·波特：《国家竞争优势》，李明轩等译，华夏出版社 2002 年版。

46. 弗里德里希·冯·哈耶克：《自由秩序原理》，邓正来译，生活·读书·新知三联书店 1997 年版。

47. 弗里德里希·冯·哈耶克：《哈耶克文选》，冯克利译，江苏人民出版社2000年版。

48. 弗里德里希·冯·哈耶克：《致命的自负》，冯克利、胡晋华等译，中国社会科学出版社2000年版。

49.F. A. 冯·哈耶克：《个人主义与经济秩序》，贾湛、文跃然等译，北京经济学院出版社1989年版。

50. 纳西姆·尼古拉斯·塔勒布：《黑天鹅：如何应对不可知的未来》，万丹译，中信出版社2009年版。

51. 马歇尔·阿弗里德：《经济学原理》，朱志泰译，商务印书馆1991年版。

52. 加里·贝克尔：《口味的经济学分析》，万丹译，首都经济贸易大学出版社2000年版。

53. 加里·贝克尔：《人力资本》，梁小民译，北京大学出版社1987年版。

54. 李约瑟：《中国古代科学思想史》，陈立夫译，江西人民出版社1990年版。

55. 梁漱溟：《东西文化及其哲学》，商务印书馆1999年版。

56. 米塞斯：《人类行为》，夏道平译，（台湾）远流出版事业股份有限公司1997年版。

57. 乔恩·威特：《社会学的邀请》，林聚任等译，北京大学出版社2008年版。

58. 威廉·詹姆斯：《宗教体验种种》，尚新建译，华夏出版社2000年版。

59. 威廉·詹姆斯：《实用主义》，燕晓冬译，重庆出版社2006年版。

60. 邓正来：《自由主义社会理论——解读哈耶克〈自由秩序原理〉》，山东人民出版社2003年版。

61. 理查德·道金斯：《自私的基因》，卢允中、张岱云、陈复加、罗小舟译，中信出版社2012年版。

62. 楚渔：《中国人的思维批判》，人民出版社2010年版。

63. 罗比特·C. 里尔登等：《职业生涯发展与规划》（第3版），侯志瑾等译，中国人民大学出版社2010年版。

64. 孙正聿：《哲学通论》，复旦大学出版社2005年版。

65. 罗马俱乐部：《增长的极限》，李宝恒译，四川人民出版社1983年版。

66. 罗伯特·沃尔森：《异想天开——创造性思维的艺术》，朱士群、袁玉立译，中国城市经济社会出版社1991年版。

67. 联合国教科文组织国际教育发展委员会：《学生生存——教育世界的今天和明天》，华东师范大学比较教育研究所译，教育科学出版社1996年版。

68. 内尔·诺丁斯：《学会关心——教育的另一种模式》，于天龙译，教育科学出版社2003年版。

69. 约瑟夫·熊彼特：《经济发展理论——对于利润、资本、信贷和经济周期的考察》，何畏、易家详等译，商务印书馆1991年版。

70. 米哈里·契克森米哈赖:《幸福的真意》,张定绮译,中信出版社2009年版。

71. 泰勒·本－沙哈尔:《幸福的方法》,汪冰、刘骏杰译,当代中国出版社2008年版。

72. 佛朗·索瓦佩鲁:《新发展观》,张宁、丰子义译,华夏出版社1987年版。

73. E.F.舒马赫:《小的是美好的》,虞鸿钧、郑关林译,商务印书馆1984年版。

74. 罗伯特·诺齐克:《无政府、国家与乌托邦》,何怀宏等译,中国社会科学出版社1991年版。

75. 提勃尔·西托夫斯基:《无快乐的经济》,高永平译,中国人民大学出版社2008年版。

76. 王元化:《王元化集》,湖北教育出版社2007年版。

77. 林毓生:《中国传统的创造性转化》,生活·读书·新知三联书店2011年版。

78. 罗伯特·费尔德曼:《发展心理学——人的毕生发展》,苏彦捷等译,世界图书出版公司2007年版。

79. 文长春:《逻辑在先的个人权利——诺齐克的政治哲学》,中央编译出版社2006年版。

80. 伯林:《自由论》,胡传胜译,译林出版社2003年版。

81. 拉明·贾汉贝格鲁:《伯林谈话录》,杨祯钦译,译林出版社2002年版。

82. 菲歇尔:《利息理论》,陈彪如译,上海人民出版社1999。

83. 梁启超:《新民说》,辽宁人民出版社1994年版。

84. 刘小枫、陈少明主编:《血气与政治》,华夏出版社2007年版。

85. 张世英:《自我实现的历程》,山东人民出版社2001年版。

86. 贾孟喜:《每个人的自由发展何以可能》,暨南大学出版社2009年版。

87. 诺曼·N.霍兰德:《后年代精神分析》,潘国庆译,上海文艺出版社1995年版。

88. 郁义鸿、李志能、罗博特·D.希斯瑞克:《创业学》,复旦大学出版社1999年版。

89. 埃里克·霍弗:《狂热分子——码头工人哲学家的沉思录》,梁永安译,广西师范大学出版社2008年版。

90. 鲁思·霍尔兹沃思:《职业咨询心理学》,李柳平、李伯宏译,天津大学出版社1988年版。

91. Y.巴泽尔:《产权的经济分析》,费方域、段毅才译,上海三联书店1997年版。

92. 保罗·魏里希:《均衡与理性——决策规则修订的博弈理论》,黄涛译,经济科学出版社2000年版。

93. D.M.巴斯:《进化心理学》,熊泽宏、张勇、晏倩译,华东师范大学出版社2007年版。

94. 约翰·C.埃克尔斯:《脑的进化——自我意识的创生》,潘泓译,上海科技教育出版社 2005 年版。

95. Elliot Aronson，Timothy D.Wilsoon，Robin M.Akert：《社会心理学》，侯玉波等译，中国轻工业出版社 2007 年版。

96.Sarah Edelman：《思维改变生活——积极而实用的认知行为疗法》，黄志强、殷明译，华东师范大学 2008 年版。

97. 米哈伊·奇凯岑特米哈伊：《创造性发现和发明的心理学》，夏镇平译，上海译文出版社 2001 年版。

98.特里·伯纳姆、杰伊·费伦：《欲望之源》，李存娜译，中信出版社 2003 年版。

99.菲利普·津巴多、迈克尔·利佩：《态度改变与社会影响》，邓羽、肖莉、唐小艳译，人民邮电出版社 2007 年版。

100. M. W. 艾森克、M. T. 基恩：《认知心理学》，高定国、何凌南等译，华东师范大学出版社 1995 年版。

101. Jonathan Baron：《心理与决策》，李纾、梁竹苑译，中国轻工业出版社 2009 年版。

102.吉仁泽：《适应性思维——现实世界中的理性》，刘永芳译，上海教育出版社 2007 年版。

103. 丹·艾瑞里：《怪诞行为学——非理性的积极力量》，赵德亮译，中信出版社 2010 年版。

104.芭芭拉·弗雷德里克森：《积极情绪的力量》，王 译，中国人民大学出版社 2010 年版。

105.保罗·格莱姆齐：《决策、不确定性和大脑》，贺京同、王晓岚、李峰等译，中国人民大学出版社 2010 年版。

106.戴维·J.林登：《进化的大脑：赋予我们爱情、记忆和美梦》，沈颖等译，上海科学技术出版社 2009 年版。

107.车文博：《人文主义心理学》，浙江教育出版社 2003 年版。

108. L. A. 珀文：《人格科学》，周榕、陈红、杨炳钧、梁秀清译，华东师范大学出版社 2001 年版。

109. A. 班杜拉：《思想和行动的社会基础——社会认知论》，林颖、王小明、胡谊、庞维国等译，华东师范大学出版社 2001 年版。

110.邓尼斯·恰尔德：《心理学与教师》，蔡笑岳、周鸿等译，科学技术文献出版社 1993 年版。

111. B. 英海尔德、H. 辛克莱、M. 博维尔：《学习与认知发展》，李其维译，华东师范大学出版社 2001 年版。

112. Robert Sternberg：《心理学职业生涯》，郭秀艳、李荆广等译，华东师范大学出版社 2008 年版。

113.唐·罗斯：《经济学理论与认知科学微观解释》，贾拥民译，中国人民大学出版社 2011 年版。

114. 丹尼斯·韦特利:《成功心理学——发现工作和生活的意义》,顾肃、刘森林译,中国人民大学出版社 2009 年版。

115. 霍华德·加德纳:《改变思维》,任恺、吴珍、刘沛译,中国人民大学出版社 2009 年版。

116. 布莱克摩尔:《人的意识》,耿海燕、李奇等译,中国轻工业出版社 2008 年版。

117. Dennis Coon:《心理学导论——思想与行为的认识之路》,郑钢等译,中国轻工业出版社 2004 年版。

118. 皮亚杰:《发生论认识原理》,王宪钿等译,商务印书馆 1981 年版。

119. Howard A.Ozmon,Samuel M.craver:《教育的哲学基础》,石中英、邓敏娜等译,中国轻工业出版社 2006 年版。

120. 威廉·拜格瑞:《企业家精神》,刘世平译,(台湾)商周出版社 2000 年版。

121. 理查德·尼斯贝特:《思维的版图》,李秀霞译,中信出版社 2006 年版。

122. 弗里德里希·席勒:《审美教育书简》,冯至、范大灿译,上海人民出版社 2003 年版。

123. 中华人民共和国教育部高等教育司:《创业教育在中国》,高等教育出版社 2006 年版。

二、外文文献

1. Steven Pinker, *How the Mind Works*, Penguin Books, 1998.

2. Robert J.Brown, Jeffrey R.Cornwall,*The Entrepreneurial Educator,* The Scarecrow Press, Inc, 2000.

3. Colin Jones, *Teaching Entrepreneurship to Undergraduates*, Edward Elgarpublishing, Inc, 2011.

4. Per Davidsson, *Determinants of Entrepreneurial Intentions,* in Proceedings RENT XI Workshop, Piacenza, Italy, 1995.

5. Sexton, D.L., Bowman, N.B., *Personality inventory for potential entrepreneurs: evaluation of a modified JPI/PRF-E test instrument,* Proceedings of the Babson Entrepreneurship Research Conference, 1984.

6. Sharon A. Alvarez, Lowell W. Busenitz ,The entrepreneurship of resource-based theory, *Journal of Management*,Vol.27(6), 2001.

7. Mischel, W., *Personality dispositions revisited and revised: A view after three decades*, New York: Guilford, 1990.

8. McClelland, D.C, and Winter, D. G., *Motivating economic achievement*, New York: Free Press, 1969.

9. Alaim Fayolle,Paula Kyro, *Entrepreneurship Reseach in Europe: Outcomes and Perspectives*, Edward Elgar Publishing, Inc, 2005.

10. Charles M.Hampden-Turner, *Teaching Innovation and Entrepreneurship: Building on the Singapore Experiment*, New York: Cambridge University Press, 2009.

11. Erkkila,Kristiina, *Entrepreneurial Education: Mapping the Debates in the United States, the United Kingdom and Finland*, New York&London: Garland Publishing, Inc, 2000.

12. Simon C. Parker, *The Economics of Entrepreneurship*, Cambridge University Press, 2009.

13. WilliamJames, *The will to Believe and Other Essays in Popular Philosophy,* Cambridge: Harvard University Press, 1979.

索　引

一、人名索引

A

阿克洛夫　221

阿伦特　157

阿罗　123, 127

阿马蒂亚·森　3, 4, 5, 7, 157, 158

埃里·韦塞尔　215

安德鲁·梅森　24

安德森　116

安妮·罗伊　150

安年柯夫　78

B

巴克斯特　48

白圭　11

贝　尔　3, 34, 38, 82, 113, 147, 157, 160, 215

贝尔德　160

贝克尔　38, 123, 124, 127, 131, 134, 136, 147, 148, 149, 152, 155, 159, 217, 221

比尔·盖茨　53

波特　19, 23, 24, 131, 132, 141, 161

伯格森　49, 157

伯特　5, 49, 128, 140

布卢姆　214

布罗代尔　132, 140

D

戴维斯　160, 177, 210, 214

丹尼尔·F. 莫佐克　197

德里达　185

德鲁克　11, 12, 22, 23, 25, 34, 35, 38, 51, 60, 61, 91, 92, 108, 113, 125, 131, 136, 173, 174, 187, 196, 221

邓晓芒　3, 8, 96, 97, 216

蒂蒙斯　132

杜威　207

E

恩格斯　2, 3, 10, 15, 16, 26, 30, 31, 34, 36, 39, 41, 42, 43, 44, 45, 46, 48, 50, 55, 56, 57, 58, 59, 60, 62, 63, 64, 65, 66, 67, 68, 69, 70, 71, 72, 73, 74, 75, 76, 78, 79, 82, 83, 84, 85, 86, 87, 88, 90, 91, 94, 96, 98, 100, 102, 104, 105, 106, 107, 110, 111, 112, 120, 121, 142, 173

F

凡勃伦　180

费尔巴哈　30, 36, 64, 74

二、主题词索引

后　记

我们生活在一个历史交替的间隙。上一个历史尚未完全终结，下一个历史已掩面走来。驻留在两段历史之间，目之所及，皆为边缘。这是一代人的命运——"守候在历史的边缘"，沉思只有在这个时代才能更加凸显出来的问题，承前启后地生活。

当历史发生并非是我们预期的变动时——如基于人力资本形成的新型生产资料劳动者个人所有制、自由人在创业活动中的自由联合、创业才能对物质资本的降服等，就必须更新对发展问题的既有理解。这是流变中的"演进理性"，一种深切的辩证法精神。演进反对教条，反对在有限知识和有限理性的情况下假装已经洞察未来，不相信存在不能被更佳理论代替的理论。

选择创业发展作为我学术生涯的中心，非偶然为之。逻辑上，首先是我们有幸处于一个哈耶克所定义的"伟大社会"——鼓励"一切心灵向一切方向涌流"，使我可以自由闯入启程思想的"林中空地"。其次是源于我长期从事大学生就业创业教育的职业生涯——使我有机会感悟成千上万个不愿被指定的人生。在我看来，这些人生，无一例外地，都在竭力消除"没有机会来发挥其理性主体作用的各种类型的不自由"——求职择业、努力工作、买房买车、娶妻生子……增进自由的过程构成了他们的发展。在这些人生样本中，我观察到，获得自由的多寡和他们要求自由的强度与方式息息相关。他们之中自由精神最为彻底的一群，是创业者。

从创业者到创业者的发展，再到社会历史宏观背景下创业发展所关涉的方方面面，我最终试图构建的，是创业发展的整体图景。整体地看，虽有超越局部之志，却因为要对一个宏大问题予以最整全和最彻底的解释而承担整体之累，也因为不得不作大量的抽象而包含着"作茧自缚"的风险。不过，寻路问学，终要言说。我言说之，言亦说我。心到此处，便不再恐惧整体之累，只赶路程。

千余个日日夜夜，有狂喜，有不安；有悸动，有畏难；有精进，有惭愧。掩卷之时，曾经的一切都已归于平静。无论如何，我已达到我的极限。在如此情况下，除了对教我予我之人的感恩，不再做遗憾之类之他想。不过我知道，即使我能够列出所有本书赖以获得直接知识和思想和全部著作，也绝不足以道尽我长期以来在寻路问学中所承受的学术恩惠。最后，我仍要特别地感谢东北师范大学思想政治教育研究中心，这里不仅是我学术上安身立命的所在，更是我思想的家，能够在这里担任教职并与这个如此优秀的团队一道奋力前行，是我一生之幸。

期盼读者朋友的批评指正。

责任编辑：钟金铃
封面设计：汪　莹

图书在版编目（CIP）数据

创业发展论／邹云龙　著．－北京：人民出版社，2013.12
ISBN 978－7－01－012954－9

I.①创…　II.①邹…　III.①企业管理－研究　IV.① F270

中国版本图书馆 CIP 数据核字（2013）第 304030 号

创业发展论

CHUANGYE FAZHAN LUN

邹云龙　著

人民出版社 出版发行
（100706　北京市东城区隆福寺街 99 号）

北京瑞古冠中印刷厂印刷　新华书店经销

2013 年 12 月第 1 版　2013 年 12 月北京第 1 次印刷
开本：710 毫米 ×1000 毫米 1/16　印张：15.75
字数：230 千字　印数：0,001－2,000 册

ISBN 978－7－01－012954－9　定价：35.00 元

邮购地址 100706　北京市东城区隆福寺街 99 号
人民东方图书销售中心　电话（010）65250042　65289539